이주, 경계, 꿈

Borderland Dreams:
The Transnational Lives of Korean Chinese Workers
Copyright © 2023 by June Hee Kwon

Korean Translation Copyright © 2025 by Sangsang Academy
Korean edition is published by arrangement with Duke University Press
through Duran Kim Agency.

이 책의 한국어판 저작권은 Duran Kim Agency를 통해
Duke University Press와 독점 계약한 ㈜상상아카데미가 소유합니다.
저작권법에 의하여 한국 내에서 보호를 받는 저작물이므로
무단 전재 및 복제를 금합니다.

이주, 경계, 꿈

조선족 이주자의 떠남과 머묾, 교차하는 열망에 관하여

1판 1쇄 펴냄 2025년 9월 10일
1판 2쇄 펴냄 2026년 1월 12일

지은이 권준희
옮긴이 고미연
발행인 김병준·고세규
발행처 생각의힘

등록 2011. 10. 27. 제406-2011-000127호
주소 서울시 마포구 독막로6길 11, 2, 3층
전화 편집 02)6925-4183, 영업 02)6925-4188 팩스 02)6925-4182
전자우편 tpbook1@tpbook.co.kr 홈페이지 www.tpbook.co.kr

* 책값은 뒤표지에 있습니다.
* 잘못된 책은 구입하신 서점에서 교환해 드립니다.

ISBN 979-11-94880-14-1 (93380)

이주, 경계, 꿈

Borderland
Dreams

권준희 지음

고미연 옮김

조선족 이주자의 떠남과 머묾,
교차하는 열망에 관하여

생각의힘

부모님께

추천의 글

한국바람에 이끌려 조국을 찾은 재중동포 조선족은 노동으로 인이 박인 몸과 헤어짐이라는 마음의 상흔, 여기에 한국 사회의 '혐중' 담론이 남긴 피해까지 더해진 고통스러운 이주 비용을 치러내고 있다. 한국과 중국 모두에서 완전한 소속감을 느끼기 어려운 이들은 자본주의와 사회주의, 개인적 성공과 공동체적 연대, '돈' 욕심과 사기 피해 사이의 폭력적 왕복 운동 속에서 생존의 방법론을 터득해왔다. 가속화되는 삶의 불안정성을 상쇄하기 위해 이동하고, 정착하고, 재이동을 반복하면서 유연성을 터득했으며, 떠남과 머묾의 공간을 감정적·경제적·사회적으로 연결하며 복수적 주체성을 발휘해왔다. 《이주, 경계, 꿈》은 조선족의 복잡한 삶의 경로를 면밀히 추적한다. 재중동포에 대한 한국 사회의 얄팍한 위계주의를 거부하며, 대안적인 정치 관점을 열도록 제안한다. 권준희 교수는 오랜 시간 조선족 이주자만큼이나 한국과 중국을 횡단하며, 조선족의 '관점'을 풍요롭게 그려냈다. 미국동아시아인류학회의 프랜시스 L. K. 쉬 저술상을 받은 이 책이 한국어로 번역되어 더 많은 독자를 만날 수 있어 기쁘다.

_김현미(연세대학교 문화인류학과 교수)

기존의 북미·유럽 중심 연구를 넘어, 이주 연구에 새로운 지평을 열었다.

_에런 수(콜로라도대학교 인류학과 교수,
'프랜시스 L. K. 쉬 저술상 심사평'에서)

조선족 이주자의 복합적인 삶을 조명하며 동아시아 이주와 민족성, 정치경제에 대한 풍부한 이해를 돕는다.

_줄리 Y. 추(시카고대학교 인류학과 교수)

독창적인 현지조사를 바탕으로, 연구 참여자들이 품은 열망과 좌절의 풍경을 생생하게 포착했다.

_엘레나 J. 김(캘리포니아대학교 어바인 인류학과 교수)

흔들리는 세계 속에서 자기실현을 좇는 이들의 다면적이고 치열한 여정을 그려낸 걸작이다.

_린형구(〈인류학 연구 저널 *Journal of Anthropological Research*〉)

차례

한국어판 서문 _ 011
여는 글 | 이주의 바람 _ 019

1부 코리안 드림의 부상

1장 소수민족 변경지역 _ 057
2장 냉대 또는 환대하는 조국 _ 089

2부 불안정한 꿈들

3장 자유 이동의 리듬 _ 123
4장 기다림의 노동 _ 155

3부 새로운 꿈

5장 떠남과 머묾 _ 187
6장 이주의 고리를 끊어라! _ 225

닫는 글 | 코리안 드림 이후 _ 265

감사의 글 _ 278

주 _ 286

참고문헌 _ 310

찾아보기 _ 328

일러두기

1. 이 책은 *Borderland Dreams: The Transnational Lives of Korean Chinese Workers*(2023)를 우리말로 옮긴 것이다.

2. 단행본은 겹꺾쇠표(《 》)로, 신문, 잡지, 방송 프로그램 등은 홑꺾쇠표(〈 〉)로 표기했다.

3. 이 책의 지명 표기는 다음과 같은 기준을 따랐다. '상하이', '하얼빈' 등 한국 독자에게 익숙한 주요 도시는 외래어표기법에 따라 중국어 발음으로 표기했다. 반면 '연변', '연길', '길림성' 등 대부분의 지역명은 실제 조선족이 사용하는 한자 발음을 기준으로 했다. 이는 지역 공동체 내부에서 통용되는 언어 감각을 최대한 반영하고자 한 선택이다. 단, 이러한 지명이 처음 등장할 때는 외래어표기법에 따른 중국어 발음을 괄호 안에 병기했다.

4. 이 책에는 저자가 진행한 인터뷰를 바탕으로 한 구술 인용이 다수 포함되어 있다. 말하는 이의 어투와 표현을 가능한 한 원형 그대로 옮겨 당시 상황과 감정, 대화의 맥락을 충실히 전달하고자 했다. 이에 따라 일부 표현은 어문 규정에 맞지 않더라도 그대로 두었다.

한국어판 서문

인류학은 언제나 늦되기 마련이다. 현지조사를 시작한 시점부터 출판물로 손에 쥐기까지는 수년, 때로는 그 이상의 시간이 걸린다. 그래서 인류학자의 현지조사 기록이자 분석적 보고서인 에스노그라피는 세상에 나오는 순간, 이미 과거를 다룬 역사서가 되어버리곤 한다. 여기에 번역이라는 과정까지 더해지면, 현지조사 당시의 언어와 시대적 맥락으로부터는 더욱 멀어진다. 인류학의 '시차의 글쓰기'는 현장을 너무 천천히 포착하고, 현장보고서를 너무 늦게 세상에 소개한다. 이 책 《이주, 경계, 꿈: 조선족 이주자의 떠남과 머묾, 교차하는 열망에 관하여》도 예외는 아니다. 2004년부터 2016년까지 연변을 오가며 보고 듣고 생각했던 기록들이 2025년이 되어서야 한국어로 세상에 나오게 되었다.

이 연구는 2004년 여름, 서울 홍제동 의주로교회에서 추방 위기에 몰려 있던 미등록 조선족 노동자들과의 만남에서 시작되었다. 이후 연변과 중국 동북의 마을 및 대도시, 그리고 한국 곳곳의 조선족 동포들, 가족들, 연구자들, 활동가들과의 반복된 만남 속에서 형성된 공동작업의 산물로 완성되었다. 또한 이 책은 지난 25년간 내가 몸담아 온 여러 대학에서의 대화와 비판, 훈련과 우정 속에서 다듬어진 지적 산물이자, 특정 시기의 연구 흐름과 분석 경향을 반영하는 시대의 기록이기도 하다. 연구를 시작한 지 20년이 지난 후에야 이루어진 한국어 출간은 아쉬우면서도 안도가 되고, 자랑스러우면서도 부끄러운 시간의 결정체이다.

그렇다면 이 가깝고도 먼 조선족의 이야기를 2025년의 시점에서 다시 읽고, 다시 질문해야 하는 이유는 무엇일까. 너무 익숙해져 낡아 보이고, 너무 자주 다루어져 철 지난 주제처럼 여겨지는 조선족 이야기를 통해 우리는 어떤 새로운 논의를 할 수 있을까. 조사 시점과 출간 시점 사이의 시차를 이 책은 어떻게 극복할 수 있을까?

"한국과 중국이, 북한과 중국이, 혹은 한국과 북한이 축구를 한다면 어디를 응원하겠는가?" 조선족들이 농담처럼 자주 던지는 이 질문은 상투적으로 보일 수 있지만, 민족과 국가의 경계에서 살아온 이들의 삶을 응축한 핵심적인 정체성 질문이다. 각자의 대답은 다르지만, 이 질문의 저변에는 민족적 애착, 국가적 소속감, 그리고 그 사이의 균열과 중첩이 존재한다. 여러 학술 발표에서 내가 자주 받았던 질문, "조선족은 한국인인가, 중국인인가?" 역시 마찬가지다. '조선족'이라는 용어 자체가 민족 정체성과 국가 정체성이 교차하는 지점에 놓여 있지만, 이러한 질문은 종종 단일한 국가 정체성으로만 답하기를 요구한다. 그러나 이 질문은 언제나 제

3의 답으로 향할 수밖에 없다. 예컨대 "조선족은 중국의 소수민족이자 한국의 재외동포다"라고 답할 때, 그들의 말투에서 느껴지는 함경북도 억양은 다시금 북한과의 연관성을 묻게 한다.

이처럼 "당신은 누구인가"라는 질문은 개인과 집단, 사회가 시간 속에서 축적해온 관계망을 충분히 담아낼 수 있는 답변을 요구한다. 질문이 던져진 바로 그 순간의 고정된 대답 너머를 준비해야 한다. 푸코가 《지식의 고고학》 첫머리에서 "내게 누구냐고 묻지 말라. 내가 대답하는 순간 나는 이미 다른 사람이 되어 있을 것이다"라고 말했듯, 정체성은 고정된 실체가 아니라, 매 순간 재구성된다. 그렇다고 해서 우리가 스스로에 대해 말하기를 멈추어야 하는 것은 아니다. 역사성과 복잡성을 지운 채 단순화하는 방식이 아니라, 그것을 껴안으면서, 지금 우리의 이야기를 구사할 수 있다. "나는 누구인가"라는 질문 대신 "우리는 어디에 놓여 있는가"라고 묻는 순간, 관계의 지형 속에서 새로운 말문이 열린다. 그런 점에서 조선족의 이야기는 결코 낡거나 종결된 주제가 아니다. 오히려 민족과 국가, 식민과 냉전, 젠더와 계급, 자본과 노동이 교차하는 자리에서 우리에게 여전히 새로운 질문을 던지는 현재진행형의 서사다.

2004년 의주로교회에서 만난 조선족 노동자들은 "10년 안에 중국이 한국을 앞설 것"이라며 중국의 부상을 자신 있게 예언하곤 했다. 어떤 이들은 한국 사회의 차별에 당당히 맞섰고, 어떤 이들은 한국과 중국의 역사에 대해 잘 알지 못하는 자신을 부끄러워하기도 했다. 이들의 복합적인 감정과 사회적 위치는 단일한 국가 정체성만으로는 결코 설명되지 않는다. 19세기 말, 가난을 피해 두만강을 건너 연변에 정착한 조선인들은 1949년 중국 정부에 의해 '조선족'이라는 소수민족으로 공식 인정받았다. 이들은 사회주의 교육과 중국식 사회화 과정을 거쳐 중국의 공민이자 소수민족으로 자리 잡았고, 냉전기에는 한국과의 연결이 단절되었지만, 1992년 한중 수교 이후 한국 사회로 진입해 '코리안 드림'을 좇는 대표적인 이주노동자 집단이 되었다.

이 몇 줄로 요약된 조선족의 이주 경로—조선인에서 조선족으로, 재외동포에서 이주노동자로—는 단일한 민족적·국가적 정체성 너머에 놓인 계급적 위치, 식민과 냉전의 역사, 그리고 법적·사회문화적 경계들을 품고 있다. 조선족은 한국 사회에서 노동자로 이주했지만, 다른 외국인 노동자들과는 구별되는 법적·문화적 위상을 갖고 자리 잡아가고 있다. 이 책은 그들의 이야기와 시간을 늦되게 따라가며, "지금 여기"에서 다시 물어야 할 질문들을 꺼내 놓는다.

첫째, 이 책은 '꿈의 시간성'에 대한 분석을 담고 있다. 2004년 교회에서 만났던 조선족 노동자들은 중국의 경제적 부상을 예상했고, 한국 사회에서의 배제와 어려움 속에서도 '코리안 드림'을 굳게 믿고 혼신의 힘을 다해 실현해가는 중이었다. 하지만 내가 마지막 현지조사를 마치고 이 책의 집필을 마무리하던 2016년 무렵에는, 중국이 세계 경제의 중심으로 떠오르며 조선족 사회에서 코리안 드림에 대한 회의와 후회, 망설임, 그리고 새로운 삶을 모색하려는 흐름이 나타나고 있었다. 책의 후반부에서 다룬 '코리안 드림에 대한 재해석'은 하나의 꿈이 등장하고, 성장하며, 쇠퇴하는 과정을 따라가는 일종의 '꿈의 생애사'를 보여준다. 조선족의 코리안 드림은 연변이라는 지역성이나 조선족이라는 민족적 배경에 국한되지 않고, 오늘날 전 세계적으로 확산되고 있는 이주노동과 국제 이동의 현실을 이해하는 데 중요한 통찰을 제공한다. 꿈은 개인의 감정이나 환상일 뿐만 아니라, 정치경제적 조건 속에서 특정한 경로와 의미를 부여하는 사회적 동력이다. 이 책은 조선족의 사례를 통해 이주의 꿈이 어떻게 탄생하고 재구성되는지를 조망하고자 했다.

둘째, 이 책의 영어 제목은 *Borderland Dreams: The Transnational Lives of Korean Chinese Workers*로, 직역하면 '초국적 조선족 노동자의 삶'이다. "초국적"이라는 개념은 국가 간 이동을 강조하지만, 이 책에서 다루는 조선족의 이동은 단순한 국경의 횡단을 넘어선 보다 복합적이고 다층적인 "경계 넘기"의 실천이다. 연변에 불어닥친 '한국바람'은 농촌에서 도시로, 연길에서 베이징·상하이, 나아가 도쿄·뉴욕·로스앤젤레스까지 이어지는 연쇄적 이동과 순환을 가능하게 했다. 이 흐름 속에서 부모가 한국에서 보낸 '한국 돈'은 자녀가 중국 도시에 정착하거나 더 멀리 이주하는 데 중요한 연결고리가 되었고, 이는 지역 간, 계층 간, 젠더 간, 민족 간, 세대 간 횡단의 기반이 되었다. 조선족의 이주는 국가 간 초국적 이동처럼 보이지만, 실상은 농촌과 도시, 주변과 중심, 교육과 노동, 가족과 자본이라는 다층적 경계를 넘나들며 구성된 복합적 실천이다. 이 책은 조선족이 경험한 이 같은 횡단적 이동이 어떻게 물질적·정서적·계급적으로 중첩된 토대를 형성하고, 고정되지 않은 새로운 주체를 구성해 나가는지를 보여 준다. 조선족의 이주는 기존의 경계를 넘나들 뿐 아니라, 새로운 경계를 만들면서 이동하고 재구성되며, 이주자의 삶을 다층적으로 확장시키는 하나의 사회적 실험장이 된다. 이 책은 그러한 경계성과 횡단의 역동성을 추적한다.

셋째, 이 책은 에스노그라피라는 장르가 지닌 현재성의 문제와 재현의 윤리를 성찰한다. 앞서 언급했듯, '시차의 글쓰기'로서의 에스노그라피는 단순히 조사 시점과 출간 시점 사이의 시차만이 아니라, 듣기와 쓰기 사이의 시차, 말한 자와 기록한 자의 시차, 그리고 말해진 것과 말해지지 않았으나 그 순간에 존재했던 감정과 맥락 사이의 시차까지도 품고 있다. 이러한 중첩된 시차 속에서, 뒤늦게 발표되는 에스노그라피는 언제나 불완전할 수밖에 없음에도 불구하고 과거의 이야기를 다시 불러내고, 그때의 언어와 지금의 언어를 넘나들며 재해석하려는 시도를 담는다. 이는 단지 과거를 재현하고 분석하는 학술 작업일 뿐 아니라, 그때의 목소리를 지금 어떻게 다시 들을 수 있을지를 끈질기게 묻는 윤리적 청취의 작업이다. 그런 점에서 《이주, 경계, 꿈》은 과거에 머무는 책이 아니다. 계속해서 다시 듣고 다시 쓰게 하는 책이다. 시차를 넘어 지금 여기에서 다시 말을 거는 에스노그라피의 현재형 실천이다.

이 책이 한국어판으로 출간되기까지 오랜 시간이 걸렸다.

긴 시차를 뚫고 나온 이 책의 부족함과 한계를 겸허히 받아들이고, 그 너머의 이야기를 계속 써 내려가는 일 역시 나에게 주어진 몫이다. 한국어가 모국어인 내가 영어로 쓴 책을, 다시 한국어로 번역한 이 책은 '중층적인 번역의 과정'과 '시차의 글쓰기' 그 자체다. 번역은 단지 언어를 바꾸는 일이 아니라, 시간의 문법을 새롭게 해석하고 재배열하는 작업이기도 하다. 이 지난한 작업을 맡아주신 고미연 선생님께 깊이 감사드린다. 인류학의 즐거움과 효용을 일깨워 주시고 연구자의 길을 열어주신 김현미 선생님과 조혜정 선생님께도 깊은 감사를 드린다. 이 책의 한국어판 출간을 누구보다 기뻐하셨을, 그러나 이제는 직접 건네드릴 수 없는 분들—리운학 선생님, 류연산 선생님, 김견 선생님, 정병호 선생님, 낸시 애이블만 선생님, 그리고 나의 할머니 김금선 님—께는 너무 오래 기다리게 해드려 죄송할 따름이다. 부디 이 책이 당신들의 기억과 따뜻한 격려에 조금이나마 응답할 수 있기를 바란다. 이 연구의 시작부터 마무리까지 언제나 새로운 정보와 통찰을 나누어 주신 임광빈 목사님, 김용필 국장님, 조현서 사장님, 그리고 이 책의 주인공인 조선족 노동자들과 연구자들께도 말로 다할 수 없는 감사를 전한다. 번역 출간을 기꺼이 수락해 주신 생각의힘 출판사와 정혜지 편집자님, 한국어판 출간의 여러 고비마다 우정과 배려를 나누어 준 이홍림 님에게도 깊이 감사드린다. 그리고 이 책의 중심 화두 중 하나였던 '기다림의 노동' 속에서 나의 오랜 여정을 묵묵히 믿고 기다려 주신 부모님, 권택성 님과 심인숙 님께 이 책을 바친다.

여는 글

이주의 바람

나는 귀추 없이 떠돌아다니는 바람꽃. 바람이 불어왔던 곳과 바람이 자는 그곳, 두 세계 중 어느 한 곳에 머무르거나 또 어느 한 곳에 머무르지도 못한 채 두 곳을 끊임없이 우왕좌왕하였다. 언제나 한 곳에 오래 머무르지 못하고 다른 한 곳에 대한 끊임없는 추억과 망각, 그리움과 원망의 갈등을 수없이 겪으며 이곳에서 저곳으로 수없이 날아갔었다. 언제나 두 세계에서 함께 공존했던 셈이고 두 세계에서 함께 탈출하기도 했었다. 그랬던 니는 누구일까? 바람. 바로 바람꽃이 뿌리고 간 하나의 작은 바람.
- 허련순, 《바람꽃》

무더위가 기승을 부리던 2013년 7월, 막 마흔을 넘긴 조선족 부부 선화 씨와 태봉 씨가 연길시延吉市(옌지시)—중국 동북 지역 북중 변경지역인 연변조선족자치주延邊朝鮮族自治州의 주도—에 식당을 열었다는 소식을 전하며 나를 초대했다. 선화 씨는 딸만 다섯인 집안의 막내로, 이들 자매들과 그 남편들은 모두 한때 한국에 가서 일을 하는 '코리안 드림Korean Dream'을 좇았다. 태봉 씨도 고향 친구들을 따라 연변에 불어닥친 '한국바람'에 휩쓸려 한국 땅을 밟았다. 이렇게 한국에서 만나 결혼한 선화 씨와 태봉 씨에게는 다섯 살짜리 딸이 있다. 한국에서 15년을 일한 끝에 고향인 연변으로 돌아간 태봉 씨는 오랫동안 염원하던 식당 창업의 꿈을 이루었다. 개업식에서 그는 나에게 이렇게 말했다. "이대로 한국 사람 밑에서 평생 일만 하며 살 수는 없잖아요. 나이를 먹어가니까요. 이제는 좀 정착하고 싶기도 하고요. 딸아이 교육 문제도 있어서 연변으로 돌아오고 싶었어요."[1] 이제 태봉 씨는 직원을 직접 고용하고 또 해고할 수도 있는 사업가가 되었다. 한국에서와는 정반대인 지위를 누리게 된 셈이다.

내가 식당을 처음 찾았을 때만 해도 새롭게 시작한 사업이 더디지만 꾸준한 성장세를 보여 선화 씨와 태봉 씨 부부는 한껏 기대에 부풀어 있었다. 그러나 불과 몇 달 만에 두 사람은 천정부지로 치솟는 연변의 생활비 때문에 '기복이 심한' 요식업만으로는 생계를 꾸릴 만큼 안정적인 소득은 얻을 수 없다는 소식을 전해왔다. 결국 선화 씨가 연변에 남아 식당 규모를 줄여서 운영하며 딸을 키우고, 태봉 씨는 다시 한국으로 돌아가 인쇄 공장에서 고정적인 월급을 받기로 했다. 즉, 아내는 중국 경제의 상승세로 부상한 '차이나 드림Chinese Dream'을 발판 삼아 중국에 머무는 동안 남편은 계속해서 코리안 드림을 좇기로 한 것이다. 두 사람은 당분간 코리안 드림과 차이나 드림을 동시에 꿈꾸며 살게 되었는데, 나는 이러한 상황을 "보더랜드 드림borderland dreams"이라 부르고자 한다.

이 책은 지난 30년간 조선족 사회와 연변 지역에 널리 퍼지고 실현되어온 코리안 드림을 해석하고, 오랫동안 '적국'

으로 여겨졌던 고국, 한국을 향한 조선족의 집단적인 이주 열망에 관한 보고서이다.[2] "걸을 수 있는 사람은 모두 다 한국에 갔다"거나 "두 명만 모이면 한국 이야기가 나온다"는 말처럼, 지난 30년간 한국바람은 연변 어디에나 불었다. 한국바람은 금전적 성공과 실패, 위장 또는 실제 결혼, 새 아파트와 새 사업, 가정의 부흥 또는 몰락처럼 갖가지 맥락에서 회자되고 또한 행동의 기준이 되었다. 한국바람은 신문이나 학술지, 문학 작품이나 블로그는 물론 일상 대화를 통해서도 분석되고 유포되었다. 이러한 논의는 열망이나 동경, 자부심을 투영했다. 하지만 그와 동시에 한국바람이 불러온 갑작스러운 풍요, 물질 만능주의의 팽배, 조선족 공동체와 전통적인 가족 구조의 붕괴에 대한 우려와 비판도 연변 사회에 빠르게 퍼져 나갔다.

조선족 사회에서는 중국의 급격한 사유화 속에서 농민과 노동자의 삶을 바꿀 수 있는 가장 효과적이고 강력한 수단은 바로 '한국으로의 이주노동'이라는 믿음이 오랫동안 자리해 왔다. 1990년대 초 연변을 중심으로 회자되었던 코리안 드림은 이른바 '만원호万元户'라는 용어로 구체화되었는데, 이는 한국에서 단기간에 벌어들인 1만 위안(당시 중국에서 '큰돈'을 상징하던 금액)으로 연변에 번듯한 새집을 장만한 가구를 일컫는다. 한국에 다녀온 이들이 삽시간에 쌓아올린 부는 이웃의 부러움을 샀고, 이는 코리안 드림이라는 집단적 열망에 불을 지폈다. 200만 명에 달하는 중국의 조선족 가운데 약 72만 6,000명이 그러한 믿음을 갖고 일자리를 찾아 한국으로 이주했다. 2020년 통계에 따르면 조선족은 한국에서 가장 규모가 큰 이주자 집단을 형성하기에 이르렀다.

지난 30년간 한국바람은 조선족의 삶을 크게 바꾸었을 뿐 아니라, 연변에 남은 자들과 연변이라는 공간에도 깊은 변화의 흔적을 남겼다. 연변에는 누군가의 귀환을 기다리는 사람들, 한국에서 보내온 돈에 의존해 살아가는 사람들, 이주할 차례를 기다리는 사람들, 이주자가 남긴 빈집과 땅과 일자리를 이어받은 사람들이 살고 있다. 떠나는 이들은 기다리는 이를 두고 가고, 그들의 자리는 새로운 이주자들이 채우면서 연변이 완전히 비는 일은 일어나지 않았다. 오히려 연변은 한국바람이 불러온 구조적 변화 속에서 이주노동이 지배하는 변경지역으로 변모했고, 삶의 리듬과 돈의 흐름 또한 초국가적 양상을 띠게 되었다.

그렇다면 이처럼 거대하고 지속적인 이주 열풍은 어떻게 가능했을까? 조선족은 어떤 과정을 거쳐 중국과 한국을 잇는 초국적 노동시장에 적합한 이주노동자로 자리 잡게 되었을까? 주민 대다수가 한국바람을 타고 떠나버린 가운데 남은 자들과 떠난 자들, 즉 머묾과 떠남 사이에서 초국적 관계를 형성하거나 파괴하는 매개는 무엇일까? 그리고 이러한 코리안 드림 이후의 삶은 앞으로 어떤 모습을 하게 될까?

이 책은 이주노동자, 그리고 그들과 연결된 모두가 끈질지게 품고 있는 열망을 이해하기 위해 조선족의 '몸', '돈', '시간'에 주목하면서 그들을 열정적인 이주노동자 집단으로 만들어낸 정치경제적 배경을 분석한다. 코리안 드림은 중국의 급격한 사유화 과정에서 개개인이 더 나은 삶을 추구하며 형성된 집단적 실천일 뿐 아니라, 포스트 사회주의 중국과 탈냉전 한국의 교차점에서 생겨난 새로운 물질적 현실을 반영하는 현상이기도 하다. 다시 말해 한국바람은 중국과 한국 사이에 독특한 돈의 흐름과 시간 경험이 오가는 새로운 시대를 열었으며, 이로써 조선족은 코리안 디아스포라이자 중국의 소수민족이라는 복합적인 민족 관계성에 기반하여 한국 사회에서 환영과 냉대를 동시에 받는 이주노동자 집단으로 자리매김했다.

이 책은 또한 '코리안 드림' 아래에서 반복되는 이주의 고리를 끊어내고자 등장한 사회적 요구에도 주목한다. 한국 고용주와 자본에 종속된 이주노동을 멈추고 급속히 성장하는 중국, 특히 연변에서 새로운 삶의 기회를 찾으라는 담론이 바로 그것이다. 책을 시작하며 소개한 선화 씨와 태봉 씨 이야기에서처럼, 조선족은 코리안 드림과 차이나 드림이 경합하고 갈등하는 정치경제적 상황에서 그들의 미래를 고민해왔다. 주로 한국바람으로 가속화된 조선족의 이주를 이해하려면 이들이 따라가는 다양한 경로(5장 참조), 즉 농촌에서 도시로, 소도시에서 대도시로, 혹은 연변의 여러 도시에서 중국 내 다른 지역으로 이어지는 경로를 함께 분석하고, 나아가 코리안 드림을 넘어 삶의 기회를 다양화하려는 새로운 움직임도 함께 살펴야 한다. 코리안 드림 이후 펼쳐지는 다종다양한 삶의 궤적을 풀어내고 해석함으로써, 우리는 그 '꿈'이 고요한 내면의 소망이 아니라 끊임없이 요동치고 이동하며 현실의 물질성을 만들어 나간다는 점을 목도하게 된다. 이러한 꿈들은 단일하고 단순한 형태로 존재하지 않는다. 이 책은 한국바람 이후의 복잡다단한 국면에서 코리안 드림과 차이나 드림, 혹은 그 너머를 동시에 좇으려는 희망이 어떻게 형성되었는지를 따라가며, 지정학적으로 민감하고 민족적으로 특수한 변경지역인 연변에 나타나는 다양한 형태의 열망을 포착하고자 한다.

한국바람에 모두 다 갔다

현재 중국에는 약 200만 명에 달하는 조선족이 거주하고 있으며, 대부분 길림성吉林省(지린성), 요령성遼寧省(랴오닝성), 흑룡강성黑龍江省(헤이룽장성)으로 이루어진 동북 3성에 집중되어 있다. 이 가운데 전체의 35퍼센트에 해당하는 약 70만 명이 길림성 남동부에 위치한 조선족자치주인 연변에 살고 있다. 조선족은 19세기 말 더 나은 경작지를 찾아 두만강을 건넌 한반도 출신 조선인들의 후예로, 현재는 중국 국적을 보유한 중국 소수민족이다. 일부는 일제 강점기에 극심한 빈곤을 피해 만주로 떠났고 또 일부는 일제의 이주 계획에 따라 이동했는데, 박현옥은 이를 "점진적 영토 침투"라 불렀다(Park 2005).[3] 또한 일제의 탄압에 맞서 상대적으로 안전한 국외에서 독립운동에 힘을 보태고자 만주로 이동한 이들도 있었다.

연변에 거주하는 조선족 대부분은 19세기 말에서 20세기 초 사이에 함경북도 일대에서 국경을 건너간 이주자들의 후손이다. 이들은 보통 두만강 너머 함경북도의 방언과 비슷

지도 0.1 중국 연변과 한국을 오가는 초국적 이동 양상.

한 말씨를 사용하며 음식 문화와 주거 양식도 유지하고 있다. 1949년 중화인민공화국 수립 이후, 연변은 1952년 조선족자치주로 지정되었고 조선족은 중국 정부가 공인한 55개 소수민족 집단 중 하나로서 중국 공민이 되었다.[4] 그러나 냉전 시기 수십 년간 남북한 어느 쪽과도 교류가 금지되었고, 한국은 '악독한 자본주의의 온상'이자 '미 자본주의의 새끼'로 비난받으며 단절의 대상이 되었다.[5]

그러나 1992년 한국과 중국이 외교 관계를 정상화하고 냉전 특유의 적대적 분위기가 사라지자 상황은 급변한다. 조선족은 한국과의 문화적·친족적 유대를 회복했고, 한국 정부로부터 '재외동포'로 인정받았으며(2장 및 3장 참조), 이후 한중 간 소득 격차가 심화되면서 '한국바람'과 함께 연변을 떠났다. 이 책은 이산가족 상봉부터 노동시장에 이르기까지, 한국바람이 연변과 한국을 어떻게 연결하고 연변 내 모든 지역에서 조선족의 정서, 물질적 현실, 삶의 방향성을 지배해왔는지를 추적한다.

조선족 대다수는 '한국바람'을 불가피한 삶의 일부로 받아들였고, 이는 연변 지역에 급격한 문화적·경제적·정치적 전환을 불러왔다. 이때 '떠나기'는 단순히 종적을 감추거나 다른 나라로의 물리적 이동만을 뜻하지 않는다. 반복적 이동을 경험한 수많은 조선족에게 '떠나기'는 생활 속 깊이 자리한 물질적·정서적 기반이자, 익숙해진 삶의 조건을 뜻한다. 그러나 일부 조선족 지식인, 언론인, 평론가들은 이처럼 광범위하게 퍼진 '떠나기'를 두고, 민족 공동체를 위협하는 병리적 현상이라 여겼다. 이혼율 상승, 자녀 돌봄의 부재, 청소년 비행, 사치성 소비의 증가에서 드러나듯, 사회적 '질병'의 근간에 한국바람이 있다고 보는 것이다. 한국바람의 부정적 파급력을 비판하는 이들은 조선족의 의식이 자본주의에 '오염'되어 돈에만 집착하게 되었으며, 연변 지역 조선족 사회의 안정을 위협한다고 믿는다. 이들이 말하는 '돈돈돈' 정신은 개별 가정의 차원을 넘어 조선족 공동체, 나아가 연변 전역에 급속한 경제적 성과와 도시화, 들끓는 열망을 불러일으켰다. 그에 따라 '한국물'로 상징되는 물질주의적 '오염'의 영향을 피해 갈 수 있는 사람은 아무도 없다는 암묵적 합의가 퍼져 있다.

이 책에서 말하는 '바람'은 집단 이주라는 일시적 열풍이나 열광적 유행만을 뜻하지 않는다. '북조선바람', '소련바람', '한국바람'처럼 연변에서 시대를 구분하는 일상적 표현이자, 정치적·경제적 변화를 아우르는 개념이기도 하다. 이러한 여러 바람은 후기 냉전 시대의 세계화, 포스트 사회주의 중국의 도래와 함께 조선족이 이동의 자유를 회복하고 중국, 북한, 러시아, 한국 간 정치·경제 질서가 크게 바뀌는 가운데 발생한 집단 이주의 흐름을 토대로 한다. 이는 서두에서 인용한 조선족 작가 허련순의 소설 속 글귀처럼, 어느 한 곳에도 온전한 소속감을 느끼지 못한 채 뿌리 없이 유랑하는 주체로서의 정체성을 상징하는 것으로 이해될 수도 있다.

'바람'은 공기의 흐름을 가리키지만, 한편으로는 특정 사회가 일정 기간 공유하는 유행이나 열망, 집단적 강박을 표현하는 용어이기도 하다. 바람은 사람들을 특정 방향으로 '흘러가게' 할 수도 있으며 때로는 그 흐름 속에서 길을 잃게 할 수도 있다. 즉, 바람은 어떤 시공간에서 형성되는 모호하면서도 강력한 정서이면서, 동시대를 살아가는 사람들의 태도와 행위에 영향을 미치는 공통된 시간성을 만들어낸다. 지난 30년간 한국바람은 조선족에게 희망찬 미래를 꿈꾸게 한 조건이자, 오래된 관계와 공동체를 무너뜨릴 만큼 파괴적인 위협으로 작동해왔다. 따라서 한국바람은 물질적 성공의 원천일 뿐 아니라, 조선족이 과거와 미래, 정치와 경제, 사회주의와 자본주의와 맺는 관계를 결합하는 상징적 수단이기도 하다. 중국 내에서 정치적·경제적으로 소외되었던 조선족은 최근 세계 경제와 더 가까워지고 있는 소수민족 변경지역인 연변을 발판 삼아, 자신들이 꿈꿔온 '코리안 드림'을 재해석하고 실천해가고 있다.

이주의 바람

1978년 12월 덩샤오핑鄧小平이 개혁개방을 천명하고 문화대혁명으로 인한 정치적 혼란이 막을 내리면서, 연변에서도 본격적으로 도시화가 시작되었다. 개혁개방 정책은 총 세 단계에 걸친 발전상을 제시했다. 1980년부터 1990년까지 기아 종식과 식량 안보를 담보하고, 1990년부터 2000년까지 중국 인민 모두가 '적당히 풍족한 삶'을 누리게 하며, 마지막으로 21세기 중반까지는 사회주의 시장경제를 달성한다는 계획이었다. "흰 고양이든 검은 고양이든 쥐만 잘 잡으면 된다"는 덩샤오핑의 발언에서도 드러나듯, 개혁개방 정책의 핵심은 실용주의였다. 시장 경쟁과 그에 따른 사회적 불평등을 불가피한 통과의례로 인정했을 뿐 아니라, 개인의 재산 증식 또한 허용하거나 장려하였다. 개혁개방은 1978년에 선포되었지만, 관련 정책이 연변에 적용되어 실행에 옮겨지기까지는 시간이 걸렸다. 1980년대 초반만 해도 연변 주민들은 시장경제나 이윤 창출 등의 개념에 익숙하지 않았지만, 이 무렵부터 물건을 사고파는 행위는 조금씩 늘어나고 있었다. 연변은 소수민족 지역이 갖는 특유의 지리적 주변성으로 인해 중앙 정부의 정책 우선순위에서 늘 밀려 있었다. 그러나 연변 지역 조선족이 시장경제의 흐름을 체감하고 중국 대도시로 출장을 떠나는 등 외부 세계와 접촉하면서, 눈앞의 세계가 점점 넓어졌다. 여행을 통해 중국의 다른 지역을 체험하면서 연변의 문화와 사람들의 생활 방식도 달라졌다. 새로운 경험과 기회, 외부 세계의 상품들이 유행처럼 등장하고 사라지는 흐름 속에서 연변에는 새로운 이주의 바람이 불어왔다.

시장바람

1980년대 초 중국 정부는 농촌의 집단조직이 소유하던 농경지를 각 가정에 재분배하기 시작했다. 생산 및 유통 시스템의 변화는 농민들로 하여금 생산성을 높이고 잉여 농산물을 시장에 내다 팔고자 하는 의욕을 불러일으켰다. '이윤을 남긴다'는 개념이 도시에도 확대되면서 각종 매매 활동이 늘어남에 따라 연변은 점차 외부 세계와 연결되었다.[6] 언젠가 연변 지역의 시장 역사를 조사하던 중 '연변노인협회'가 주관한 하계 야유회에 참여한 적이 있다. 이 협회는 은퇴한 조선족을 위해 춤, 노래, 등산 같은 여가 프로그램을 정기적으로 마련했다. 1980년내 말부터 1990년대에 걸쳐, 공무원 생활을 그만두고 개인 사업을 시작하는 이른바 '바다에 뛰어들기' 현상이 급증했는데, 야유회 자리에서는 이 흐름을 몸소 겪은 전직 사업가들과 대화를 나눌 수 있었다. 그중에서도 가장 성공한 인물로 꼽히는 60대 후반의 홍 씨와 인사를 나누면서, 개혁개방 기조에 발 빠르게 대응한 그가 다른 이들보다 우위를 점하게 된 이야기를 자세히 들을 수 있었다.

홍 씨는 한때 연길 시내의 우체국에서 일했다. 1980년대 초 동네 사람들과 농민들이 길거리에서 두부, 해바라기씨, 담배 같은 물건을 팔아 정규직보다 더 많은 돈을 벌어들이는 모습을 보고 자신도 무언가를 팔아봐야겠다는 결심이 들었다. 공장 노동자였던 아내는 요리 솜씨가 뛰어났고, 특히 중국에서 즐겨 먹는 꽈배기 모양의 튀김 간식인 '마화麻花'를 잘 만들었다. 부부는 동네 번화가 모퉁이에 가판대를 차리고 부업으로 마화를 팔기 시작했다. 마화는 아침에 먹는 음식이라 새벽 3시에 일어나 준비를 마치고 오전 6시부터 장사를 시작했는데, 오전 7시 무렵이면 모두 팔렸다. 그리고 나면 홍 씨는 우체국으로 출근했다. 장사가 예상보다 잘 되자 홍 씨 부부는 매출을 올리고자 기상 시간을 새벽 2시로 앞당겼다. "체력적으로야 힘에 부쳤지만 현금으로 부수입이 생기니까 피곤한 줄도 모르겠더라고요. 그 아침 장사 수입이 우리 부부 소득을 합친 것보다도 벌이가 좋았거든요. 네 배는 더 됐으니까요." 홍 씨는 당시를 이렇게 회상했다.

그러던 어느 날 홍 씨는 지방 정부가 도시 경관 정비를 이유로 노점상을 금지할 예정이라는 소식을 접했다. 하지만 자신들만 상설 노점상을 하는 것도 아니었기 때문에 크게 걱정하지 않았다. 실제로 동네 거리 곳곳에서는 지방 정부의 금지 조치가 내려진 이후에도 한족이든 조선족이든 노점상 영업을 이어갔다. 규제에 실효성이 없고 노점상 수만 나날이 늘어간다는 사실을 깨달은 지방 정부는 결국 개인 판매자에게 부스(매대)를 매각하거나 임차하는 방식인 '공식 시장' 개설을 허가한다. 홍 씨 부부도 신설 시장에서 부스를 빌려 장사를 이어갔는데, 사업이 잘 풀린 덕에 머지않아 부스 하나를 매입할 수 있었다. 그렇게 그들은 '사장님'이 되었다.

연변에 정식 시장이 개설되면서 돈, 이윤, 시장 그리고 더 큰 세상에 대한 사람들의 인식도 크게 바뀌었다. 1985년 연변

최초이자 최대 규모의 시장인 연길서시장이 문을 열었고, 이어서 용정龍井(룽징), 도문圖們(투먼), 화룡和龍(허룽) 같은 도시에도 공공 시장이 생겨나면서 상인들이 개인 사업을 시작했다. 홍 씨의 이야기는 당시 연변에 퍼져가던 사유화 분위기를 이해하는 데 도움이 되는 수많은 사례 중 하나이다. 먼저 홍 씨는 아내의 재능을 살려 괜찮은 틈새시장을 찾아냈다. 또한 집단 농장이나 경직된 사회주의 생산 시스템과 달리 '열심히 일할수록 더 많이 벌 수 있다'는 가능성을 실감했다. 새로운 시장과 그 기대 수익에 대한 설렘은 빠르게 확산되었다. 야유회에 참석한 은퇴한 사업가들을 비롯해 50대 이상 사업가나 공무원들은 1980년대를 새로운 에너지와 경험, 아이디어가 넘쳐나던 시대로 회상했다. 고립된 소수민족 지역에서 살아온 조선족이 마침내 바깥세상과 조우하고 '넓은 바다'로 나아가게 된 것이다.

이처럼 눈이 트이는 경험은 장거리 출장을 통해 극대화되었다. 요식업에 종사한 홍 씨는 이동할 일이 많지 않았지만, 소매업자들은 대도시로 나가 물건을 떼어와야 했다. 이들 대다수는 연변을 벗어나본 적이 없었고, 생애 처음 중국 내 다른 도시로 장거리 여행을 하며 느꼈던 두려움과 설렘을 또렷이 기억하고 있었다. 변경지역이라는 연변의 지리적 특성을 고려할 때, 상점 주인이나 구매를 담당하는 '채굴원'들은 대도시로 나가 새로운 물건을 구입한 뒤 연변으로 가져와 되팔았다.[7]

연변의 경제 규모가 크지 않았기 때문에, 상인들은 이런 식의 상품 '채굴'을 반복해야 했다. 이들은 기차로 사나흘이 걸리는 거리를 왕복하여 동북 지방의 인근 도시인 심양瀋陽(선양)이나 하얼빈 등지로 다녀왔다. 그러나 상하이나 광저우 같은 남부의 상업 도시로 이동할 때는 당시 기차 속도가 느렸던 만큼 목적지까지 가는 데만 사흘이 걸렸다. 상인들이 기억하기에 이러한 여행은 많은 시간과 에너지가 소모되고, 매우 위험했다. 대부분 현금으로 거래했기 때문에 강도의 표적이 되는 일도 많았다. 상인들은 스스로를 보호하고, 동시에 지루한 장거리 여행에 활력도 더하기 위해 서너 명씩 무리를 지어 소규모로 이동했다. 앞서 소개한 야유회에서 조선족 여성 사업가도 여럿 만날 수 있었는데, 그중 현재 연길서시장에서 사업을 하는 이 씨는 당시의 설렘과 흥분을 다음과 같이 들려주었다. "한 번 여행을 갈 때마다 더 큰 세상과 새로운 것들을 보면서 눈이 트이는 기분이었어요. '진짜' 중국에서 '진짜' 중국인들과 사업하는 법을 알게 된 거죠."

시장경제의 출현과 함께 시작된 장거리 여행은 조선족에게 새로운 자기 발견의 기회를 안겨주었다. 소수민족 지역에서 성장한 조선족은 이 먼 여행을 통해 더 넓은 중국과 마주했지만, 한편으로는 중국어 구사력 부족과 '진짜' 중국 문화에 대한 거리감을 실감하며 소수민족으로서 자신들의 지위를 깨닫기도 했다(5장 참조). 외부 세계와 접촉이 늘면서 이들의 지리적 상상력과 이동 범위는 중국을 넘어 북한과 소련까지 뻗어 나갔다. 특히 북한은 1980년대 중반에 지리적 근접성, 언어적 동일성, 친족적 연결성을 바탕으로 국경 너머의 사업

파트너로서 연변 조선족의 관심을 끌었다.

북조선바람

1980년대 중반부터 북한으로 장사를 다니는 조선족들이 점차 늘어나기 시작했다. 한국과 연변에서 내가 만난 조선족들은 북한과 진행했던 각종 사업 경험을 자주 언급했다. 중국과 북한은 지리적으로 맞닿아 있음에도 양국의 경제적·문화적 교류는 정치 상황에 크게 영향을 받았다. 한때는 사회주의 이웃 국가로서 친밀한 관계를 유지했지만, 문화대혁명 시기 북한의 지도자 김일성이 마오쩌둥毛澤東의 정치 노선에 비판적 태도를 취하면서 외교 관계가 급격히 냉각되었다. 이 시기 조선족은 북한과 가족이나 경제적·정치적 연관이 조금만 있어도 정치적 박해의 대상이 되곤 했다. 이는 조선족 사회에 깊은 상처로 남았고, 이들은 조선인으로서의 민족 정체성을 드러내기보다는 중국에 대한 충성심과 중국인으로서의 국가적 소속감을 증명해야 했다. 그러나 1980년대 중반부터 정치적 긴장이 서서히 풀리면서 조선족은 지나치게 조심하지 않고도 북한에 있는 가족을 방문할 수 있게 되었다. 일부는 북한에서 품질 좋은 해산물을 들여오고, 반대로 중국산 공산품을 북한으로 가져가 팔기도 했다. 이처럼 '북조선바람'을 타고 며칠에서 몇 주씩 북한에 머무르며 현지 시장에서 큰 수익을 내는 이들도 생겨났다.[8]

한국에서 만난 조선족 여성 강 씨의 사례는 1980년대 당시 북한과의 무역이 얼마나 보편적이었는지를 보여준다. 2009

년 서울에서 나와 이야기를 나눌 당시 50대 후반이었던 강 씨는 한때 연변의 가구 공장에서 일했지만, 공장이 문을 닫을 정도로 사정이 나빠지자 시장에서 과일을 팔기 시작했다. 이후 1990년대 초반부터는 중국과 북한을 오가면서 부수입을 올렸다.

> 중국에서 최대한 물건을 많이 챙겨서 북한까지 가지고 갔어요. 너무 무거워서 허리랑 팔이 끊어질 것만 같았죠. 일단 도착하고 나면, 매주 열리는 큰 시장까지 데려다주는 북한 중개인에게 의지하는 수밖에 없어요. 그리고 거기서 물건을 놓고 팔았지요. 시장에는 도둑도 많았는데, 한번은 강도를 당한 거예요. 항시 경계해야 하니 스트레스가 말도 못 했어요. 가끔은 그 자리에서 바로 중개인에게 물건을 넘기고 해산물로 맞바꾸기도 했죠. 벌이는 제법 됐어요. 몇 달치 공장 월급보다 많았으니까요.

북한과의 무역은 농민이나 공장 노동자들에게 부수입원으로 인기를 끌었지만, 그 열기는 오래가지 못했다. 먼저, 연변 상인들은 북한으로 한 번 여행할 때마다 운반할 수 있는 물량이 제한되어 있어 큰 수익을 내기 어려웠다. 또한 국경을 건너는 대중교통도 여의치 않아서 개별적으로 차량을 빌려 물건을 실어 날라야 했다. 북한에서는 중국산 제품에 대한 수요가 많았기에 상인들은 더 많이 운반할수록 더 많이 번다는 사실을 잘 알고 있었지만, 대부분의 소규모 조선족 사업가들에게는 현실적으로 쉽지 않은 일이었다. 게다가 북한 시장 사정

0.1 중국 연변 연길서시장에서 판매하는 반건조 명태(2016). 저자 촬영.

에 익숙하지 않았던 소선속은 현지에 사는 먼 친척이나 새로 알게 된 중개인에게 의존하다가 사기를 당하는 일도 많았다. 여기에 더해 북한은 '언제, 어디에서, 누구에게 무엇을 팔 수 있는지'를 엄격히 규정하는 데다가, 걸핏하면 그 규정도 변경되었기 때문에 조선족이 북한에서 안정적으로 장사를 하기는 무척 어려웠다. 이렇듯 위험도는 높고 신뢰도는 낮은 상황에서 조선족 상인들은 사업이 성공할 조짐을 보일 때조차 파산하기 일쑤였다. 위험하고 종잡을 수 없는 시장 환경에서 조선족 상인들은 빠르게 지쳐갔고, 그렇게 북조선바람은 잦아들었다. 1990년대로 들어서자 연변에는 또 다른 바람, '소련바람'이 불기 시작했다.

소련바람

1991년 중국과 소련이 국교를 정상화하면서 소련 시장이 갑작스레 개방되었고, 수많은 중국 상인들이 중국 공산품을 팔고자 구소련 영토를 향해 떠났다. 조직화가 잘 되어 있고 수익성이 높았던 러시아 시장은 소규모 물물교환 형태로 단기간에 이루어지던 북한 무역과는 뚜렷한 대조를 보였다.[9] 소련은 중공업 중심으로 산업이 발달해서 의류나 신발, 생활용품 같은 이른바 경공업 제품은 품귀 현상을 빚는 경우가 많았다. 일부 조선족 상인들은 이 틈새시장을 공략하기 위해 모스크바나 우크라이나 등지까지 장거리 여행을 감행했지만, 대부분은 중국 동북 지역과 가까운 러시아 극동 지방으로 향했다. 이들은 러시아에서 특히 수요가 많은 의류나 신발 판매에 주력했다.[10] 북한에서의 경험과 비교하면 취급 물품도 훨씬 다양했고 체류 기간도 눈에 띄게 늘어서 몇 년간 소련에 머무는 경우도 있었다.

연변과 한국에서 만난 조선족들의 이야기에 따르면, 러시아 쪽 사업은 높은 이익을 안겨주었지만 "러시아로 장사하러 갈 때는 목숨을 걸었다"는 언급처럼 매우 위험한 사업지로 정평이 나 있었다. 러시아 갱단들이 현금을 많이 가지고 다니는 중국 상인을 노렸다는 증언도 있다. 그럼에도 조선족 상인들의 눈에 비친 러시아 시장은 두려움과 불안감을 무릅쓸 만큼 수익성이 높았고, 그렇게 소련바람은 1990년대 초반 연변 전역을 휩쓸었다.

소련바람은 당시 중국의 개혁개방 기조와도 맞아떨어졌

다. 정부 산하의 직장 및 소속을 일컫는 단위單位는 공무원들에게 정식으로 휴가를 내주면서까지 러시아행을 장려했다. 즉, 단위 차원에서는 일종의 제도적 지원이 이루어졌던 것이다. 인터뷰 당시 70대 초반으로, 과거 연변의 한 도시에서 부시장을 지냈던 김학만 씨는 소련바람을 다음과 같이 회상했다.

> 1991년에 소련이 붕괴해서 보니까 그쪽에서 필요로 하는 게 많더라고요. 그때 우리 조선족은 돈을 벌 절호의 기회가 왔다고 생각했어요. 그래서 우리 시 단위에서는 임시 휴가라도 내서 돈 되는 일이면 뭐든 하라는 식으로 공무원들을 독려했죠. 어느 정도 돈을 번 사람은 2년 내에 단위로 복귀할 수 있었습니다. 저는 꽤 높은 직급이었으니까 제 사업을 한다고 그렇게 멀리 가 있을 수가 없었죠. 그래도 1991년에는 두어 번쯤 소련에 다녀왔습니다. 당시 중국에 비하면 '문명' 수준이 높고 발전한 모습이 참 인상적이었어요. 하지만 거기서 사업을 하는 건 정말 위험한 일이었습니다. 제 처남도 소련에 가서 돈을 많이 벌었지만, 러시아 깡패에게 칼에 찔려서 하마터면 죽을 뻔했거든요. 그런데 그렇게 위험해도 이문이 남으니까 1990년대 초반까지는 그쪽으로 많이들 갔어요.

위험 부담이 컸던 만큼, 조선족 상인들은 신변 보호를 위한 자구책을 고심해야 했다. 출발 전부터 팀을 꾸리거나 경우에 따라서는 러시아 현지에서 생면부지의 누군가와 동업 관계를 맺어 활동했다. 또한 가족 단위로 영업하는 상인처럼 보이기 위해 위장 결혼을 하는 이들도 있었다. 전직 상인 중 상당수가 러시아로 떠나거나 그곳에서 사업을 시작하기에 앞서 다른 상인과 결혼식을 올렸다. 그러나 이렇게 맺어진 '부부'는 서로에게 실명을 비롯한 신상을 묻지 않는 것이 불문율이었다. 조선족 상인들은 러시아에서 사업하는 내내 가명으로 생활했다. 인터뷰를 통해 들은 이야기에 따르면 성별에 따른 분업이 존재했던 것으로 보인다. 여성은 현지 가게를 돌보고, 남성은 중국에서 물건을 구해 러시아로 운반하는 일을 담당하는 식이었다. 때로는 보안 문제를 해결하고자 부부 두 쌍이 모여 사업 파트너를 맺기도 했다. 이들 '기혼' 상인은 안전이라는 공동의 목표를 위해 실제 부부처럼 함께 살았고, 그러다 서로 간에 마음이 생겨 실제 연인 관계로 이어지는 경우도 있었다. 그러나 중국으로 돌아간 뒤로는 다시 만나지 않는 것이 '공식적인' 합의였다. 그럼에도 불구하고 소련바람에 몸을 실은 조선족 상인들 사이에서는 '위장 결혼'이 드물지 않았고, 때로는 실제 가정이나 가족 관계에 어려움이 닥치기도 했다.

한때 상인이었던 조선족들에게서 소련바람에 관한 기억을 들을 때면, 회상 곳곳에 당시의 불안과 설렘이 묻어났다. 러시아에서의 무역은 위험하고 잃을 것도 많았지만, 잠재적 이익도 그만큼 커서 생애 단 한 번뿐인 기회로 여겨졌다. 그러나 탄탄하고 조직력 있는 지원 없이는 리스크가 너무 컸기에, 상인들 대부분이 오랫동안 사업을 지속하지는 못했던 것으로 보인다. 러시아 쪽 사업은 금전, 보안, 사회적인 측면에서 지원이 가능한 연결망을 구성하는 일이 필수였다. 보안 문제 때문에 현지인들의 도움 없이는 사업을 유지하기가 어려웠다는 증언도 있었다. 조선족 상인들은 그 시절 러시아를 선진적이고 '문명화된' 서구 국가로 기억하지만, 그와 동시에 언어가 통하지 않는 것은 물론 장기 거주하기에 '너무나도 이질적'인 공간으로도 받아들였다. 그렇게 1990년대 초반 연변을 휩쓴 소련바람은, 1992년 한중 국교 정상화 이후 급속히 잦아들면서 곧이어 등장할 '한국바람'에 자리를 내주게 되었다.

한국바람

1992년 한중 국교 정상화는 냉전 시기 금지되고 잊혀졌던 한국과의 혈연관계를 회복하고 양국 간 인적·물적 교류의 물꼬를 	텄다는 점에서 조선족 사회에 획기적인 사건이었다. 이후 새로운 사업 기회와 값싼 노동력을 찾아 한국인들이 중국으로 건너가기 시작했고,[11] 그와 동시에 조선족도 한국으로 이주하여 노동력을 제공했다.

조선족은 한국과의 첫 만남을 회상할 때, 오랜 금기의 땅이었던 '고국'과 연락이 끊겼던 먼 친척과의 재회를 기대하며 불안하고 낯설었던 기억을 이야기하곤 했다. 1980년대 후반 한국 정부는 인도주의 차원에서 이산가족 상봉을 허용했고, 이에 따라 조선족이 한국을 방문할 수 있는 길이 열렸다. 이어서 조선족을 대상으로 한 '친척방문비자'가 발급되면서 1990년대 말 한국 이주가 점차 늘어났다. 당시 중국산 약재를 대량으로 한국에 가져오는 조선족이 많았는데, 일부는 친척에게 선물하고 또 일부는 팔아서 이문을 남기려는 목적이었다. 조선족들과 진행한 인터뷰에서 한국으로의 첫 여행담을 들어보면, 중국산 한약재를 팔아 몇 달 만에 큰돈을 벌어들인 이야기가 언제나 주를 이루었다. 한국은 조선족 사회에서 수익성 좋은 시장으로 등극했고, 이처럼 갑작스러운 금전적 성취는 한국을 자본주의 '꿈의 나라'로 여기는 환상에 불을 지폈다. "한국만 가면 거리에서 달러를 긁어모으느라 허리가 휜다"는 말이 나돌았다. 오랫동안 중국은 한국을 가리켜 '가난에 허덕이는 자본주의 주적'이자 '미 제국주의의 새끼'로 묘사했지만, 이제 조선족은 더 나은 삶을 이룰 수 있는 목적지로서 한국을 인식하기 시작한 것이다. 1988년 서울올림픽을 기점으로 한국 경제가 눈에 띄게 성장하면서, 1980년대 후반부터 서서히 물꼬를 튼 조선족의 이주는 1992년 한중 국교정상화를 통해 극적인 계기를 맞이하게 된다.

조선족의 친척 방문은 불과 몇 년 사이에 본격적인 이주노동으로 진화했다(2장 참조). 1990년대 초, 친척방문비자로 입국한 많은 조선족이 체류 기한을 넘겨 미등록 이주자가 되었고, 그 수는 점점 늘어났다. 이러한 상황에서, 특히 연변 출신 조선족에게 비자 발급은 우호적이지 않았다. 앞서 언급했듯이, 연변의 조선족은 대부분 19세기 후반 북한에서 중국으로 이동한 이들의 후손이다. 따라서 대다수는 남한과 혈연관계가 없거나 한국의 호적에 등록되어 있지 않아 친척방문비자를 받기가 어려웠다.[12] 그런 가운데 한국에 다녀온 후 갑자기 생활이 윤택해진 조선족들이 등장하면서 새롭게 부상하는 한국바람, 즉 '코리안 드림'이 번져 나가자 불법 알선업자들이 폭증했다. 이들은 결혼으로 "친족 관계를 만들어"(Freeman 2011) 비자와 여권을 위조했고, 이러한 가짜 서류를 '고가의 상품'으로 유통시켰다. 이 모든 일은 불법인 데다 비용도 엄청나서 비자를 구하다 빚더미에 앉는 경우가 다반사였다.[13] 하지만 "일단 한국에 가기만 하면 1~2년 안에 갚을 수 있다"는 생각이 널리 퍼져 있었다. 오히려 불법 이주 시장은 해를 거듭할수록 확대되었고, 알선업자를 통한 방식은 가장 흔한 입국 경로로 자리 잡았다. 입소문을 타고 퍼진 암시장에서 한국 입국을 원하는 사람들은 성공률이 가장 높은 알선업자를 찾아다녔다. 이러한 암시장은 비자 규제가 완화되고 이동이 자유로워진 2005년 이후 급격히 축소되었다(2장 및 3장 참조). 그러나 한국바람은 변경지역에서 꾸는 꿈을 크게 확장시키며 조선족 사회에 전례 없는 이주와 경제 발전을 이끄는 동력이 되었다.

코리안 드림의 부상

냉전 체제에서 한국은 오랫동안 한인 디아스포라를 외면하고 그 존재를 등한시했다. 한국 정부가 재외동포에 관심을 기울인 것은 1990년대 초 냉전 질서가 해체되기 시작한 이후였다(1장 및 2장 참조).

19세기 말부터 반복되는 자연재해에 더해 부패한 정부의 수탈까지 견뎌야 했던 한인들은 특유의 근면함, 노동 윤리, 생산성 높은 벼농사 기술을 기반으로 러시아와 중국 등지로 떠

0.2 《서울바람》(연변인민출판사, 1996) 표지. 저자 촬영.

나기 시작했다(H. O. Park 2005, 2015; A. Park 2019). 일제 식민 통치(1910~1945) 아래에서 일부 농민들은 더 나은 일자리를 찾아 일본행을 택하기도 했지만, 그곳에서도 가혹한 차별에 직면했다(Kawashima 2009). 식민 통치 시기 러시아, 중국, 일본 등으로 이주한 한인들은 주로 이주 농민 또는 이주노동자로서 민족 차별과 계급 착취를 경험한 데다 불분명한 국경 통제로 인해 법적 지위 또한 불안정했다.[14] 이와 같은 주변적 지위는 한인 이주자가 '무산자' 계급을 옹호하는 사회주의 사상과 운동에 수용적 태도를 취하는 결과로 이어졌다(Ryang 1997; Yun 2016).[15] 그리하여 이들 중 상당수는 중국과 러시아의 공산주의 혁명에 적극적으로 참여하는 한편, 일본공산당과도 긴밀히 협력하게 되었다.

1945년 해방 이후, 한국전쟁(1950~1953)을 기점으로 남북한 관계는 줄곧 정치적·군사적 긴장 속에 놓였으며, 남북한 두 정권은 재외동포 포용 문제를 놓고서도 경합을 벌였다. 남측이 해외 한인들에게 관심을 두기에 앞서 북측은 한국전쟁 직후부터 이미 재외동포 지원에 나섰다.[16] 당시 일본에는 북한의 지원을 받고 북에 대한 지지를 표명하는 한인 단체가 설립되어 있었다. 게다가 과거 만주 지역이었던 중국 동북 지방에서 공산주의 혁명의 일환으로 전개된 항일 운동에 김일성이 깊이 관여했던 경험으로, 중국의 조선족 역시 친척 방문과 연변대학 설립 등 교육 목적의 교류를 통해 북한과 긴밀한 관계를 이어갔다.

반면, 냉전 시기 국가보안법을 시행한 한국에서는 '사회주의 계열' 재외동포와의 접촉을 허용하지 않았다.[17] 한국의 권위주의 정권은 공산주의자가 전무한 '순수' 통일 국가를 건설하기 위한 수단으로 반공주의를 이용했고, 이렇게 실시한 '빨갱이 사냥'으로 한국만이 아니라 일본, 독일, 미국 등에 거주하는 동포들까지도 간첩 누명을 썼으며, 최악의 경우 사형이나 무기징역 등 가혹한 형벌을 받는 이들까지 있었다(Hong 2020).[18]

그 결과 한국 사회는 오랫동안 재외동포를 국가 안보에 대한 잠재적 위협으로 간주했고, 무고한 재외동포가 북한 공작원 혐의를 받기도 했다.[19] 그러나 1980~1990년대에 민주화가 진전되면서 그동안 도외시되었던 재외동포 문제에 대한 논의가 활발해졌고, 인권이라는 관점에 힘이 실리면서 민주

정권, 시민단체, 언론 등이 과거 공산주의자로 낙인찍혀 억울한 일을 겪은 재외동포의 권리 회복과 배상 문제에 지지 의사를 표명하기 시작했다.[20] 일례로, 1980년대 한국 정부는 인도주의적 차원에서 한국전쟁으로 단절되었던 혈연관계 회복을 꾀하며 재외동포의 친인척 방문 프로그램을 기획했다.[21] 아울러 '재외동포 활용 방안'을 모색하는 과정에서 그들의 시장에서의 효용성을 중심으로 이해하려는 신자유주의적 접근 방식을 취하게 된다. 박현옥의 설명처럼, 한때 잠재적 공산주의자로 여겨졌던 디아스포라 한인들이 민주화되고 신자유주의화된 한국과 조우하면서 "한민족"이라는 상상의 공동체 안으로 포섭되었다(Park 2015).

조선족의 한국 이주는 1990년대 초 한국의 민주화와 신자유주의, 그리고 중국의 사유화가 급속히 전개되는 맥락에서 본격화되었다. 특히 1990년대 말 IMF 위기(2장 및 3장 참조) 이후 한국은 신자유주의적 사회 변화를 경험한다. 수많은 학자들의 지적처럼, 신자유주의에 입각한 공격적인 구조조정은 사회 전반을 시장 논리로 재편하여 자본의 이익에 부합하도록 설계함으로써 "강탈에 의한 자본 축적"(Harvey 2005)과 "경제화"(Brown 2015)를 통해 경제적 불평등을 심화시켰다.[22] 한국에서도 개인은 구조조정 기간을 기점으로 시장 논리에 적절히 대처할 수 있는 자기 이익이나 자기 책임, 자기 충족 같은 특정한 행동 양식, 몸에 대한 규율, 인간성을 함양하도록 요구받았다(Barry, Thomas, and Rose 1996; Binkley 2009; Foucault 2008; Ong 2006; Rose 1996). 강력한 신자유주의의 등장으로 공동체 의식이 약화되고 사회 안전망과 국가의 보호에서 배제된 이들이 물질적으로나 정서적으로 극도의 불안정성과 불안감에 노출되었다(Allison 2015; Berlant 2011; Butler 2010; Bourdieu 2000; M. Jung 2017; Standing 2011).[23] 이러한 금융 위기를 계기로, 이미 중국에서 급속한 사유화와 '자기 책임'의 압력을 경험하던 조선족은 삶의 여러 요소가 경제 논리에 좌우되고 개인의 판단 기준에서 경제적 가치가 주를 이루는 한국으로 이주하게 되었다.

여기에 더해, 조선족의 이주는 경제적 필요와 정치적 혼란에 놓인 다양한 이주의 흐름들과 함께 살펴봐야 한다.[24] 단순히 "이동성"의 관점에서만 볼 것이 아니라 "이주"의 한 형태(De Genova 2013), 즉 국민-국가로부터 상당한 규제를 받게 된 대규모 인구 이동(Mezzadra and Neilson 2013)으로서 이해되어야 한다. 신자유주의화가 계속되는 가운데, 국가는 누구를 어떤 조건으로 포섭하거나 배제할지를 결정하는 권력으로서 그 존재감이 점차 부각되고 있다(2장 및 3장 참조).[25] 포스트 사회주의 시대 중국은 "중국 특색의 사회주의"(Meisner 1999; Rofel 2007)[26]라는 미명 아래 사회주의와 민족주의의 토대를 보존하는 동시에, 강력한 시장 논리 및 경제화를 추진해온 독특한 국가-시장 복합체를 형성하고 있다. 이렇게 볼 때, 조선족의 국내외 이주는 자기 책임에 기반한 인간성을 형성하고 도시 생활 양식을 권장하는 동력이 되었다(Chu 2010; Hoffman 2010; Ngai 2005; Rofel 2007; Xiang 2005; H. Yan 2008; Zhang 2001).

경계에서 꾸는 꿈

연변은 소수민족 변경지역으로서, 다양한 집단의 성원들이 '코리안 드림'을 좇거나 그 여파로 발생한 변화와 결과들을 함께 겪어온 협상의 공간이다. 1990년대 초반부터 조선족은 연변을 떠나 이주를 계속해온 반면, 한족은 조선족이 남기고 간 빈자리를 채우거나 새로운 영향력을 확장하며 연변에서 살아가고 있다. 1990년대 말에는 '고난의 행군'이라 불리는 북한의 식량난을 피해 탈북민들이 두만강을 건너 연변으로 이동했으며, 이때를 기점으로 중국에서는 혼인 신고가 불가능한 상태에서 조선족 또는 한족 남성과 결혼하는 북한 출신 여성들이 생겨났다. 최근에는 연변의 경제특구에 위치한 북한 식당과 공장에서 일하는 북한 노동자 수도 늘고 있다. 또한 사업 확장과 자녀 교육을 목적으로 수많은 한국인이 연변으로 몰려들고 있으며, 극동 지역의 러시아인들도 중국산 제품을 사들인 뒤 본국에서 판매할 목적으로 혼춘시珲春市(훈춘시)를 찾는다. 바야흐로 연변은 지난 30년간 서로 다른 꿈들이 교차하며 경합을 벌여온 역동적인 공간으로 자리 잡았다.

이 책은 이처럼 다양한 욕망 사이에 놓인 변경지역으로서 연변의 지정학적 의미를 탐구하며, 이곳에서 나타난 다양한 꿈과 그 실천의 작동 메커니즘을 살펴보고자 한다. 이를 위해 '몸', '돈', '시간'이라는 세 가지 인류학적 렌즈를 사용해, 한국의 신자유주의적 민주화와 중국의 급격한 사유화가 교차하며 새로운 정치·경제가 맞물리는 지점에 초점을 맞춘다. 그리고 오랫동안 단절되었던 조선족과 한국이 재연결되는 과정을 추적함으로써 '민족'이라는 개념이 어떤 방식으로 구성되는지 분석하고 '조선족'이라는 중국 내 소수민족의 정체성이 한국 사회에서 어떻게 번역되고 의미화되는지를 살핀다. 특히 '조선족의 몸'이라는 개념을 바탕으로, 한국어 구사 능력과 한국 문화와의 친밀성 등 신체에 각인된 민족적 특성이 한국의 노동시장에서 어떻게 특정한 가치와 의미를 획득하게 되는지를 분석한다.[27]

이 책은 냉전 시기 중국에서 억압되었던 소수민족의 민족성이 개혁개방 이후 어떤 방식으로 부활하고 고취되었는지 살펴보며, 조선족이 국경을 넘어 자신들의 가치를 발견하고 확장해 나가는 과정을 밝힌다(1장 및 2장 참조). 이는 단순히 조선족 본연의 민족적 특징이나 한국인과의 민족 간 유사성으로 조선족이 한국 노동시장에서 경쟁력을 발휘했다거나, "같은 민족"이라는 특성으로 만들어지는 가치를 사용했다는 주장이 아니다. 그보다는 조선족과 한국이 갖는 특수한 "민족 관계성", 즉 민족적으로는 "한인韓人"이지만 남한의 "한국 국민"은 아닌 그들의 디아스포라적 지위를 활용하여 한국 노동시장이 특수한 노동력으로서 조선족의 가치를 발견하고 확산했다고 주장한다.[28] 요컨대 조선족이 한국의 노동시장으로 진입하고 한국 사회에 적응하는 과정에서 이러한 민족 관계성을 어떻게 수행했는지 살핀다. 1부에서는 "접합"(Laclau and Mouffe 1985) 및 "수행성"(Butler 1990; 1993) 이론을 토대로 민족 관계성에 대한 분석을 확장한다. 예컨대 한국인과의 위장 결혼에서 보듯 조선족의 민족성 수행이 어떻게 젠더나 계급과 결합하는지, 조선족 노동자가 보유한 민족적 가치가 어떻게 한국의 특정 서비스업에 적합한 노동력으로 자리 잡아 왔는지에 주목한다.[29] 즉 이주노동을 정체성과 가치 생산이 교차하는 장으로 바라보면서, 조선족 이주노동자가 한국 사회 내 이주자 집단으로 구성되는 법적·경제적·정치적 과정을 분석한다.

둘째로, 이 책은 물질적 현실을 급격히 변화시키고 내밀한 삶의 불안감을 유발하는 송금이 지닌 힘을 조명한다. 한국에서의 송금은 조선족이 도시로 이동하고 정착하는 것을 가능하게 했고, 연변의 급속한 도시화를 촉진하면서 민족 구성 또한 재편하였다. 예컨대 노래방, 사우나, 안마방처럼 새롭게 떠오른 소비 산업에 종사하고자 한족 이주자들이 연길시로 유입되었고, 조선족 인구가 중국 내 다른 도시나 한국으로 떠나며 점차 공동화하는 조선족 농촌으로도 한족 이주자들이 몰리고 있다. 한편 연변으로 유입된 송금액은 연변의 경관 및 민족 관계를 근본적으로 재구조화했다. 한국행을 택한 조선족 개인의 노동 윤리나 뚜렷한 목적 의식과는 별개로, 송금 의존형 경제는 환율과 국제 경제 요인에 취약성을 보인다. 2008~2009년 글로벌 금융위기가 조선족 노동시장을 강타했던 당시 상황을 보면 이러한 사실이 잘 드러난다(6장). 이 책은 글로벌 경제의 변동성 아래에서 송금 의존형 경제 발전은 본질적으로 불안정하며 예측 가능성이 낮다는 점을 지적하고자 한다. 다른 한편으로 연변에서의 송금 주도형 발전은 조선족과 한족 간의 새로운 민족적 상호 의존성을 형성하기도 했다. 한족은 한국바람에 직접적인 영향을 받기보다는, 투자자이자 서비스 노동자로서 송금 중심 경제의 또 다른 축을 담당해왔다. 즉, 연변의 송금 의존 경제에 대한 분석을 통해 한국바람이 민족 관계와 변경지역의 경관을 바꾸는 데 어떠한 영향을 미쳤는지 고찰할 수 있다.

나아가, 이 책은 한국에서 유입된 '한국 돈'이 특정 장소와 시간에 대한 애착을 수반한다는 점을 지적한다. 조선족에게 '중국 돈'과 확연히 구별되는 '한국 돈'은 한국에서 보낸 시간을 나타내는 강력한 장소적·시간적 표상이다. 내가 만난 조선족들은 2000년대 후반까지도 "한국에서 일했다면 중국에서보다 열 배는 더 벌었을 것"이라는 말을 자주 했다. "불법 알선업자를 쓰느라 빚을 지더라도, 어떻게든 한국에 도착만 하면 1년 언저리에 다 갚을 수 있으니까 시도해볼 만했다"고 다수가 증언했다. 이들에게 한국 돈이란 중국 돈에서는 느낄 수 없는 속도와 효능을 상징한다. 아울러 한국 돈은 언제나 한국에서 중국으로 송금되거나 이전된다는 점에 착안하면, 돈을 기다리는 이들과 보내는 이들 간의 상호 의존성을 전제한다. 즉 한국 돈은 떨어져 있는 가족 구성원을 연결하는 매개체의 역할을 수행한다. 그러나 한국 돈을 실제로 사용하려면 중국 화폐로 환전해야 하고 이때 최종 수취 금액은 글로벌 경제 상황에 따라 변동하는 환율에 좌우된다. 그러므로 '한국 돈'은 벌고 송금하고 소비하는 모든 순간에 불균형과 불확실성을 동반하며, 그 자체로 불안정성과 불안을 품고 있다. 이는 한국에서 며칠, 몇 주, 몇 개월에 걸친 고된 노동으로 벌어들인 임금이 곧바로 중국에서 사용 가능한 돈으로 송금되는 것이 아니라, 그 과정에서 환율, 외교 관계, 글로벌 경제 등 외부적 요인의 영향을 받기 때문이다. 나는 조선족이 들려준 수많은 이야기를 지배하는 이 '한국 돈'이라는 존재가 지닌 힘을 고찰하며, 이것이 사회적 유대와 물질적 현실을 꾸준히 변화시켜온 동시에 취약하고 특수한 '돈'임을 주장한다.

셋째로, 이 책은 기존의 이주 연구가 주로 국가 및 문화와의 소속감이나 장소성에 초점을 맞춰온 것과 달리, 이주자나 그 가족에게 적용되는 비자 규정과 '기다림의 시간'을 살펴보면서 시간의 경험과 관련된 소속감을 분석하고자 한다. 조선족 이주노동자들은 한국 정부의 빈번하고 예측 불가능한 법적 변화에 줄곧 영향을 받아왔다. 한국에 미등록 체류자로 머물렀던 조선족 대다수는 2005년 재외동포법 개정으로 사면을 받았지만(3장 참조), 새로운 비자 규정에 따라 연속 거류가 가능한 햇수에는 제한이 생겼으며, 이에 따라 모든 조선족 이주자는 3년마다 한 번씩 중국으로 귀국해야 했다. 그 결과 조선족은 한국을 '노동하는 장소'로, 중국은 '쉼과 기다림의 공간'으로 분리하여 인식하게 되었다. 일반적으로 이주노동자는 중국에서 '쉬는' 동안 돈을 벌지 못하고 소비만 하게 되며, 이로 인해 재정적으로 불안정한 상황에 놓이고 심리적 불안감 역시 가중된다. 특히 최근 들어 오랜 기간 한국에 체류했던 조선족 이주자들은 중국의 변화를 제대로 따라잡지 못하는 데다가 한국으로 가지 않은 이들에 비해 자신들이 뒤처졌다는 감정을 느끼게 되면서, '한국바람'에 휩쓸려 반복적으로 한국으로 돌아가는 이주의 고리를 끊어야 한다는 사회적 담론이 형성되었다(6장 참조).

이 책은 송금을 기다리고, 가족의 귀환을 기다리고, 한국에 갈 기회를 기다리는 이들의 삶을 소개하면서, '기다림'이라는 렌즈로 들여다본 시간성에 관한 고찰도 담고 있다(4장 참조). 가정을 지키며 송금을 관리하는 이들의 오랜 기다림에는 언제나 예측 가능한 보상이 뒤따르는 것이 아니다. 배우자가 가족에 대한 책임감을 저버리고 갑작스럽게 송금을 중단하는 경우도 발생하기 때문이다. 조선족 이주자들은 개인적인 문제들과 위기 상황, 노화, 재정 상황의 변화, 비자 규정 변화, 그리고 무엇보다 글로벌 경제의 변동성으로 인해 송금의 흐름이 멈추는 예측 불가능한 '이주 리듬'에 직면한다. 그러나 이들은 이러한 리듬에 그저 지배당하기보다는 스스로 시간을 통제하면서 자신의 삶을 제한하는 규제의 리듬을 넘어서려는 노력도 함께 기울인다(3장 참조). 이 책은 시장이 주도하는 리듬과 국가가 부여하는 리듬이 교차하면서 만들어지는 독특한 시간성 속에서, 민족 관계성을 새롭게 이해하고 실천하는 이주노동자 집단의 형성 과정을 분석한다.

책의 구성

세 개의 부와 여섯 개의 장으로 구성된 이 책은, 조선족의 이주 역사에 대한 기록과 에스노그래피 분석을 선보인다. 1부에서는 1장과 2장을 통해 소수민족 변경지역인 연변을 소개하고, 이동하는 민족인 조선족이 '코리안 드림'의 부상으로 한국과 조우하는 역사적 과정을 살핀다. 특히 오랫동안 단절되었던 '고국'과 조선족의 만남이 갖는 의미를 고찰하면서, 조선족이 중국과 한국을 오가는 독특한 이주노동자 집단으로 형성된 문화적·정치적·법적 과정을 서술한다. 코리안드림은 뚜렷한 이중성을 띠고 연변 전역으로 빠르게 확산되었는데, 조선족은 한국 노동시장에서 값싸고 유능한 노동자로 환영받는 동시에 한국 정부가 가한 법적 제약과 일터에서의 사회적 차별로 종종 냉대를 받기도 했다. 1부는 조선족과 한국 사이의 민족 관계성을 재해석하며, 그들의 삶의 공간과 물질적 조건이 어떻게 형성되고 협상되어왔는지 추적한다.

2부는 몸, 돈, 시간이라는 세 가지 인류학적 렌즈를 통해 코리안 드림의 변동성 속에 존재하는 희망과 좌절, 번영과 쇠락, 이동성과 비이동성을 분석한다. 3장에서는 조선족 여성 노동자 세 명의 이야기를 중심으로, 반복적인 이주가 만들어낸 공간의 분할, 즉 돈을 '벌기' 위한 장소인 한국과 돈을 '쓰기' 위한 장소인 연변에 초점을 맞춰 논지를 전개한다. 이처럼 공간적 실천이 분리된 가운데, 노동하는 몸에 지배적 힘으로 작용하는 리듬(오가기)을 이주자들이 내면화하면서 자신의 몸을 돌보기 어려워지고 강도 높은 노동 착취가 지속되는 과정을 분석한다. 4장에서는 '기다림'을 노동의 한 형태로 바라보며, 비이동성 또한 이주를 추동하는 핵심 동력임을 주장한다. 사랑하는 가족의 귀환을 기다리는 이들은 송금을 관리하고, 자녀를 양육하며, 노부모를 돌보는 등 또 다른 노동을 수행한다. 즉, '이주하지 않는 이들' 없이는 반복적인 이주의 과정 자체가 유지될 수 없음을 강조한다.

5장과 6장으로 구성된 3부는 중국 경제의 세계적 부상에 비추어 코리안 드림을 새롭게 성찰하고 재평가한다. 5장에서는 조선족과 한족이 코리안 드림을 대하는 방식에서 드러나는, 특히 '연변에 머물기'와 '연변을 떠나기'를 둘러싼 열망과 망설임에 주목한다. 이를 통해 연변 내 송금 주도형 경제 발전이 만들어내는 국제 이주를 향한 열망과 민족 간 관계가 재정의되는 과정을 포착한다. 특히 2008년 금융 위기 이후 중국의 경제적 영향력이 커지면서 코리안 드림을 이루는 조건이 극적으로 변화하였고, 이에 따라 수많은 조선족이 새로운 꿈, 즉 '차이나 드림'으로 눈을 돌리게 되었다는 점을 논한다. 6장에서는 "이주의 고리를 끊어라"는 사회적 요구에 직면한 조선족 이주자들이 어떤 고민과 협상을 거쳐 새로운 삶의 경로를 모색하고 있는지 다룬다.

닫는 글에서는 연변에서 30여 년간 지속된 코리안 드림이 점차 지배적 지위를 상실해가는 과정을 살펴보고, 그 이후의 삶을 조명한다. 코리안 드림이나 차이나 드림과 같이 '국가의 이름으로' 단일화되고 단순화된 꿈을 넘어서, 새로운 세대가 주체적으로 행위하고 계획하는 '보더랜드 드림'의 부상을 전망한다.

1부

코리안 드림의 부상

1장

소수민족 변경지역

연변[1]이 연길에 있다는 사람도 있고
구로공단이나 수원[2] 쪽에 있다는 사람도 있다
그건 모르는 사람들 말이고 아는 사람은 다 안다
연변은 원래 쪽바가지에 담겨 황소 등짝에 실려 (조선에서)[3] 왔는데
문화혁명 때 주아바이랑 한번 덜컥했다
후에 서시장바닥에서 달래랑 풋배추처럼 파릇파릇 다시 살아났다가
장춘역전 앞 골목에서 무우짠지랑 같이 약간 소문났다
다음에는 북경이고 상해고 랭면발처럼 좌좍 뻗어나갔는데
전국적으로 대도시에 없는 곳이 없는 게 연변이었다
요즘은 배 타고 비행기 타고 한국 가서
식당이나 공사판에서 기별이 조금 들리지만
그야 소규모이고 동쪽으로 동경, 북쪽으로 하바롭쓰끼
그리고 사이판, 샌프란시스코에 파리, 런던까지
이 지구상 어느 구석인들 연변이 없을쏘냐
그런데 근래 아폴로인지 신주新舟인지 뜬다는 소문에
가짜 려권이든 위장결혼이든 가릴 것 없이
보따리 싸 안고 떠날 준비만 단단히 하고 있으니
이젠 달나라나 별나라에 가서 찾을 수밖에
- 석화, 〈연변 4: 연변은 간다〉, 《연변》

2009년 6월의 어느 화창한 날, 조선족 등산 모임 회원들과 함

께 산에 올랐다. 최근 몇 년 사이 중국에서는 건강 관리와 삶의 질에 대한 관심이 급증했고, 아름다운 산이 많은 연변에서는 등산이 인기 있는 여가 활동으로 자리 잡았다. 다양한 구성원들이 함께하는 등산 모임은 연구자인 내게 조선족의 일상 리듬을 경험할 수 있는 좋은 기회였다. 연변 곳곳을 함께 걸으며 조선족 회원들과 우정을 나누었고, 그들의 생애사를 자연스럽게 들을 수 있었다.

이날 우리는 일광산으로 향했다. 정상에 올라 바라보니 중국과 북한 사이에서 자연적 경계 역할을 하는 두만강이 긴 띠 모양을 하고 있었는데, 변경지역으로서 연변이 지닌 특성이

1.1 중국 연변 도문에서 일광산 너머로 보이는 두만강 전경(2009). 저자 촬영.

생생하게 다가오는 순간이었다. 저 멀리 북한 쪽 외딴 소도시는 인구 밀도가 낮고 빈곤하며 퇴락해 보이는 반면, 중국 쪽은 농경지와 마을이 잘 정리되어 있어 극명한 대조를 이루었다. 대부분 중산층이었던 등산 모임 회원들은 그 옛날 자신의 친지들이 두만강을 건너 연변으로 들어오게 된 사연을 들려주었고, 남북한에 모두 친척을 둔 상황에서 어떤 식으로 살아왔는지도 이야기했다. 또한 중국의 세계적인 부상과 중국식 사회주의가 이룩한 경제적 위업에 대해 중국 공민으로서 갖는 자부심을 역설하기도 했다.

나는 이들이 연변의 경제적 성공과 중국의 경제적 성공을 구별 짓는다는 점에 주목했다. 연변은 분명 중국 영토의 일부이지만 동시에 완전히 중국 땅은 아닌 것처럼, 다른 중국 지역과는 별개의 구역인 것처럼 언급했기 때문이다. 또한 이들은 한족을 '중국 사람'이라 부르고, 자신들은 '조선족'이라 칭하며, 조선족과 '진짜' 중국인을 구분하는 언어 습관을 보였다. 한국계 중국인이 스스로를 가리켜 칭하는 '조선족朝鮮族'이라는 명칭에는, 자신들이 한족과 동일한 시민권을 누리지만 민족적으로는 확실히 다르다는 인식이 담겨 있다. 이러한 구별 짓기를 통해 조선족은 한반도에서 이주해온 정착민의 후예임을 일상적으로 인지하는 것이다.

이번 장에서는 '연변'을 소수민족 변경지역으로, '조선족'을 중국 내에서 이주의 바람을 타고 이동하는 소수민족으로 소개한다. 나는 국경과 변경지역이라는 개념이 분단된 조국에 인접하여 거주하는 중국 내 소수민족의 주체성을 형성하는 핵심 원리로 작동하는 순간을 자주 목도했다. 이런 의미에서 연변의 지리는 그 지역 사람들이 처한 정서 조건, 즉 '변경지역에 사는 정착 이주민'이라는 정체성을 끊임없이 상기시키는 근간이 되기도 한다.

　나바로-야신Yael Navaro-Yashin은 전쟁의 상흔이 남은 사이프러스 변경지역에 관한 에스노그래피에서, "정서는 한 공간에 거주하는 인간들의 사회성에서 일정한 역할을 하는 일종의 작용 기제"라고 주장한다(Navaro-Yashin 2012, 20). 정서는 주체 간 연결성을 위한 수단일 뿐만 아니라 주체와 사물/환경 사이를 매개하는 통로이기도 하다. 정서를 주체 내부의 에너지 또는 주체들 간의 에너지로 보는 통념에서 한 걸음 더 나아가, 나바로-야신은 전쟁 폐허나 유물 같은 객체와 환경이 정서를 방출한다는 점에 초점을 맞춘다. 이러한 관점에서 볼 때 두만강은 한 세기 전 조선족의 이주 역사를 명확히 상기시키면서 '정서를 방출하는' 지리적·자연적·정치적 매개체라 할 수 있다. 두만강은 조상들이 넘어온 '저쪽'과 후손들이 살아가는 '이쪽', 오래전 한반도의 가난과 오늘날 중국의 풍요, 한반도라는 옛 고국과 중국이라는 새 고국 사이를 가로지르는 경계를 만든다. 조선인들은 이 강을 건너면서 새로운 정착민으로서 새로운 세계로 진입하게 된다. 특히 조선족이 쓴 역사 소설에서는 두만강을 주요 비유 장치로 삼는 모습을 볼 수 있다. 이 강을 건넌 인물들은 더 나은 삶을 위해 중국 지주의 착취를 견뎌내고, 한민족 정체성을 지키려 애쓰며, 부모와 가족을 위해 스스로를 희생하는 주체로 묘사된다.[4] 이러한 텍스트에서 두만강은 가난한 한인을 부유한 벼농사꾼으로 만든 생명의 원천이자 조선족이 넘어온 '변경'의 또 다른 이름이기도 하다.

연변은 특히 북한에 맞닿아 있어, 국경 통제에 대한 불안감을 자아내는 변경지역이기도 하다. 국경을 넘다 체포되는 북한 주민에 관한 조선족의 이야기와 기억은, 국가 권력이 가시화되고(Squire 2010) 국가 안보가 일상화되는 "변경의 스펙터클"(De Genova 2010)을 생성하는 데 중요한 역할을 한다. 이러한 맥락에서 두만강은 국경 감시와 통제를 가능케 하는 국가 권력의 상징적 공간이자 영토적 장치로 작동한다. 1990년대 말, 극심한 빈곤과 정치적 억압을 피해 두만강을 건너는 북한이탈주민이 급증하면서 중국 측의 국경 통제는 더욱 강화되었다.

게다가 1953년 한국전쟁 종전 이후 한반도는 정치적으로 분단되어서 한국에서 북한으로의 입국은 공식적으로 불가능했고, 연변은 북한을 드나드는 비교적 쉽고 안정적인 경로 중 하나가 되었다. 그러나 남북한 및 중국과의 정치적 긴장이 고조될 때마다 국제사회와 중국 정부는 연변에 대한 정치 검열과 경계 태세를 강화하기도 했다. 연변은 예측 불가능한 한국, 중국 등의 나라와 북한을 잇는 통로이자 연결고리가 되었다. 이처럼 변경지역이라는 지정학적 입지는 연변에서 냉전의 긴장감을 지속시키는 요소로 작용했고, 그 결과 연변에 거주하는 조선족은 직접적이든 간접적이든 남북한 모두로부터 정치적 영향을 받았다.

최근의 비판적 '경계' 연구는 국경을 단순한 경계가 아닌, 지속적으로 변화하고 작동하는 '모래 위의 선'이라는 관점을 취한다. 즉, 두 국가 사이에 고정된 선이 아니라, 복수의 권역을 연결하고 동시에 예외성을 부여하는 "봉합 지점"으로서 바라보는 것이다(Salter 2012). 이 책은 두만강이 이러한 변경지대의 긴장감과 공간성을 형성하며, '변경지역의 정서를 방출하는' 지리적 공간이라는 점에 주목한다. 선에서 봉합 지점, 나아가 공간성으로 논점을 옮기면 상이한 문화적 가치관과 주관적 경험이 협상을 이루는 틈새로서 변경지역을 바라볼 수 있다(Bhabha 1994). 변경지역은 두 세계를 연결하는 모호한 공간으로, 그곳에 사는 사람들에게 변방인의 시야와 주변화된 느낌과 함께 "나는 이쪽도 저쪽도 아니다"라는 경계에 선 감각을 심어 놓는다(Zavella 2011). 또한 변경지역은 사람들이 "양면적" 세계를 한눈에 담으면서 지배적 사회 질서에 대한 저항과 복합적 정체성까지 표출할 수 있는 중첩적·중층적 공간이기도 하다(Anzaldúa 1987). 이러한 교차성, 혼종성, 다중성에 더해, 변경지역은 바바(Homi K. Bhabha)가 "낯섦"이라 칭한 적막감, 단절감, 축출감을 자아낸다. 그리고 이것이 바로 예외성과 다층적 문화가 시작되는 조건이다(Bhabha 1994, 13).[5]

이번 장에서는 조선족이 중국 내 변경지역을 '고향 같지만 고향 같지 않다'고 여기는 모순된 감정을 조명한다. 조선족은 연변에 소속감을 가지면서도 불편함 또한 느끼는데, 이는 연변이 편안한 민족 구역인 동시에 더 큰 세계와의 교류를 제한

1.2 중국 측에서 연변 도문에 북한과의 국경 표시로 세워둔 철책(2016). 저자 촬영.

하는 국지적 변경지역이기 때문이다. 연변은 조선족의 민족적 중심지이자 집거지이다. 나는 조선족이 더 나은 삶의 기회를 찾아 소외된 변경지역을 떠나려 애쓰면서도, 민족적 집거지로서 연변에 깊은 안착감을 느끼는 순간을 자주 목격했다. 한국과 중국의 경제 개혁으로 재편된 소수민족 변경지역 연변에는 바바가 말한 "낯섦"(떠나고자 하면서 머물고자 하는 이중적 감각)이 곳곳에 스며들어 있으며, 연변 주민들은 '이주의 바람'에 강한 친화성을 보이면서 외부 세계와의 적극적인 접촉을 시도해왔다.

조선족의 국경 넘기

연변 지역을 조사하며 수집한 구술사 자료와 연변의 지역 역사책에는 '국경 넘기'가 핵심 주제로 자주 등장한다.[6] 대개 조선족의 이야기는 조선인들이 용감하고 은밀하게 두만강을 건너 혹독한 추위를 견디며 불모지를 개간했다는 서술로 시작된다.[7] 당시 한반도 사람이 두만강을 건너 청나라 땅을 경작하는 일은 금지되어 있었지만, 19세기 말이 되자 수백 년이나 인적이 끊어졌던 만주 지역에 한반도 출신의 빈농들이 조금씩 이주해 들어갔다. 연변에서 면담한 85세 조선족 여성의 설명에 따르면, "만주에만 가면 감자가 아기 머리통만큼 크다"는 속설에 고무되었다고 한다.[8] 중국과 국경을 맞댄 한반도 북부의 산악 지대는 농사 지을 땅이 부족했고, 설상가상으로 일본의 강점 이후에는 더욱 궁핍해진 한인들이 두만강을 건너 중국으로 떠나게 되었다.

연변 출신 조선족 사학자들이 집필한 역사책은 조선족의 이주 역사를 총 여섯 단계로 구분한다(Kim, Kang and Kim 1998). 첫 번째는 명말청초를 기점으로 하는 1620년부터 1676년까지로, 이 시기 한인들은 전쟁 중 포로로 붙잡혀 노예가 되었다.[9] 두 번째는 청나라 말엽에 해당하는 1677년부터 1881년까지로, '봉금령' 해제를 앞두고 한인들이 몰래 두만강을 넘어 땅을 경작하기 시작했다. 세 번째 단계인 1882년부터 1910년 사이는 청나라 정부가 러시아 침략에 대한 방어책으로 한족과 한인의 중국 동북 지방 이주를 장려했다. 네 번째는 1911년부터 1920년까지로, 자유로운 이주가 허용되면서 한인들이 일제 강점으로 인한 억압과 가난을 피해 중국을 향했다. 다섯 번째 단계는 1921년부터 1931년까지로, 일본의 만주 침략을 저지하려는 중국 정부가 한인 이주자들에게 중국 국적 취득을 강제했다. 마지막으로 1931년부터 1945년까지는 일본이 영토 점령 수단으로써 한인의 중국 이주를 독려하는 데 힘을 쏟아부은 시기였다. 대부분의 조선족 사학자와 한국 사학자들은 청나라가 '성지'에 대한 출입 통제를 해제한 뒤인 세 번째 시기(1882~1910)에 조선족의 이주가 본격화했다고 본다.

이주 단계와 정착 시점을 구분하는 일은 정치적으로 민감한 사안이다. 이는 민족성, 국적, 영토성이라는 측면에서 중국에 소속된 조선족을 정의하기 위해서만이 아니라, 조선족이라는 소수민족 십난이 중국 땅과 얼마나 오랫동안, 또 얼마나 깊이 연관되어 있는지를 수치화하는 데 쓰일 수 있기 때문이다. 한때 중국과 한반도 사이에 위치한 "간도" 연변은 오늘날 중국 영토이지만, 역사적으로 한국과 중국은 이 지역을 둘러싸고 분쟁을 계속해왔다(H. O. Park 2005).[10] 1909년 청과 일본 사이에 체결된 간도협약을 통해 영토 문제에 대한 합의가 이루어졌지만, 이후로도 연변 지역 한인 이주민의 지위는 불안정했다. 조선족은 시기에 따라 중국 또는 조선의 국민으로 여겨졌고, 심지어 1937년부터 1945년까지는 동북 지방 만주를 점령 중이던 일본의 신민으로 여겨지기도 했다.[11] 1945년 한반도가 일제로부터 해방되기 전까지 많은 한인들은 국경을 넘어 중국으로 이동했다. 1949년 중화인민공화국이 수립

되기 전부터 연변 내 조선인들은 사회주의 혁명에 참여했고, 중국공산당을 적극적으로 지지했으며, 이후에는 공인된 소수민족의 성원으로서 중국 공민이 되었다(Jin Y. Lee 2002; G. Lim 2005). 독립 이후 한반도로 돌아간 조선인들도 있었지만, 일부는 중국에 남아 공산혁명에 따라 토지를 분배받은 정착 농민이자 중국 공민으로 살아갔다.[12] 1950년 한국전쟁이 발발하면서 한반도로 돌아가는 길이 막히게 된 이후 오늘날까지 200만 명에 달하는 중국 조선족은 두만강을 넘어 현재의 연변 땅을 개척한 정착민의 후손으로서 중국 국적을 보유한 한반도계 소수민족으로 살아왔다. 2010년을 전후로 내가 만났던 70~80대 조선족들은 이처럼 '국경 넘기'와 관련된 가족사를 자주 이야기했지만, 북한에 있는 먼 친척들에 대한 기억은 희미하거나 이들과 적극적인 관계를 이어가지 않는 경우가 대부분이었다.

연변 정착민의 역사는 한족과 조선족을 민족적으로 구별 짓는 방식과도 맞닿아 있다. 연변에서 시골로 잠시 여행을 다녀오는 동안, 나는 조선족 친구들로부터 이에 대한 이야기를 들을 수 있었다. 그들은 "조선족이 허름한 싸리나무 울타리를 둘러 집을 짓는 반면, 한족은 매년 벽돌로 담을 쌓고 또 쌓으면서 조금씩 집터를 확장한다"고 말했다. 이렇듯 구전되는 민족성에 관한 이야기는 조선족이 언제든 떠날 준비가 되어 있었던 반면, 한족은 한곳에 오래 머물 계획이었음을 보여준다. 실제로 많은 80세 이상 조선족들은 친족 연결망과 인맥에 의지해 더 나은 경작지를 찾아다니며 동북 지방 전역을 끊임없이 이동했다고 회상했다.

1945년 일본이 만주에서 철수하기 전까지 중국인, 한인, 일본인 간의 민족적 긴장이 만주국 체제 아래 억눌려 있었다(H. O. Park 2005).[13] 내가 만났던 조선족들은 자신이 일본과 국민당을 상대로 한 해방 전쟁에 기여했고, 사회주의 혁명에도 깊이 관여했다는 점을 강조했다. 실제로 조선족이 중국공산당에 헌신한 덕에 연변은 다른 중국 지역보다 앞선 1948년에 계급 혁명과 토지 재분배를 완료할 수 있었다. 이에 1952년 중국공산당은 주요 혁명 집단인 조선족의 공로를 인정하는 차원에서 연변을 민족자치주로 지정했다. 이때를 기점으로 조선족은 한반도에서 넘어온 임시 이주농이 아니라, 중국공산당이 공인한 공민이 되었다.

그러나 중국 국적의 소수민족으로 인정받고 난 뒤로도, 조선족은 국가적 정체성보다 민족적 정체성을 우선시했던 것으로 보인다. 내가 만났던 80세 전후의 조선족 공산당원들은 1950년대 당시 한반도에 대해 느꼈던 감정적·민족적 애착을 여전히 간직하고 있었다. 예컨대 주택 등록과 관련한 공문서를 작성할 때 '본적'이나 '출생지'로 부모의 고향인 북한을 기재했고, 중국어 대신 한국어로 읽고 쓰고 노래했다는 경험담을 들려주었다. 주변을 둘러봐도 조선족 일색이어서 일상생활에서 중국어로 말할 필요가 없었다.

연변에는 한족들도 거주했지만, 공식 회의나 모임에서는 대체로 한국어를 사용했으며 한족 참석자에게는 한국어를 중국어로 바꿔 옆에서 나직하게 전달하는 '소번역'이 제공되었

1.3 중국 길림성 연변 왕청현에 위치한 항일운동 기념지로, 1933년 2월부터 3월까지 항일무장부대가 주둔했던 곳이다(2016). 저자 촬영.

다. 나와 이야기를 나눈 퇴직 공산당원들은 그때 당시 연변을 "조선족 세상"이었다고 추억했다. 그러나 1950년대 후반 들어 상황은 급변했다. 1958년에 시작된 '중국 정체성 교육'은 조선족이 중국 공민이며, 중국만이 유일한 조국이라고 가르쳤다.

문화대혁명은 조선족에게 특히 가혹했다. 조선족을 숙청과 박해의 대상으로 삼은 상황에서, 남북한과의 민족적 유사성이 문제가 되었다.[14] 이 시기에는 '민족성'을 드러내는 문화와 담론이 중국에 대한 배신으로 간주되며 엄격히 금지되었다. 북한 쪽 친족과 연이 닿는 조선족은 북중 국경과의 지리적 근접성으로 의심을 샀고, 자본주의 주적인 한국에 연고가 있는 이들도 각종 혐의에 연루되었다. 수많은 조선족이 부당한 고발과 허위 신고로 정치적 희생양이 되었고, 심지어 목숨을 잃는 이들도 있었다. 이러한 총체적 혼란은 내가 만난 여러 조선족 노인들의 증언에서도 확인되었고, 조선족 공동체 전반에 걸쳐 깊은 상흔과 트라우마를 남겼다(J. Kwon 2019a).

이 시기에 조선족은 민족성을 부각하지 않으면서 조국인 중국에 대한 충성심과 중국인으로서의 정체성을 증명하려 했다. 문화대혁명을 견뎌낸 조선족은 민족의 춤과 노래를 삼가는 식으로 '민족적 특색'을 지워내야 했으며, 공공장소에서 민족성에 관해 편히 이야기할 수 없었다. 북한이나 한국과의 교류는 허가되지 않았으며, '반자본주의' 또는 '반한주의' 입장을 표방하거나 중국에 대한 충성을 적극적으로 표현함으로써 정치적 박해로부터 자신을 방어하고자 했다. 1950년대 후반부터 1970년대 후반까지 이어진 이 시기는 조선족에게 문화적으로 황폐화된 정치적 암흑기였다. 그러나 1970년대 후반 혼란스러웠던 문화대혁명 시대가 막을 내리고, 연변은 중국 내 다른 지역들과 마찬가지로 개혁개방이라는 새로운 시대에 접어들었다.

'민족 이야기'의 부상

1980년대 들어 중국이 개혁개방을 추진하기 시작하면서 소수민족 공동체 전반에 걸쳐 '민족 문제'가 표면화되었는데, 조선족도 다양한 방식으로 민족 정체성을 부각시키며 이 변화에 대응해 나갔다. 이러한 시도는 '조선족이란 누구인가'를 설명하려는 일상에서 통용되는 이론에서 구체화된다. 그중 하나가 '민며느리론'이다. 조선족 문학계의 지성인으로 알려진 정판룡 교수가 제안한 이 이론은, 조선족의 처지가 새색시의 그것과 유사하다고 본 데서 유래하였다. 유교적 가부장제에서는 며느리와 같은 조선족이 중국이라는 시댁의 규칙을 따르며 온전한 가족 구성원으로 거듭나기 위해 각별한 노력을 기울여야 마땅하다고 전제한다. 통상적으로 이 이론은 조선족을 중국 국가의 공민으로서만 묘사하고, 행위 주체성을 제한한다는 점에서 비판을 받는다. 또 다른 이론으로는 '사과배론'이 있다. 이 은유는 중국에 막 도착한 한반도 출신 농부가 한반도산 사과를 중국산 배에 접붙여 '사과배'라는 먹음직스러운 신종 과일을 만들어내며 커다란 성공을 거두었다고 전해지는 이야기에 기초하는데, 중국 문화와 한인 문화를 접목시켜온 조선족의 양면성을 보여주는 대중적인 상징물로 자리 잡았다.

그러나 조선족 문화의 양면적 특성을 강조하는 이론들과는 결이 다른 또 하나의 이론이 있다. 조선족을 재중 한인 디아스포라로 간주하면 안 된다는 '100퍼센트 조선족론'이다. 이 이론은 조선족을 중국과 한반도 사이에 갇힌 디아스포라가 아닌, 중국의 공민이자 중국 내 소수민족으로 보는 관점을 취한다(Huang 2009). 앞의 두 이론이 조선족 정체성의 본질적인 부분으로서 '경계인다움'을 전제하는 반면, 세 번째 이론은 그것을 민족적 특성으로서 부각하지 않는다. 그렇다면 이 '100퍼센트'는 어떻게 구성되는 것일까? 무엇보다도 조선족의 정체성을 설명하려는 이들 자생적 이론은 개혁개방 이후 조선족의 '소수민족'으로서의 정체성을 어떤 방식으로 구성하고 재정의할까?

민족이라는 개념은 특정 집단의 자기 정체성뿐만 아니라 타자성까지도 내포하는 개념으로, 국민-국가 안팎에서 '타자'를 생산하고 고착화하는 주요 요인이 되어왔다(Barth 1969; Sollors 1995). 민족은 유연하고 모호한 개념이지만, 종종 "조상 신화, 역사, 문화를 공유하며 특성 영토 및 연대감과 관련하여 명명된 인간 군상"(A. Smith 1986, 32)으로 국한되어온 경향이 있다. 민족 개념은 특정 집단의 진입을 제한하는 배제 조건이자 명확한 경계 표지로서 작용할 수도 있으며, 타자화된 집단에 대한 차별과 경계 설정을 없애기 위한 다문화적 포함 조건으로서 작용할 수도 있다(Chow 2002, 25). 그러나 '그룹으로서의 민족'이라는 관점과 반대되는 '그룹으로 설정되지 않은 민족'에 대한 주장도 존재한다(Brubaker 2004). 로저스 브루베이커Rogers Brubaker의 주장에 따르면, 민족 개념은 단순히 특정 개체나 집단에 대한 범주 구분이라기보다는 "관계적·과정적·역동적 진행, 사건 형성, 그리고 해체 상태라는 관점"(Brubaker 2004, 11)에서 정의된 "집단성"으로 이해될 필요가 있다. 이처럼 민족 개념은 생물학적·문화적·지리적으로 국한된 집단 정체성의 속성이 아니라, 실질적 불균등을 유지하고 형성하는 담론적 동력이기도 하다(Wallerstein 1991).

이렇듯 민족화 과정에 따른 불균등은 중국 전역에 분포하는 56개 민족 집단의 구성에서도 발견된다. 민족을 "다원적 단일체"(Mullaney 2011)로 보고 중국 소수민족을 연구하는 인류학자들은, 국가가 소외 지역의 "후진성"을 강조하면서 "민족 문화"와 "민족 정체성"을 구성해왔다고 주장한다(Dautcher 2009; Harrell 1995; Litzinger 2000; Mueggler 2001).[15] 해럴Stevan Harrell은 중국의 소수민족 정책을 문명화 프로젝트로 규정하면서, 중국 중앙정부가 한족 중심의 시각에서 소수민족을 바라보며 후진적이고 미개하고 불결하고 우매하다는 "민족적 낙인"을 찍음으로써 그들의 주변성을 야기했다고 분석한다(Harrell 1995). 중국이 1950년대 실시한 민족 분류 프로젝트로서 고안해낸 임의적이고 단순화된 민족 범주는 여러 민족-국가-집단이 복잡하게 얽힌 역사, 문화, 정치를 외면한 채 '하나의 중국'이라는 정치적 언설 아래 다양한 소수민족을 종속시키는 결과를 낳았다(Friedman 2006; Harrell 1995; Litzinger 2000).

그러나 1980년대 개혁개방의 여파로, 중국 정부는 문화대혁명 당시 억눌렸던 문화적 다름을 인정하는 차원에서 소수민족의 전통문화와 의식을 부활시키는 지원책을 개시했다. 근대화 프로젝트의 일환인 "기억 작업"(Litzinger 1998)을 통해 국가의 과오를 암묵적으로 인정하는 한편, 망각되고 억압되었던 소수민족 전통과 문화를 회복하려 했다. 중국 정부가 민족적 다양성을 인정하자 문화적 다름은 더욱 공개적으로 표출되었고, 각 소수민족 집단의 독특함에 대한 호평이 이어졌다. 이러한 문화적 다름은 화려한 민족의상이나 가무의 형태로 관광 상품화되고, '다원적 단일성'의 이상을 구현하는 전시물로 활용되기도 했다. 이제 중국 소수민족은 장구하고 위대한 중국 역사를 구성하는 데 일조한 다양한 문화의 담지자로서 등장하게 된 것이다.

나는 민족적 타자와 중국 정부와의 새로운 역학 관계를 이해하는 데 있어 "민족 개념의 활성화"(Litzinger 1998)를 지배와 저항, 중심과 주변(Harrell 1995), 또는 내적 오리엔탈리즘(Schein 2000) 사이의 단순한 이분법을 넘어서는 중요한 분석적 전환점이라고 생각한다. 비록 소수민족에 대한 국가의 존재감은 지속적이고 강력하지만, 주변부 타자로서만 인지되었던 소수민족은 이제 적극적 행위 주체로서 공적·정치적 영역에 등장하여 자신들이 누구인지, 그리고 무엇이 되고 싶은지 재정의하게 되었기 때문이다.

개혁개방 이후 조선족의 민족 관련 담론은 '민족 개념의 활성화' 과정뿐만 아니라, '한국바람'에 의해서도 촉발되었다는 점에서 다른 소수민족의 사례와 차이점을 지닌다. 다른 소수민족 집단이 전통의상, 무용, 음식, 의례 등 민족 문화를 극대화하여 관광객이나 국가 경연대회에 선보인 것과 달리, 조선족은 국제 이주를 통해 국경을 넘는 '월경 민족'으로서의 정체성을 부각시켜왔다. 이는 국제 노동시장에서 조선족의 가치를 실현할 수 있는 조건이자 자산으로 작용했다. 다시 말해, 중국과 한국 사이에서 나타난 새로운 형태의 국경 넘기를 통해 조선족은 자신의 민족성을 여러 차례에 걸쳐 재정의해온 것이다. 민족의 생존 전략으로서 조선족은 자신의 경계성을 국제 노동시장에서의 가치로 발견하여 한국으로의 초국적 이주를 촉진하는 동시에 중국이라는 국가에 대한 정치적 연계를 지속했다. 변경지역에서 형성된 민족 정체성은 특정 시점에서 억압되다가도 다른 시점에 이르러 부활하기도 하는데(J. Kwon 2019a), 이 경계적 정체성을 찬양하는 이들도 있지만 은폐하거나 외면하는 이들도 있다. 그러나 '한국바람'이 불던 1990년대 이후 조선족은 민족적 변경지역에서 '떠나기와 머물기'를 반복하며 국경을 넘나드는 '이동하는 소수민족'으로 거듭나게 되었다.

소수민족 변경지역

연변조선족자치주는 여섯 개 시(주도인 연길시, 화룡시, 용정시, 도문시, 혼춘시, 돈화시)와 두 개 현(안도현, 왕청현)으로 구성된다. 총인구는 약 200만 명으로, 이 중 약 35퍼센트가 조선족이고, 나머지 65퍼센트는 한족이다. 또한 그 수는 많지 않으나 연변에는 만주족, 몽골족 등 다른 소수민족도 거주한다. 자치주 중에서도 연길은 지난 30년간 도시화 및 경제 발전과 함께 가장 급속한 인구 증가를 경험했으며, 현재는 50만 명이 넘는 사람들이 고향으로 삼는 곳이 되었다. 연변은 조선족자치주로 지정된 지역이지만, 일상생활을 위해서는 중국어 구사가 필요하다. 다만 한족 인구가 증가하고 중국어 능력이 필수가 된 것은 비교적 최근의 일이라고 증언하는 조선족들이 많다. 조선족이 한국으로 이주를 시작한 후 만들어진 송금 주도형 경제 아래, 한족 출신 이주자들이 연변으로 대거 이주하면서 변화가 발생했다는 것이다.

연변에서 한족 인구와 그 영향력이 증가하고 있지만, 연변주 정부, 연변대학, 연변일보, 연변인민출판사, 연변라디오텔레비전방송 등 핵심 기관들은 여전히 조선족 민족 기관으로 기능하고 있다. 1952년 연변이 소수민족자치주로 지정된 이래로, 이들 기관은 한국어를 제1언어로 사용해왔다.[16] 연변에

지도 1.1 중국 연변을 구성하는 여섯 개 시와 두 개 현.

서 거리 표지판은 한국어를 먼저 쓰고, 그다음에 중국어로 이중 표기해야 한다. 드물기는 하지만 한국어를 유창하게 구사하는 한족도 간간이 볼 수 있다. 연변에서는 조선족이 민족 정체성을 유지하고 한족 및 기타 소수민족과 조화를 이루며 완전한 동화를 피할 수 있었던 배경에 중국의 훌륭한 소수민족 정책이 있었다고 평가한다. 이러한 정책 덕분에, 조선족은 자신을 "내적 오리엔탈리즘"(Schein 2000)이나 "문명화 프로젝트"(Harrell 1995)의 대상인 '민족적 타자'로 재현하는 대신, 중국의 성원으로서 자랑스럽게 살아가고 있다고 생각한다. 실제로 많은 조선족은 자신들이 중국에서 가장 교육 수준이 높고 문명화된 '모범 민족'이라고 자부한다.

한국어는 조선족의 정체성을 구성하는 요소 중에서 가장 중요하게 여겨진다. 조선족 어린이들은 대부분 조선족 학교에 진학하며, 그곳에서 한국어로 교육을 받는다.[17] 현재 연변의 조선족이 사용하는 한국어는 북한 북부 지방, 특히 함경북도에서 쓰는 억양과 유사하다. 조선족이 중국어를 말할 때는 특유의 억양이 묻어나는 경우도 있지만, 젊은 세대는 대부분 중국어를 유창하게 구사한다.

한반도 출신 한인들의 연변 이주가 시작된 19세기 말부터 연변은 조선족에게 민족적으로 편안한 공간으로 여겨져 왔다. 조선족 가운데 특히 농민이나 노인층에서는 과거에 중국어를 구사할 필요도, 한족을 상대할 필요도 없었다고 말하는 이들이 많다. 즉, 생활 공간과 사회적 연결망을 가르는 일종의 민족적 구분이 실재했다는 것이다. 내가 만난 조선족 농민이나 노동자들 또한 한족과 상호 작용하거나 중국어를 사용해야 할 때면 불편해하는 모습을 보였다. 이는 최근 한족 인구 유입이 급격히 증가함에 따라 도시 생활에서 분명한 장애 요인이 되고 있다. 그러나 자치주인 연변은 여전히 조선족의 우선권과 한국어 사용이 보편적으로 인정되는 공간이다. 조선족은 원한다면 한족과 중첩되는 공간을 피할 수 있고, 일상생활에서도 조선족의 민족성과 언어가 상당한 영향력을 행사한다. 따라서 한족과의 상호 작용이 점차 불가피해지고 있지만, 조선족은 중국어에 서툴러도 큰 부끄러움 없이 연변에서 생활할 수 있다.

연변의 정체성을 구성하는 또 다른 요인은 바로 '변경지

1.4 연변 허룽 시내 한국어와 중국어를 병기한 간판(2016). 저자 촬영.

1.5 연변대학에서 중국어 현수막 앞에 걸어놓은 한국어 현수막(2008). 저자 촬영.

역'이라는 입지 조건이다. 변경지역을 둘러보는 일은 외지인들의 연변 관광에서 빠질 수 없는 일정이다. 2006년 처음 연변을 방문했을 당시, 나는 서울의 한 교회에서 알게 된 조선족 친구 김선의 안내로 중국 군대가 관할하는 국경수비구역을 다녀온 적이 있다. 김선은 접경지대의 풍경이 연변 고유의 특징이라고 말했고, 또한 그 일대가 연변에서 가장 인기 있는 관광지라고 설명했다. 국경수비대는 북한과의 국경 보안을 목적으로 두만강을 따라 배치되어 있다. 두만강은 수심이 깊고 폭이 넓은 곳도 있지만, 수심이 얕고 건너기 쉬운 곳도 있어, 지역에 따라 국경 통제가 더욱 삼엄하게 이루어진다. 중국과 북한을 잇는 다리 위에 간단히 표시된 선 하나가 국경선 역할을 하고 있지만, 이 선은 두 국가 간 통행을 관리하며 국가 안보와 주권을 구조적 및 상징적으로 암시하는 표시이기도 하다(Donnan and Wilson 1999).

당시 국경 통제는 꽤 엄격해 보였지만, 관광객들은 국경선과 국경수비대를 배경으로 사진을 찍으며 즐거운 시간을 보내고 있었다. 물론 불안과 긴장도 감돌았지만, 국경은 일종의 테마파크처럼 여겨지기도 했다. 자연적이면서 영토적인 경계로 중국과 북한 사이에 놓여 길게 굽이치는 두만강을 따라 관광객들은 도보 여행을 하면서 대조적인 경치를 감상했다. 중국 쪽 산은 나무가 울창한 반면, 특히 1990년대 후반 심각했던 식량난으로 벌목된 북한 쪽은 민둥산이었다. 조선족 친구 김선은 이처럼 서로 다른 자연 경관이 중국의 번영과 대비되는 북한의 가난을 보여주는 증거라고 말했다. 관광지로서 변경 구역은 관광객들이 두만강 너머 북한의 폐쇄성과 궁핍을 상상할 수 있는 지점이기도 했다.

이렇듯 두 나라를 가르는 선명한 국경선은 여러 문화와 혼종적 정체성이 존재하는 변경지역 경관(Gupta and Ferguson 1997)과 서로 다른 문화들이 중첩된 "문화+문화"(Hannerz 1997)를 구성하는 것으로 보인다. 그러나 새로 세워진 철책이나 북한 주민과의 대화 금지, 월경 금지를 알리는 강력한 경고문을 마주하게 되면, 물리적으로는 나뉘어 있지만 정서적으로는 불안으로 연결된 국경 지대에 우리가 서 있음을 생생하게 실감하게 된다.

민족 감정

지난 30년 동안 연변에서는 한족 인구가 급증하여 전체 인

1.6 연변 도문에 걸린 현수막(2016). 저자 촬영.

구의 70퍼센트를 차지하게 되었다. 이는 조선족이 더 나은 삶을 찾아 연변을 떠나고, 한족 또한 더 나은 삶을 찾아 연변으로 이주한 결과이다. 이처럼 '들어오기와 나가기', '머물기와 떠나기'와 같은 다양한 이주의 흐름 속에서 소수민족 지역의 경관이 점차 재편되었다. 내가 조선족들과 나눈 일상 대화에서는 급격한 한족 인구 변화에 대한 복잡한 감정이 자주 드러났다.

조선족 친구들은 '한국바람'이 연변을 강타하기 전까지 택시 운전사는 대부분 조선족이었다고 이야기했다. 그러나 많은 조선족이 떠나고 난 지금, 연변 지역의 택시 운전사는 다른 지역에서 온 한족 출신이 대부분이다. 영향을 받은 직종은 비단 택시 운전만이 아니다. 식당, 노래방, 찜질방 등 거의 모든 서비스업이 동북 지역인 길림성과 흑룡강성의 농촌에서 유입된 젊은 한족 노동자를 직원으로 채용하고 있다. 슈퍼마켓과 쇼핑센터의 계산원, 은행 창구 직원, 우체국 직원도 대부분 한족이다. 시장의 판매원과 사업주도 한족이다. 이제 연변에서는 한족과 상호 작용하고 중국어를 사용하는 일이 일상이 되었다.[18] 한족의 유입이 늘어나면서 민족 간 긴장이 고조되고 있으며, 1952년 공식 지정된 연변의 자치주로서의 지위가 위협받고 있다는 염려도 곳곳에서 들려온다.

그러나 한족과 조선족 사이의 긴장은 '민족적 안정감'과 공존한다. 이 편안함은 민족성에 따른 공간 분리를 토대로 한다. 우선 학교가 분리되어 있다. 조선족과 한족은 서로 다른 학교에서, 서로 다른 언어로 교육을 받는다. 그 결과 사회적 연결망 또한 민족적으로 구분되는 경향이 있다. 조선족들은 한족 학교에 다닌 소수 경우를 제외하고는 한족 친구가 많지 않다고 말했다. 무엇보다 결혼은 두 민족 집단 간의 경계 설정을 공고히 하는 중요한 역할을 해왔다. 조선족이 중국에서 살아온 지 100년이 넘었지만, 내가 만난 조선족 대부분은 최근 들어 한족과 조선족 간 민족적·문화적 상호 작용과 결혼이 증가하고 있음에도 언어 장벽과 문화적 차이를 이유로 들며 자신들의 자녀가 다른 민족과 결혼하는 데에 거부감을 드러냈다.[19]

민족적 (불)안정감 ethnic dis/comfort은 다층적인 양상을 보인다. 이러한 감정은 조선족이 '외지'라 불리는 연변 외부 지역으로 여행할 때 더욱 뚜렷해진다. 2010년, 당시 20대 후반이었던 대학원생 지란 씨는 '민족적 안정감'에 담긴 양면성에 대해 이렇게 말했다.

> 기차를 타고 가다가 한국어 간판이 보이지 않으면 '이제 내가 연변을 떠나고 있구나…' 하는 생각이 들면서 마치 '진짜' 중국에 와 있는 것 같은 기분이 들어요. 심지어 중국에서 가장 좋은 도시도 가장 큰 도시도 아닌 장춘에만 가도, 내가 조그만 소수민족 마을 출신이라는 사실이 부끄럽고 이런 도시 사람들에 비해 촌스럽게 느껴져요. 게다가 외국인처럼 들리는 억양으로 중국어를 말하다 보면, 어떤 사람들은 나를 한국인으로 오해해서 '한국에서 왔냐'고 묻기도 해요. 연변을 떠날 때마다 나는 내가 충분히 중국인이 아니라는 생각에 기가 죽을 때가 많아요.

그러면서도 지란 씨는 "비록 연길이 중국의 다른 대도시에 비해 낙후되고 변방이기는 하지만, 내가 필요로 하는 모든 것이 그곳에 있기 때문에 나에게는 최고의 도시"라고 말했다. 20~40대에 속하는 다른 조선족 친구들 역시 연변이 자아내는 '민족적 안정감'에 대해 지란 씨와 마찬가지로 모순된 감정을 드러냈다. 연변 조선족은 그 민족적 편안함 속에서 자신들이 국지적이고 고립된 소수민족 지구에 살고 있다는 현실을 깨닫기도 한다. 다시 말해 '연변이야말로 가장 살기 좋은 곳'이라는 인식은 연변이 작고 후진적이며 변방에 불과하다는 느낌을 동반하는 것으로 보인다. 실제로 나는 연변 출신이 아닌 조선족들이 연변 조선족을 가리켜 "작은 연못 속에서 사는 사람들"이라고 하는 말을 자주 들었는데, 이는 연변 조선족이 시야가 좁고 세계관이 제한되어 있다는 무시를 내포한 표현이다.[20] 연변의 문화적·정치적 자치권은 조선족이 양질의 민족 교육, 신문, TV 및 라디오 방송을 유지하거나 그 수준을 향상시키는 데 일조했다. 그러나 그와 동시에 조선족은 한족보다 '덜 중국인스럽고', 연변은 중국의 다른 지역보다 '덜 중국스러운' 공간이라는 인식도 강화되었다.

'편안한 고향'이면서도 '국지적인 민족 지구'라는 연변의 양면성은 '한국바람'을 민감하게 수용하는 데 도움이 되었을 수 있다. 1990년대까지만 해도 중국에서는 국내 여행을 다니는 사람이 드물었으며, 해외 여행을 하는 사람은 더더욱 드물었다. 대다수 조선족은 서울을 방문하기 전까지 연변을 벗어나 다른 중국 도시를 가본 경험이 없었다. 한국으로 이주한 조선족 대부분에게 서울은 그들이 처음 마주한, 가장 큰 도시였다. 중국 도시들에 대해서는 때때로 애매한 불편함과 두려움을 느끼는 조선족이 많지만, 서울은 그들에게 안락하고 친숙한 정서를 주었다. 이처럼 편안한 느낌을 형성하는 데에는 언어적 유사성이 중요한 역할을 하는데, 서울에서는 모든 것이 한국어로 적혀 있고 누구나 한국어로 의사소통을 하기 때문이다.

아울러 조선족들은 2000년대 초반 처음 한국을 방문했을 때 이곳이 더 '문명화된' 나라처럼 느껴졌다고 증언했는데, 중국보다 도시가 말끔하고 정돈되어 있다는 게 그 이유였다. 조선족 노동력에 대한 수요 증가와 더불어, 이처럼 광범위하게 느껴지는 민족적 친밀감으로 인해 조선족은 식당 서비스,

노인 및 환자 돌봄, 건설업 등 언어 소통이 중요한 분야에서 일할 수 있는 기회를 얻었다. 조선족이 대규모로, 때로는 무모하리만치 끈질기게 한국으로의 이주노동을 감행해온 이유는 단지 한국과 중국 간의 엄청난 소득 격차 때문만이 아니라 한국에 대해 느끼는 민족적 친밀감 때문이기도 했다.

교차점: 연변식 사회주의와 한국바람

조선족 개개인이 한국으로 이주하게 된 동기는 각자 살아온 궤적과 인생사에 따라 다양했다. 다만 내가 수집한 여러 증언에서는 몇 가지 명확한 공통점과 반복되는 패턴이 포착되었다. 개혁개방 이후 일부 조선족은 새 아파트 구입이나 자녀 교육을 위해 자금을 마련해야 했고, 혹은 직장에서 해고를 당하기도 했다. 다시 말해 중국의 포스트 사회주의 변혁과 사유화 추세 속에서 '자기 책임성'이 강조되자, 많은 조선족은 그 대응책으로 한국으로의 이주를 선택했다.

최근 포스트 사회주의 중국에 관한 연구들은, 중국 내 대도시로의 이주와 글로벌 연결성의 확대에 따라 새롭게 대두된 주체성 및 물질적 조건에 대한 역사적 평가를 내리면서 과거 사회주의 시절에 대한 회상을 분석하고 있다(Chu 2010; Ngai 2005; Rojas 2016; H. Yan 2008). 이러한 연구들은 국가, 시장, 시민-주체 간의 상이한 관계에 초점을 맞추어 사회주의와 포스트 사회주의의 대조적인 경험에 주목한다. 하지만 사회주의에 대한 과거의 기억과 포스트 사회주의에 대한 현재적 경험은 급격하게 단절되거나 단순하게 연결되지 않는다.

오히려 개인들은 자신의 사회적 지위와 기대치에 따라, 예컨대 정부 관료, 기업가, 이주노동자로서 경험한 과거를 각기 다른 모습으로 떠올린다(Rofel 2016). 놀랍게도 사회주의 시절에 대한 회상과 포스트 사회주의 세계관 모두 "의지할 사람은 자신뿐"이라는 사고방식이 지배적이다(Xiang 2016). 그러나 시앙이 지적하듯 국가는 여전히 개인을 위한 도덕적 근간이자 궁극적 수호자로 이해되는데, 이는 국민이 국가에 빚을 지고 있을 뿐 아니라 국가 역시 국민에게 빚을 지고 있다는 인식에 기인한다. 조선족의 경우, 점차 자기 책임성이 강조되는 환경에 적응하면서 한국과의 민족적 연결을 활용하여 포스트 냉전 시대의 한국 노동시장에 진입하였던 것이다.

포스트 사회주의와 포스트 냉전 시대의 상호 연결성은 현재 학계에서 활발히 논의되는 주제이다(Hann, Humphrey, and Verdery 2002; H. Kwon 2010; Whitfield 1991).[21] 나는 냉전이 단순히 자본주의와 사회주의 간 정치와 경제의 경쟁으로 구성된 또는 실제 무력 충돌을 회피하는 "상상의 전쟁"이라고 해석하지 않는다(H. Kwon 2010). 오히려 비교적 오랫동안 평화로웠던 시대로 이해되기도 하지만, 사실 냉전은 대규모의 폭력적인 죽음을 동반했으며 한국전쟁이나 베트남전쟁 같은 역사적 사례에서처럼 그 트라우마는 여전히 지속되고 있다는 점을 기억해야 한다. 권헌익이 지적했듯, '1989년 이후'나 '공산주의 붕괴 이후' 같은 명확한 시대 구분은 냉전을 유럽 중심으로 이해하는 한계를 드러낸다. 이는 지역적으로 다양한 사상과 문화적 맥락을 고려하지 않은 채, 냉전의 '종식'이라는 획

일적인 시대 구분에 기대고 있다. 마찬가지로, 널리 통용되는 '포스트 사회주의' 역시 과거 사회주의 국가들에서 나타난 급진적 다양성을 간과한 용어이다. 사회주의와 자본주의, 도덕경제와 시장경제, 과거와 미래 사이의 어중간한 상태는 흔히 '포스트 사회주의 전환'이라는 포괄적 용어로 단순화된다. 앞서 권헌익도 날카롭게 관찰했듯이, 냉전이나 사회주의는 특정 시점에서 끝난 게 아니라 "서서히 분해되는 과정"을 거쳤다(H. Kwon 2010, 32).

조선족의 경우, 냉전의 '분해'와 포스트 사회주의 전환은 한중 수교를 통해 가속화되었다. '한국바람'은 이러한 분해에 있어 중요한 촉매제였다. 냉전 시기 조선족이 민족 정체성을 드러내지 않고 오랫동안 정치적으로 침묵하며 경계했음에도 불구하고, 한국바람은 그들이 덮어두었던 민족 정체성을 다시 말하고 자본주의적 현재와 공존하는 새로운 정체성을 형성할 수 있도록 해주었다(H. O. Park 2015).[22] 즉, 나는 '한국바람'이 급격한 경제 발전과 근대적 삶의 원천일 뿐만 아니라, 조선족이 과거와 미래, 정치와 경제, 사회주의와 자본주의에 대해 느끼는 양가감정을 드러낼 수 있는 상징적 매개라고 생각한다. 광범위한 국제 이주와 급변하는 경제 환경에 직면한 조선족은 포스트 사회주의와 포스트 냉전 시대의 교차점에서 생겨난 한국바람에 영향을 받으면서 '연변식 사회주의' 속에 놓인 자신들의 민족적 위치를 재조정하고 있다.

결론

1장에서는 연변이라는 소수민족 변경지역을 물질적 교역과 문화적 번역이 일어나는 공간으로 소개하였다. 연변은 주민들이 편안하게 정착하여 민족구역으로서의 자긍심을 느끼는 곳이지만, 다른 한편으로는 변방의 소외된 소수민족 지역이기도 하다. 연변은 머물고 싶으면서도 떠나고 싶은 복합적 욕망을 동시에 보여주는 중층적 공간이다. 연변은 이 지역에 불었던 여러 종류의 바람에 취약성을 보일지도 모른다. 특히 '한국바람'은 조선족이 한국 노동시장과의 민족적·문화적 친밀감을 바탕으로 경험하게 된 개혁개방 경제의 독특한 결과 중 하나로 이해될 수 있다. 한때 두려움과 불신을 불러일으키는 자본주의의 주적이었던 한국으로의 이동은 급격히 사유화하는 중국에서 조선족이 더 나은 경제적 기회와 부유한 미래로 가는 길을 열어주었다.

조선족이 일상적으로 사용하는 몇 가지 모순된 표현을 되짚어보자. 한족계 중국인은 '중국인'이라고 불리지만, 한국계 중국인은 '조선족'이라 불린다. 연변은 그 자체로 '연변'이지만, 중국 내 다른 지역은 모두 '외부 세계'에 해당한다. 조선족들과 등산을 하면서 나누었던 대화에서는, 조선족이 중국인이긴 하지만 '진짜' 중국인이 아니며 연변이 중국 영토이지만 '완전히' 중국이지는 않다는 이중적 정체성이 드러났다. 이렇듯 소수민족 변경지역에 세대를 거쳐 정착한 조선족은 연변을 고향으로 여기면서도 완전히 고향으로 여기지 못하면서, 한국으로부터 불어오는 강한 바람에 민감하게 반응했다. 다음 장에서는 과거 자본주의의 주적이었던 한국과의 만남을 통해 한국바람이 어떻게 상상되고 실천되며 수행되어 왔는지를 조명한다.

2장

냉대 또는 환대하는 조국

"바로 중국동포에 대한 한국 정부의 차별 대우입니다. 재미동포와 재일동포들은 마음대로 출입국을 할 수 있는데 중국동포만은 왜 제한합니까? 그들은 잘살고 우리는 못살기 때문이죠. 그렇죠? 70년대와 80년대에 스스로 이민을 떠난 재미동포들과는 달리 중국동포들은 나라가 없고 또 나라를 지켜주는 이가 없을 때 살길을 찾아 고국을 떠났다가 또는 조국을 찾기 위해 항일투쟁에 뛰어들었던 투사들과 그 후손들입니다. 한국이 이들을 못산다고 해서 냉대힐 수 있습니까?"

―허련순,《바람꽃》

'코리안 드림'은 조선족 사회에 큰 기대와 열망을 불러일으켰지만, 그 여정은 순탄치 않았다. 1990년대 초 단절되었던 한국과의 친족 관계가 한국 입국의 통로 중 하나가 되면서, 한국에 친척이 없는 연변 조선족들은 입국 서류를 얻고자 불법 알선업자에게 의존하여 친족 관계를 날조하거나, 위장 결혼을 하거나(Freeman 2011), 취업비자를 위조하는 경우가 많았다. 이러한 불법적인 과정에는 2000년대 기준으로 5,000~1만 5,000달러에 달하는 수수료가 들었는데, 이는 당시 한국인 누군가의 1년 치 소득에 맞먹는 수준이었다. 불법 이주 시장은 단계마다 여러 알선업자가 수익을 챙기는 다층화된 시스템을 이루었으며, 한국으로의 안전한 입국이 언제나 보장되는 것도 아니었다. 미덥지 못하거나 정직하지 않은 알선업자 한 명만으로도 과정 전체가 어그러질 수 있었다.

그러나 위험이 크지만 이득도 크다는 믿음은 불법 이주 시장을 급속도로 확장시켰다. 일부는 첫 번째 시도 만에 한국으로 갔지만, 많은 이들이 여러 번의 시도에도 입국에 실패해 큰 빚을 졌고 사기를 당하기도 했다. 코리안 드림은 곧 '악몽'이 되기도 했다. 그와 동시에, 중국으로 돌아와 아파트를 구입하거나 새 사업을 시작한 조선족 이주자들의 성공담은 이 위험한 꿈을 계속해서 연변 사회에 유통시켰다. 지난 30년간 코리안 드림이 가져다준 혜택은 균일하지 않았다. 누군가는 약속과 배신, 번영과 파산의 부침 속에서도 장밋빛 미래를 이루었지만, 또 누군가에게는 "연변은 '한국물'과 자본주의에 오염되었다"는 속설처럼 조선족 사회 내부의 혼란을 야기하는 일종의 '민족 위기'를 불러오기도 했다.

이번 장에서는 조선족이 '환대'와 '냉대'라는 이중적 태도로 자신들을 맞이한 한국으로의 이주 여정을 추적한다. 특히 2004년 여름 조선족 불법 체류자 사면 정책이 실시되기 전까지 수많은 미등록 조선족 노동자들이 법적으로 어중간한 상태에 놓여 추방될 위기에 처했던 시기를 포착한다. 또한 오랫동안 금지되었던 적국이자 고국인 한국과의 조우가 조선족의 정체성을 어떻게 변화시켰는지, 그리고 이들이 코리안 드림을 좇기 위한 필수적인 방편으로 위험한 불법 이주 시장을 받아들인 이유는 무엇인지를 살펴본다. 나아가 한국바람은 어떤 법적 규제를 유지하고 바꾸었는지, 그리고 자신들을 냉대하거나 환대하는 '고국'에 대해 조선족은 어떻게 대응했는지를 검토할 것이다.

앞서 언급했듯이, 연변은 개혁개방 이후 다양한 형태의 '바람'을 겪었지만 그중에서도 한국바람은 연변 사회에 커다란 변화를 야기했을 뿐만 아니라 한국의 노동시장과 이주 정책, 관련 법규를 재편하는 데에도 영향을 미쳤다. 1990년대 이후 식당, 건설, 돌봄 제공 부문 등 한국 사회 곳곳에서 조선족 이주노동자를 쉽게 찾아볼 수 있었지만, 한국 정부는 이들을 수용할 제도적 준비가 되어 있지 않았다. 그 결과 거의 모든 조선족 이주자는 미등록 노동자가 되었고, 2000년대 중반까지 추방의 불안 속에서 시달려야 했다.

이 장에서는 조선족의 다양한 한국 이주 경로를 살펴본다. 시작은 한국 정부가 이산가족의 상봉을 위해 실시한 가족·친척 방문 프로그램이었다. 당시 해당 프로그램을 통해 한국을 방문한 조선족들은 종종 비자 기한을 넘기며 체류하였고, 취업 허가증 없이 일자리를 얻었다. 이러한 친족 방문은 조선족이 한국에 가는 정당한 경로로써 주된 역할을 했고, 한국 쪽 친인척이 없는 경우에는 다양한 방법으로 서류를 위조하곤 했다(Freeman 2005; 2011). 2000년대 초반부터는 결혼이 새로운 경로로 부상했는데, 조선족 여성이 결혼을 통해 한국 내 체류 자격을 얻으면 부모, 형제자매 및 가까운 친척을 초청할 수 있었고 그 덕에 가족 전체의 소득이 급증하기도 했다.

내가 조선족 이주에 관한 연구를 처음 시작한 2004년에는 불법 이주 시장으로 인해 생긴 괴로움, 특히 채무와 그에 따른 정신적·신체적 스트레스가 이주자들의 이야기에서 핵심을 이루었다. 1999년 한국 정부가 '재외동포법'을 제정하면서 그들은 더욱 깊은 좌절을 맛보았다. 이 법은 재외동포에 대한 범주와 혜택을 규정하면서도, 조선족이 사회주의 중국의 공민이라는 점과 중국 정부의 비협조를 이유로 그들을 재외동포 범주에서 제외했다. 이에 맞서 한국에서 이주노동자로 일하며 살아가는 최대 규모의 디아스포라 집단인 조선족은 한국 시민단체와 연대해 조선족을 재외동포에 포함하도록 법 개정을 요구했다. 마침내 2004년 개정 요구가 수용되면서 조선족 이주노동은 큰 전환을 맞았고, 새로운 취업비자 체제 아래에서 보다 '자유롭게' 이동하기 시작했다(3장 참조).

이번 장에서는 주로 문화대혁명 시기에 정치적 박해의 이유가 되었던 '친족'이라는 개념이 어떻게 한국으로 이주하는 수단으로 변화했는지를 조명한다. 또한 코리안 드림이 어떻게 조선족을 환대와 냉대의 경계선에 놓인 '값싼 노동력'으로 제도화했는지 분석한다. 특히 한국과 중국이 겪은 정치경제적 변화와 더불어 조선족의 한국 입국을 규제한 법적 흐름을 추적하면서, 추방의 위기에 처한 조선족 개인의 이야기를 소개하고 그들이 '자유로운' 주체가 되기 위해 투쟁했던 경험을 기록한다.

친족의 가치

 냉전 시기, 조선족에게 남북한에 거주하는 친족과의 관계는 오랫동안 공포와 경계의 대상이었다. 연변 조선족이 북한의 친척들과 수십 년 만에 상봉하더라도 대부분 일회성 만남에 그쳤고 장기적인 관계로 이어지는 경우는 많지 않았다.[1] 북한과 중국 간 경제적 격차로 인해, 조선족 중에는 재정적으로 의존하려는 북한 친척과의 관계를 단절하는 경우도 있었다. 특히 북한이탈주민 문제가 민감한 정치적 사안으로 등장하면서, 조선족들은 북한과의 관계를 최소화함으로써 정치적 문제를 피하기도 했다. 조선족이 흔히 하는 말처럼 '오늘날 중국은 무엇보다도 돈이 제일 중요한 곳'이기에, 한중 수교 이후로는 좋은 일자리와 더 나은 돈벌이 기회를 제공하는 한국에 관심이 십숭되기 시작했다. 그 결과 북한에 있는 친척과의 관계는 점차 소원해지는 반면, 한국 쪽 친족과는 중단되었던 관계를 복원하고자 하는 시도가 늘었다.[2]

 1990년대 초 친척 방문으로 시작된 한국행이 몇 년 사이에 이주노동의 형태로 급속히 진화하자, 조선족과 한국 친척들은 친척방문비자가 지닌 상호 이익적 측면을 발견하게 되었다. 그렇게 해당 비자는 이주 시장에서 '상품화'되기 시작했다. 나는 조선족이 한국 친척들과 '비자 거래'를 했다는 이야기를 여러 차례 들을 수 있었다. 2005년, 서울의 어느 교회 농성장에서 만난 당시 50대 초반의 이금자 씨는 자신의 비자 거래 경험을 들려주었다.

우리는 남편 쪽 사촌이 한국에 산다는 사실을 알고 정말 기뻤어요. 한국에 초청받을 수 있을 테니, 마치 복권이라도 당첨된 것 같았죠. 그런데 막상 그 사람들이 우리를 초청하기로 했을 때는 비자 신청에 돈을 내라고 하더군요. 5,000달러를 달라는 거예요. 1990년대 초반이었으니까 꽤 큰돈이었어요. 그래도 불법 알선업자를 통하는 것보다는 나은 거래 같아서 사촌에게 그만큼을 지불했어요. 한국에 입국한 다음에는 그 사촌과 더는 관계를 하지 않았어요. 너무 오랫동안 떨어져 살던 사람들이라 그런지, 한국에서 가깝게 지내지 못하겠더라고요. 6.25 전에 이미 끊어진 관계였으니까요.

이러한 조선족과 한국 친척 간의 만남은 오래전 한국전쟁이 갈라놓았던 이산가족들이 감동적으로 재회하는 모습과는

2.1 중국 연변에서 바라본 북한의 소도시 풍경(2008). 저자 촬영.

거리가 멀다. 오히려 거래 관계에 가깝다. 이렇듯 '사업 같은' 비자 거래를 마치고 나면 양측이 등을 돌리는 일이 다반사였고, 아예 절연하는 일도 있었다. 그러나 연변에서는 다른 중국 동북 지역에 비해 친척방문비자에 의존해 한국에 입국하는 일이 상대적으로 드물었기 때문에, 한국 쪽 친족 관계는 그 존재만으로도 귀중한 가치가 있었다. 한국에 친척을 가진 연변 조선족은 이를 최대한 이용했으며, 그렇게 성사된 한국 방문은 급속한 경제적 성과로 이어졌다. 이처럼 갑작스럽게 부유해진 조선족들은 연변에서 코리안 드림을 부추기고 가속화하는 데 중요한 역할을 했다.

이 지점에서, 한국의 조선족 이주 정책에 주목할 필요가 있다. 한국 정부는 '친족'에 방점을 두고 조선족에게 비자를 발급했고, 이에 따라 조선족들과 불법 알선자들은 친족 관계를 확장하고 조작하면서 새로운 이주 패턴을 형성했다(Freeman 2011; J. Kim 2016). 연변 조선족은 한국에 생물학적 친족 관계를 둔 경우가 적었기 때문에, 주로 조선족 여성과 한국 남성 사이에 성사된 결혼이 주된 가족 형성의 방식이었다. 한국인과의 결혼은 부모와 형제자매는 물론 가까운 친척인 삼촌, 이모 등에게도 초청 비자 발급을 가능하게 했다.

입국 비자 정책은 시대를 거듭하며 빠르게 변화했다. 조선족 이주 초창기인 1990년대에 한국 남성과 결혼한 조선족 여성은 부모를 초청하여 1년간 한국에 체류하도록 할 수 있었다. 그러나 초청받은 가족은 그보다 오랜 기간 체류하는 일이 잦았다. 한국 정부는 합법적 조선족 체류자를 점진적으로 증가시키는 한편, 미등록 체류자 수를 최소화하고자 했다. 국내 노동시장을 보호한다는 명목으로 조선족에게 발급하는 입국 비자 확대를 거부했다. 그 결과, 한국행을 기다리는 조선족은 발급하는 비자의 수보다 언제나 많았다. 이렇듯 경쟁적인 상황에서 비자를 받지 못한 조선족은 입국을 앞당기기 위해 불법 알선업자에 의존했으며, 이들은 시스템의 허점을 찾아내서 '비자 상품'을 만들어 판매했다.

  한국 정부의 비자 정책은 복잡할 뿐만 아니라, 이주노동자와 재외동포에 대한 정부의 입장 변화에 따라 자주 바뀌었다. 나는 조선족이 한국의 비자 정책에 얼마나 해박하며, 그 변화에 따라 얼마나 신속하게 자신들의 계획을 조정하는지를 보며 자주 놀라곤 했다. 1장에서 등장했던 지란 씨가 들려준 이야기는 비자 기반의 친족 경제를 잘 보여준다. 지란 씨는 1984년생으로, 연변에 위치한 변경지역 마을에서 농민의 딸로 태어났다. 부모님은 다른 농민들에 비해 부유한 편에 속했지만, 농사를 지어 버는 돈만으로는 딸의 연변대학교 학비와 생활비를 감당하기가 어려웠다. 재정적 부담을 덜어보려던 아버지가 알선업자를 통해 한국에 가려고 시도했지만, 비자 신청은 몇 년 동안 번번이 거절되었다. 지란 씨에게는 한국 남성과 결혼한 사촌 언니가 있었고, 최대 네 명을 한국에 초청할 수 있었다. 사촌 언니가 본인의 부모님을 초청하고 나니 두 자리가 남았는데, 이 자리를 두고서 아버지와 그의 형제들 사이에 작은 다툼이 벌어졌다. 지란 씨가 이야기를 들려주던 때로부터 두 해 전 사촌 언니의 남동생이 중국으로 돌아

2.2 잡지 〈연변녀성〉에 실린 광고(1995). 저자 촬영.

왔고, 그 빈 자리는 지란 씨의 아버지에게 돌아갔다.[3]

이러한 이야기는 연변에서 드물지 않다. 가족 중 누군가가 한국인과 결혼하면 가족 구성원들은 초청받을 권리를 갖게 되고, 이는 다른 가족 구성원에게 이전될 수 있다. 그리고 가족이 직접 사용할 수 없는 경우, 비자는 '시장'으로 나와 한국행을 희망하는 '고객'에게 판매될 수 있다. 이렇듯 이주 시장에서 상품으로 획득한 권리의 결과로 생긴 친족 관계는 '서류 친족'이 되고,[4] 국경을 넘는 이주를 가능하게 하는 하나의 경제적 가치로 작동한다. 냉전 시기 신변의 위협으로 여겨졌던 남한 친척과의 관계가 '한국바람'이 불면서 귀중한 잠재 가치로 변화한 것이다. 반면 실제 혈연관계에 있던 북한 친척과의 유대는 흐려져갔다.

친족 관계가 만들어내는 가치는 조선족 이주자들이 '고국'

에 대한 소속감을 형성하거나 회복하기보다는, 경제적 목적의 '국경 넘기'를 부추겼다. 보통 친족의 역할은 공감과 사회성을 불러일으키는 생물학적이고 사회적 관계를 전제하지만,[5] 서류상 친족은 타인의 비자와 위조된 신분증을 사용하면서 낯선 이들과 일종의 '상상의 관계'를 형성한다. 한국에 입국한 후에도 위조된 이름에 익숙해지기 위해 노력하거나, 실제로 그 '가짜' 이름이 더 익숙해지는 경우도 있었다. 북한 친척들의 곤궁한 처지에 연민을 느끼면서도, 감정적·재정적·정치적 부담 때문에 그들과의 친족적 유대는 중단되었다.

이처럼 친족이 만들어내는 경제적 가치는 연변이라는 변경지대를 글로벌 경제와 연결하고, 한국과 중국 사이의 새로운 이주 흐름을 떠받치는 중요한 동력이었다.[6] 그러나 친족에 기반한 입국 비자 발급은 급증하는 조선족 이주자를 수용하기 위한 한국 정부 정책의 한계를 드러내는 한편, 불법 이주 시장을 확장하는 결과를 낳았다. 한국 정부는 '조선족 문제'에 대응하고자 입국 자격을 다양화했고, 그 결과 '재외동포법'과 취업비자 체계를 정비하면서 조선족과의 민족적 관계를 재고해야 했다. 한민족이지만, 한국인과는 다른 민족성을 가지게 된 디아스포라 재중동포 조선족. 이제 민족 정체성이 아니라, 민족 관계성의 문제가 대두된 것이다.

친족에서 민족으로: '재외동포법'

재외동포법은 1999년에 제정되었다. 이 법은 '재외동포'의 범주에 속하는 자와 그들이 '고국'에서 받을 수 있는 혜택을 정의했는데, 여기에는 의료보험, 재산 소유권, 자본 투자에 유리한 조건과 더불어 자유로운 입국, 최대 2년에 달하는 무비자 체류 등이 포함되었다. 이 법은 재외동포에게 한국 시민과 유사한 권리를 제공함으로써 일종의 준시민권을 부여했다(Park and Chang 2005). 그러나 법이 정한 동포의 범주는 과거 한국 국민과 그 후손에 더해, 외국에 거주했던 한국 시민으로 한정되어 있었다. 1948년 남북한 정권이 수립되기 이전에는 한국 시민권이 존재하지 않았기 때문에, 일제강점기(1909~1945)에 한반도를 떠난 조선족, 고려인, 재일조선인 등 일부는 재외동포의 범주에서 제외되었다.

재외동포법의 제정 배경을 이해하기 위해서는 한인 이주의 역사를 간략히 살펴볼 필요가 있다. 1950년대부터 한국 정부는 전쟁의 폐허에서 새로운 국가를 재건하는 데 주력했고, 근대화 프로젝트는 1960년대와 1970년대에 급속한 경제 발전을 가능하게 했다. 이 집약적인 발전 기간에 노동력 수출은 한국 경제의 극적인 성장을 견인하는 중요한 역할을 했다(Athukorala and Manning 1999). 1960년대부터 1980년대까지 간호사와 광부가 독일에 갔고, 군인들은 베트남전쟁에 참전했으며, 건설 노동자들이 중동으로 파견되었다. 이들이 송금한 돈은 한국의 경제 성장에 밑거름이 되었고, 각 가정의 번영에도 크게 기여했다.

1980년대에 이르러, 한국은 홍콩, 싱가포르, 대만과 함께 급격한 경제 성장을 이룩한 '아시아의 용'으로 부상했다. 이는 강력하고 권위주의적인 국가 주도 아래 경제 발전을 이루어낸 아시아 국가들을 가리키는 용어로, 노동을 수출하는 국가였던 한국은 이제 노동을 수입하는 국가가 되었다(S. Kim 2000). 1990년대가 되면서 한국 기업들은 값싼 노동력을 찾아 해외로 진출하기 시작했고, 특히 제조업 분야를 중심으로 한국의 노동시장은 노동력 부족에 시달렸다. 한국인 노동자의 임금이 상승함에 따라 저렴한 노동력을 찾는 일이 경쟁력 확보에 있어 더욱 중요해졌다(G. Han 2003). 출생률이 낮아지고 서비스 산업이 확대되며 국민 전체의 교육 수준이 높아지면서, 한국의 젊은 세대는 생산직보다 사무직을 선호하게 되었다(Athukorala and Manning 1999).

이렇듯 노동력 부족 문제를 해결하기 위해 한국 정부는 '산업 연수생 제도'를 통해 이주노동자를 수입하는 방안을 고안했는데, 이러한 프로그램은 주로 남아시아와 동남아시아 출신 연수생을 저렴한 노동력으로 제조업계에 공급하기 위한 것이었다. 한국으로 일하러 오는 이주노동자도 많았다. 그러나 정부가 발급하는 비자의 수는 입국 희망자 수에 훨씬 미치지 못했고, 그 결과 이주노동자 대부분은 불법 알선업자를 통해 한국에 입국했다. 이들 중에서도 조선족은 특히 경쟁력 있는 집단으로 빠르게 부상하여 건설 및 서비스 부문을 장악했다. 중국 출신이라는 지리적 근접성과 한국 문화에 익숙하며, 무엇보다도 한국어를 구사할 수 있다는 점이 가장 중요한 강점이었다. 불법 이주하는 조선족이 급격히 증가하자 한국 정부는 경각심을 가졌고, 그들이 장기 거주할 권리를 제한했다. 그럼에도 조선족 이주는 계속되었다.[7]

1997년 외환위기는 신자유주의 확산을 가속화하며 한국 경제를 급격히 변화시킨 중요한 전환점이었다. 한국은 국제통화기금IMF이 요구한 엄격한 구조조정을 거쳤고, 그 결과 노동 유연성을 강조한 신자유주의 경제 모델을 기반으로 비정규직 종사자 수가 급증했다(Lim and Hwang 2002). IMF는 정부의 경제 통제, 특히 금융 통제를 최소화하는 방식으로 시장 중심 정책을 추구했고(Stiglitz 2003), 부진한 기업들이 더 큰 기업으로 통합되면서 많은 노동자가 안전망 없이 해고되었다. 사회복지 프로그램이 축소되면서 1990년대 후반에는 빈곤율과 노숙자 수도 급증했다(J. Song 2009).

한국 정부는 IMF 정책이 초래한 사회 문제에 대응하고 외국 자본을 유치하기 위한 다양한 개혁을 추진했는데, '재외동포법' 역시 이러한 조치 중 하나였다. 한국 정부가 발표한 재외동포법 제정의 근거는 다음과 같다. "'세계 속의 한국'으로서 '우리'는 민족이나 혈통이 아닌 국적, 즉 시민권에 따라 디아스포라 동포(한인)를 인정함으로써 그들의 자유로운 입국, 거주 및 사업 활동을 보장해야 한다"(Park and Chang 2005; Seol 2002; Seol and Skrentny 2009). 따라서 '재외동포법'은 한국 시민권을 보유했던 자와 그 후손들을 포섭하는 방식으로 설계되었지만, 한국 시민권 자체가 1948년에야 생겨났기 때문에 이 법의 시행은 중국, 일본, 러시아에 있는 수많은 동포들을 배제하는 결과를 낳았다.

이렇듯 '재외동포법'은 임의적 포섭과 선택적 배제로 인해 "위계적 국적"(Seol and Skrentny 2009)을 전제하고 있다는 비판을 받았다. 미국과 일본의 '부자 사촌'은 포섭하면서 중국과 구소련의 '가난한 사촌'은 배제한다는 것이다(Park and Chang 2005). 이 법은 특히 조선족의 법적 지위에 큰 영향을 미쳤는데, 상당수 조선족이 식민지 시기(1909~1945) 또는 그 이전에 중국(당시 만주)으로 이주하여 1949년 중화인민공화국 수립 후 중국 시민권을 부여받은 상태였기 때문이다. 1990년대에 이르러 조선족 인구는 약 200만 명에 달했고, 이는 전 세계 600만 재외동포 중 가장 큰 비중이었다. 조선족은 한국에서 단일 이주 집단으로는 최대 규모로 저임금 육체노동시장에 진입하기 시작했다. 그러나 '재외동포법'은 이들을 동포로 인정하지 않았고 다른 이주노동 비자도 여의치 않았던 터라, 대다수는 미등록 노동자가 되었다. 한국 정부가 통제 불가능한 수준으로 증가하면서, '불법 조선족 문제'는 중요한 사회 문제로 떠올랐다.

이에 조선족 동포연대 및 한국의 시민단체 활동가들은 장기간의 농성을 통해 '재외동포법' 개정을 촉구했다.[8] 이들은 한인 디아스포라의 역사를 이해하는 데 있어 식민지 경험과 냉전이라는 역사적 맥락이 중요하다는 점에 주목했다. 조선족 개개인과 가족의 역사를 통해, 한국전쟁과 냉전을 거치며 단절된 한국의 친족 관계를 증명하고자 했다.[9] 이야기는 다양했다. 어떤 조선족은 일제 치하에서 극심해진 가난을 피해 만주로 떠났고, 또 어떤 이는 조국 독립이라는 대의를 위해 일본에 맞서 싸웠으며, 일부는 한반도로 돌아가고자 했지만 한국전쟁으로 귀향이 좌절된 채 고향을 그리워하다 생을 마감

했다. 이렇듯 조선족은 식민주의와 냉전이라는 역사를 통해 인식되면서도 자본주의와 자유민주주의 체제 아래 살아가는 한국 사람들과 다양한 면에서 대조를 이루는 사회주의 주체로 인식되었다. 1992년 한중 수교 정상화 이전까지 한국에서 조선족의 존재나 그 역사는 거의 알려지지 않았다. '중공'이라 불렸던 공산주의 중국은 소위 '빨갱이 콤플렉스'로 대표되는 한국의 반공주의 문화와 정치 환경에서 금기시된 주제였기 때문이다.

한국 정부가 '재외동포법'에서 조선족을 제외한 데는 그 나름의 이유가 있었다. 첫째로 중국 정부는 한국과 중국 모두 이중국적을 허용하지 않았기 때문에, 이 법이 조선족이 한국 국적을 취득할 수 있는 수단으로 작용할 수 있다는 점을 문제 삼았다. 이는 분리주의 운동에 대한 소문과 관련이 있었는데, 연변과 한반도의 지리적 근접성과 민족적 유대가 조선족으로 하여금 어떤 형태로든 독립을 요구하게 만들 수 있다는 경계심으로 이어진 것이다. 둘째로 '재외동포법' 시행에 따라 조선족 입국이 급증하면 한국 노동시장이 값싼 노동력으로 잠식될지도 모른다는 한국 정부의 우려가 있었다. 그러나 당시 이미 수많은 미등록 조선족 노동자가 한국 사회 내 이주노동자의 다수를 차지하고 있었다. 셋째로는 조선족은 사회주의 이념을 가지고 있다는 인식이었다. 고려인이나 재일동포들 가운데 북한 또는 사회주의 국가와 관련된 경우 이 법의 적용 대상에서 제외되었다. 한국 정부는 사회주의 성향의 재외동포에게 자유로운 입국을 허용하면 한국 사회에 위협이 될 수 있다는 점을 강조했다. 냉전 정치가 막바지에 이른 시점이었음에도, '재외동포법'은 여전히 거주국의 정치 체제와 이념적 성향에 따라 한인 디아스포라를 차별적으로 다루는 냉전 반공주의 인식의 흔적을 보였다.

한국 정부는 특정 재외동포를 선택적으로 제외한 이유를 명시적으로 밝히지는 않았지만, 이는 중대한 사안이었고 그 영향력도 광범위했다. 인권 활동가들과 시민단체 및 몇몇 교회는 '재외동포법'이 조선족을 같은 한민족으로 포용해야 한다는 주장을 중심으로 정치적 논쟁과 시위를 주도했다. 이들은 '재외동포법' 개정 시위를 지속적으로 조직하고 목소리를 높이며, 한국 정부가 조선족을 배제하고 차별해서는 안 된다고 강조했다. 이러한 정서는 이번 장 도입부에 인용한 허련순의 소설 《바람꽃》(1996)에서도 분명하게 드러난다.

'수용소' 교회

'재외동포법' 개정 시위가 장기화되자, 일부 조선족은 서울 서대문구 홍제동에 있는 임광빈 목사의 의주로교회에 모여 살게 되었다. 임 목사는 1980년대 민주화 운동에 깊이 관여했던 기독교 사회운동가로, 1993년 군사 정권이 공식적으로 막을 내리면서 그의 관심은 사회 불평등 문제로 옮겨갔다. 그는 미등록 조선족 노동자를 위한 법적 변화와 '재외동포법' 개정을 요구하는 시위를 1년간 이끌었다.

2004년 여름, 나는 매일 이 교회를 방문하고 주말 예배에도 참석했다. 그곳에서 만난 조선족 대부분은 기독교 교인이 아니었지만, 사회적 유대와 정치적 운동을 지속하기 위해 교회로 모여들었다. 나는 임 목사와 교회 직원들을 도와 조선족 노동자의 임금 체불, 산업재해 보상, 한국인 남성과의 결혼 및 이혼 등 법적 문제를 다루는 상담에 참여했다. 이들의 문제는 대체로 미등록 이주자라는 불안정한 신분에서 비롯된 것이었다. 임 목사는 나에게 교회와 공공을 위한 상담 아카이브를 구축하면서 연구를 진행하도록 권했다. 이 상담 과정은 미등록 조선족 노동자들이 겪는 어려움을 이해하는 데 큰 도움이 되었다. 눈물 없이 듣기 힘든 증언이 매일 쏟아졌다. 나는 조선족 이주자들이 '고국'에서 견뎌내야 했던 갈등과 고통의 양상을 배울 수 있었다.

의주로교회는 일요일과 수요일에 한국인과 조선족이 함께 예배를 드리는 평범한 교회였다.[10] 그러나 주중에는 수십 명의 조선족이 교회 공간을 쉼터로 사용했다. 2004년 내가 처음 방문했을 당시 그곳은 마치 '수용소' 같았다.[11] 50~60명 정도 되는 미등록 조선족들이 함께 살며 공간을 공유했지만, 자유롭게 일을 하거나 외출하지는 못하고 중국으로 강제 추방당할 위협을 느끼며 생활하고 있었다. 그들은 교회에서 체포될 가능성을 피하면서 막연히 '좋은 일', 특히 한국 정부가 정책을 변경해 조선족을 같은 한민족으로 인정하고 이에 따라 법적 처우가 개선되기를 기다렸다.

앞서 임 목사는 조선족 동포연합회 소속 회원 100여 명과 함께 한국 정부를 압박하여 '재외동포법'을 개정하고자 2003년 11월부터 2004년 2월까지 3개월간 서울 중심부에 있는 100주년기념관에서 입주 농성을 벌였다. 결국 한국 정부는 해당 법률에 결함이 있음을 인정하고 개정이 필요하다는 점을 수용했다. 제도적 변화가 실제로 언제 이루어질지는 불확실했지만, 임 목사와 조선족 연합회 회원들은 정부의 인정을 그들 운동의 큰 승리로 받아들였다. 2004년 7월, 내가 교회를 방문할 때면 매번 농성 경험에 대한 이야기를 들을 수 있었다. "그 한겨울에 3개월 동안 얼마나 고생했는지 말로 표현 못 해요." 시위 참여자 중 한 명이 내게 말했다. "추운 겨울 동안 차가운 콘크리트 바닥에서 잠을 자고, 조선족 몇십 명이 방 하나를 같이 쓰고, 얼마 되지도 않는 음식을 배급받아 먹고, 거의 씻지도 못했어요." 농성 도중 병에 걸린 이들도 있었다. 어떤 이들은 일을 하러 떠났고, 일부는 중국으로 돌아가거나 추방되었다. 한 명은 사고로 사망했다. 대부분은 그 당시 얼마나 지쳤는지, 그리고 농성이 끝나고 얼마나 좌절했는지를 떠올렸다.

시위 이후에도 법적 신분은 미등록 상태였기 때문에 여전히 체포와 추방의 위험에 직면해 있었다. 경찰에 체포될 경우를 대비해 연합회 소속 조선족 회원들은 공동체와 피난처를 찾아 교회로 옮겨왔다. 이 애매하고 불확실한 시기에, 미등록 신분인 회원들은 한국에 체류하면서 동시에 한국으로부터 배제된 이들이었다. 교회 안에서는 안전하다고 느끼고 추방에 대해 크게 걱정하지 않았지만, 교회 밖에서는 체포될 수 있는 위험한 상황이었다. 사실상 교회는 법률이 유보되는 구역으로 취급되었다.

교회는 이들 60명이 이끌어가는 자발적인 공동체로, 각각 요리, 청소, 식료품 구매, 물 끓이기 등 역할을 나누어 생활했다. 회원들은 각자 맡은 임무에 따라 "요리사"나 "물 끓이는 아저씨" 같은 별명으로 불렸다. 흥미롭게도 그들 대부분이 위조 비자와 가짜 여권으로 입국했기 때문에, 일부 조선족은 실제 이름과 가명을 동시에 사용했으며 어떤 이들은 실제 이름보다 더 익숙해진 가명으로만 불리기도 했다.

이들을 수용하고자 교회는 공간을 새롭게 배치했다. 본당은 큰 기숙사로 개조했고, 성별을 나눈 별도 공간도 마련했다. 본당은 밤에는 조선족 수십 명이 바닥에 개인 담요를 깔고 잠을 청하는 장소로, 낮에는 연합회 회원들이 모여 불안한 미래에 대한 고민을 나누는 공동 공간으로 사용했다. 그들은 시모에게 낯선 존재였지만, 인제든 제포될지 모른다는 두려움에 시달리며 한배를 탄 동지들이기도 했다. 돈이 떨어지기 시작하면, 일부가 비밀리에 일을 하러 나갔다. 그러나 그들의 작업 일정과 소득은 불규칙했기 때문에 불안은 지속되었다. 심리적 압박으로 몇몇 거주자들은 몸이 상하기도 했지만, 진찰을 받을 여유가 없었다. 체류에 대한 불안은 공동체 분위기에도 영향을 미쳤다. 구성원들은 서로 간에 친구이자 동지라는 생각으로 "언니", "형님", "동생" 등 친밀하게 불렀지만, 사소한 문제를 두고 옥신각신하며 말다툼을 벌이기도 했다. 일자리를 찾아 떠나는 사람이 늘어남에 따라 공동체는 점차 축소되었고, 2005년 사면 정책이 시행되면서 남아 있던 구성원들은 마침내 각자의 일자리를 찾아 사방으로 흩어졌다.

추방 위기

  2004년 여름, 나는 마치 수용소와 같은 교회에서 추방당할 위기에 처한 수십 명의 미등록 조선족과 이야기를 나누었다. 이들은 한국 생활에 익숙해질 만큼 오래 체류했어도 자신들이 한국 사회의 공식적인 일원이 되기는 어렵다고 생각했다. 경제 상황이 나아지는 경험을 했음에도 자신들은 한국에서 하층 노동자로서 냉대받는 이방인이라고 느꼈다. 끊이지 않는 추방 위협 속에서 그들은 고용 불안에 시달렸고 인권 침해에 노출된 상황이었다. 더 오래, 더 열심히 돈을 벌고 일해야 했지만, 언제든 한국을 떠날 준비도 해야 했다. 2004년 당시 50대 초반이었던 연변 출신 조선족 이봉자 씨는 한국에서 10년을 살았음에도 완전히 적응하지 못했다고 말했다.

> 중국에서보다야 생활이 훨씬 나아졌지만, 죽도록 일만 했어요. 안 먹고 안 쓰고 돈만 벌었죠. 한국에서 2억 원도 넘게 벌었으니 지금 죽어도 여한이 없어요. 게다가 내가 원하는 만큼 돈을 써보기도 했죠. 하지만 한국에서 무언가를 살 때마다, '내일 당장 한국을 떠나거나 추방될 수도 있는데 내가 왜 이걸 사야 되나' 하고 자문하게 돼요. 중국으로 돌아가고 싶어요. 나이 든 어머니도 보고 싶고, 중국에 있는 형제자매들과 고향이 그리워요. 하지만 강제로 '쫓겨나기'는 싫어요.

  교회에서 만난 조선족 여성 대부분은 '불법 체류자'로서 추방될 두려움을 안고 사는 것을 당연하게 여겼다. 조선족의 타자성은 '미등록'이라는 체류 조건 때문에 사회 서비스를 충분히 누릴 수 없다는 점에서 드러났다. 미등록 조선족은 의료보험을 이용할 수 없었기 때문에, 아프면 교회에서 무상으로 제공하는 의료 서비스나 아는 사람을 통해 약을 구했다. 예를 들어, 당시 50대 초반이었던 연변 출신 조선족 여성 김영숙 씨는 자궁에 근종이 있어 수술이 필요한 상황이었다. 영숙 씨는 건강보험이 없어 값비싼 수술비를 부담해야 했다. 수술 후 영숙 씨는 한국에 거주하는 조선족 출신 중국 의사에게서 중국 약을 얻었다. 의사도 영숙 씨가 속한 조선족 공동체의 일원이었기에 저렴하게 약을 처방해 주었다.

연변 출신으로 50대 중반이었던 강옥수 씨 역시 자궁에 근종이 있었다. 옥수 씨는 외국인 노동자에게 무상으로 의료 서비스를 제공하는 목사가 있다는 이야기를 듣고 찾아가 치료를 받았다. 50대 후반의 연변 출신 조선족 여성 양오실 씨는 한국에서 고된 육체노동을 하느라 다리에 만성 통증을 앓고 있었다. 오실 씨는 식당에서 서빙을 하며 가정부나 모텔 청소부 일도 했는데, 어떤 때는 하루에 14시간을 일하기도 했다. 휴식이 절실했으나 일을 그만둘 여유가 없었다. 중국으로 돌아갈 생각도 했지만 그곳에서는 약값을 감당할 수 없었기 때문에, 한국에 남아 낮은 임금을 받으며 약값을 벌어야 했다.

만성적인 건강 문제 외에도, 조선족 여성들은 한국에서 고립되고 배제되며 노골적인 차별을 경험한다고 증언했다. 그들은 한국인과 조선족 간의 민족적 유대감을 기대했지만 대부분의 한국인은 그들을 '중국인'으로 인식했고, 그 결과 한

2.3 '재외동포법' 개정안 통과 후 서울 소재 100주년기념교회에서 농성단이 찍은 단체 사진(2004년 1월 8일). 임광빈 목사 촬영.

국 사회의 일원으로 받아들여지지 못했다. 조선족의 고립을 심화시킨 한 가지 요인은 당시 시행되던 추방 정책이었는데, 2004년 초부터 수정된 정책이 적용되고 있었다. 2004년 8월과 9월, 내가 서울에서 조사를 진행하던 당시 한국 정부는 미등록 이주자들에 대한 단속을 강화하며 추방률을 끌어올리고 있었다. 정부는 2004년 8월 적용을 앞둔 새로운 법 시행에 앞서 기존의 미등록 이주자들을 최대한 색출하고자 했다. 단속이 강화되면서 고용주들 또한 정부가 부과하는 벌금을 피하고자 조선족 이주자들을 해고하기 시작했고, 그에 따라 이들은 일자리를 구하는 것이 더욱 어려워졌다. 많은 이들이 체포와 추방이 두려워 취업 자체를 꺼렸고, 추방 시에는 경제적·신체적으로도 매우 취약한 상황에 놓이게 되었다. 어떤 이들은 추방 과정에서 겪은 고통스러운 경험을 떠올리기도 했다.

교회에서 만난 많은 조선족 여성들은 끊임없는 추방 위협 속에서 극심한 신경과민을 호소했다. 이들은 추방당할 가능성을 줄이기 위해 가능한 한 타인의 주목을 받지 않으려 했다. 예컨대 되도록 일터에만 머물거나, 비교적 규제가 느슨한 시골로 떠났다. 식당이나 모텔에서 일하던 조선족 여성들은 경찰의 단속을 피해 가정부처럼 눈에 잘 띄지 않는 직업을 찾으려 했다. 당시 50대 후반으로, 호텔에서 일하던 연변 출신의 박분기 씨는 만성적인 불면증에 시달렸고 진정제를 복용해야만 했다. 다른 많은 조선족 여성들 또한 긴장과 불안을 크게 겪었고, 이는 곧 건강 문제로 이어졌다. 특히 직장에서 한국인 동료나 고객과 마주할 때면 긴장도가 훨씬 더 높아졌다. 조선족은 일터와 공동체에서 미등록 신분을 숨기려 애쓰며, 가능한 한 '정체'를 드러내지 않았다. 심양 출신으로 2004년 당시, 50대 후반이었던 이문일 씨는 자신의 '조선족스러움'이 일자리를 구하는 데 불리하게 작용한다는 것을 깨닫고 중국 출신임을 밝히지 않기로 결심했다. 이러한 결정이 가능했던 이유는 문일 씨가 한국에서 15년간 거주하면서 연변 조선족의 억양 없이 유창하게 한국어를 구사할 수 있었기 때문이다. 문일 씨는 한국 문화와 관습에 익숙해져 한국 태생인 사람으로 통할 수 있었다. 또한 '한국인처럼' 보이는 데 성공했기에 직장에서 다른 한국인 동료들이 자신을 경멸하지 않는다고 생각했다.

　그러나 정체성을 숨기는 일이 언제나 가능한 것은 아니었다. 무의식적으로 사용한 독특한 용어나 억양, 또는 한국 문화에 대한 무지 등은 의도치 않게 '조선족스러움'을 드러내는 요소가 되었다. 연변 출신으로 50대 중반이었던 김옥수 씨는 8년 동안 한국에서 가정부와 식당 서빙 일을 해왔다. 당시 옥수 씨는 대중목욕탕에서 마사지와 미용 서비스를 제공하고 있었고, 비교적 벌이가 좋아 일자리에 만족하는 상황이었다. 그러나 미등록 이주노동자에 대한 단속으로 일자리 선택에 제약이 생겼고, 한국인 동료들이 자신을 경찰에 신고할 수도 있다는 심리적 불안에 건강은 나날이 악화되었다.

> 대중목욕탕에서는 한국인 동료들과 경쟁해서 더 많은 고객을 확보해야 해요. 그러려면 더 나은 서비스를 제공하고, 단골 고객들과 친밀한 관계를 쌓아야 하죠. 하지만 내가 더 많은 고객을 확보하면 한국인 동료들이 질투를 해요. 한국 사람들은 직장 생활에 필요한 정보를 공유하지 않고 나를 배제시키곤 했어요. 어떤 때는 내가 고객에게 받은 팁을 몰래 가로채기도 해요. 하지만 나는 속고 있다는 것을 알면서도 항의하지 않았어요. 복수한답시고 경찰에 신고할 수도 있으니까요. 그 사람들이 나를 함부로 대하더라도 나는 내 의견을 말하지 못해요. 왜냐, 나는 불법 체류자이니까요. 지금 당장 추방되고 싶지는 않아요. 여기에서 돈을 더 벌어야 하니까, 아직은 중국으로 돌아갈 때가 아니에요.

추방 가능성은 조선족을 더욱 취약한 노동자로 만들었다. 더욱이 당시 미등록 조선족은 임금이나 노동 조건에 대해 저항하거나 협상할 위치에 있지 않았다. 한국인 동료들과의 경쟁 속에서 그들의 불법 체류자 신분은 한국인 노동자와 이주노동자 사이에 위계적 관계를 형성했다. 동시에 민족적 동일성은 조선족이 비非한국계 이민자보다 일자리를 구하는 데 있어 비교적 유리하게 작용했다(Moon 2000). 앞서 인용한 사례들에서 볼 수 있듯, 그들의 '조선족스러움'은 조선족을 타인으로 대상화하는 데 이용되기도 했다. 조선족 노동자들은 한국 노동시장에서 값싼 노동력을 제공하는 유용하고 유능한 존재로 여겨지면서도, 한국인 노동자들과 경쟁하는 존재로서 소외와 배제를 겪는 이중적 위치에 놓여 있었다.

조선족 노동자들은 자신들이 한국인과 '한민족'이라는 정체성을 공유한다고 생각했기 때문에, 추방으로 이어지는 '가혹한' 정책을 납득하기 어려워했다. 특히 한국 정부가 미등록 이주자를 체포하거나 추방하는 모습을 보며, 범죄자 취급을 받았다는 굴욕감을 느꼈다. 조선족은 '같은 한민족'을 대하는 한국 정부의 방식에 대해 자주 불만을 제기했고 친구들이 전해주는 소문이나 미등록 이주자들의 추방을 다룬 언론 보도를 접하며 불안한 나날을 보냈다. 나는 조선족 여성들이 경험한 추방 이야기를 들을 수 있었는데, 이들은 언제나 예상치 못한 상황에서 출입국관리소 직원들에게 붙잡혀갔고 추방 과정에서도 제대로 된 존중을 받지 못한 채 수모를 겪었다.

문일 씨가 서울의 한 식당에서 일하던 1992년은 조선족 이주 초창기였다. 당시 문일 씨가 살던 지역에서 조선족이 대규모로 체포되는 일이 있었는데, 문일 씨는 체포를 피했지만 그 식당에서 계속 일하기가 두려워졌다. 그렇게 서울을 떠나 울산으로 갔다. 급여는 이전보다 적었고 친구도 없어 외로웠다. 결국 다시 서울로 돌아와 식당에서 일하던 중 누군가의 신고로 출입국관리소 직원에게 체포되었다. 문일 씨는 속상하고 수치스러웠던 순간을 다음과 같이 회상했다.

> 그때는 돈이 부족해서 최대한 아끼고 싶었어요. 그래서 퇴근 후에는 식당에 의자 여러 개를 붙여놓고 그 위에 누워 잠을 잤어요. 밤이고 낮이고 식당에 있다 보니, 내가 갈 곳 없는 조선족이라는 것을 누군가 눈치챘나 봐요. 누가 신고했는지는 모르겠어요. '붙잡혀온' 불법 체류자들이 진짜로 추방되기 전에 수용되는 곳으로 호송될 때, 하던 일을 정리하고 떠날 수 있게 해달라고 그곳에 있던 한국인 남자 직원에게 부탁했어요. 비록 결국엔 추방되더라도요. 그런데 나를 체포했던 직원은 몹시 깔보는 말투로 당장 따라오라고 했지요. 내가 그 사람 팔을 당기면서 강하게 저항하니, "중국에서 온 쌍년들 때문에 우리도 힘들다"고 하더군요. 중국에서는 그렇게 나쁜 말을 써본 적도 들어본 적도 없어요. 우리는 둘 다 무척 화가 난 상태였죠. 대체 왜 내가 한국 사람들한테 이런 무시와 경멸을 받아야 하는 거죠? 끝까지 저항했지만 결국 배에 실려 중국으로 추방당했어요.

문일 씨에게 중국으로의 추방은 굴욕적인 경험이었다. 게다가 중국에 돌아가니 문일 씨보다 먼저 한국에서 돌아온 남편이 다른 여성과 지내고 있었다. 문일 씨가 남편에게 보낸 돈은 남편과 그의 여자친구가 쓰는 생활비로 사용하고 있었다. 남편의 외도를 알게 되자 문일 씨는 배를 타고 다시 한국으로 돌아가기로 결심했다. 밀항 과정은 극도로 위험했는데, 추적을 피하기 위해 바다 한가운데에서 여러 차례 배를 바꿔 타야 했다. 배 안에서는 일주일 동안 제대로 된 식사도 하지 못했다. 그렇게 한국의 한 항구에 도착해 다시 불법 체류자가 되었고, 이후에는 한국 사람처럼 행동하고 말하면서 조선족임을 감추며 살아갔다.

한편, 체포가 언제나 추방으로 이어지는 것은 아니었다. 연변 출신으로 40대 초반이던 곽선희 씨는 식당에서 일하던 중에 출입국관리소 공무원에게 체포당했다. 조선족 여성들을 지속적으로 성추행하다 해고된 한국인 남자 동료가 선희 씨를 신고했던 것이다. 선희 씨는 출입국관리사무소에 24일간 구금되나.

체포되었을 때 저는 중국으로 돌아가고 싶지 않다고, 돌아갈 수 없다고 강력히 주장했어요. 하지만 불법 체류자가 하는 말을 누가 신경이나 쓰겠어요? 중국에 있는 가족에게 알릴 수도 없었죠. 모든 걸 스스로 해결해야 했어요. 아직 갚아야 할 빚도 많아서 중국으로 돌아가기에 적당한 때가 아니었어요. 체포되었을 때는 엄청 더운 여름이었고, 40명이 넘는 불법 체류자들이 화장실 하나를 함께 써야 했어요. 잘 씻지도 못했는데, 저는 민감한 피부라 씻지 못하니 피부가 진물이 나서 고통스러웠지요. 게다가 필리핀, 방글라데시, 파키스탄, 아프리카 등에서 온 피부색이 어두운 사람들과 함께 지내야 한다는 사실을 이해할 수 없었어요. 어떻게 우리가 그들과 같나요? 우리는 모두 같은 한민족 아닌가요?

결국 선희 씨는 믿을 만한 한국인의 보증을 받아 풀려났다. 1,000달러 상당의 벌금을 냈고, 정해진 날짜까지 중국으로 돌아가는 데 동의했다. 그러나 그 날짜가 지나고도 한국에 남아 다시 불법 체류자가 되었다. 돈을 더 벌지 못하면 중국으로 돌아갈 수 없다고 생각했다. 이렇듯 인정사정없이 몰아치는 추방의 광풍 속에서, 많은 조선족 여성들은 '추방은 그저 재수가 없으면 겪는 일'이라고 여기며 무력감을 느꼈고 조심하는 것 말고는 할 수 있는 일이 없다고 여겼다. 그럼에도 여전히 '고국'에서 부당한 대우를 받고 있다는 느낌을 떨칠 수 없었다. 그들은 조선족과 '피부색이 어두운' 다른 외국인들을 구분 지었고, 자신들은 동포로서 다른 처우를 받아야 한다고 주장했다.

몇 년에 걸친 공격적인 추방 이후, 한국 정부는 등록 이주노동자에게 혜택을 주는 방식으로 미등록 이주노동자 수를 줄여 나가면서 노동력 부족 문제를 해결하는 방안을 모색하기 시작했다. 2005년 3월부터 8월까지 한국 정부는 미등록 조선족에게 벌금이나 처벌 조치 없이 출국할 경우, 1년 후 다시 한국으로 돌아올 수 있다는 조건을 내걸었다. 이에 따라 수만 명의 조선족이 중국으로 돌아갔으며, 새로운 사면 정책에 따라 이들 중 상당수가 합법적인 서류를 갖추고 다시 한국에 돌아왔다.

사면과 H-2 비자

2004년, 한국 헌법재판소는 '재외동포법'이 일부 재외동포들을 거주국과 경제적 잠재력에 따라 차별적으로 포함하거나 배제한다는 이유로 위헌 판결을 내렸다. 따라서 '재외동포법'은 이전에는 배제되었던 해외 한인들을 평등하게 포함하도록 개정되었고, 모든 재외동포에게 동일한 권리를 부여하는 F-4 비자가 도입되었다. 그러나 대부분의 조선족이 종사하던 단순 육체노동 분야는 F-4 비자 대상에서 제외되었다. 서비스업과 건설업에 주로 종사하던 조선족은 자유로운 한국 입국과 장기 체류를 허용하는 F-4 비자의 이점을 이용할 수 없었다. 그 대신 2005년부터 한국 정부는 조선족 노동자를 별도로 다루기 위한 H-2 재외동포 방문취업비자를 도입했다. 이 비자는 원칙적으로 모든 난순노농 종사 재외동포를 대상으로 했지만, 실제로는 주로 조선족과 구소련 출신 고려인이 이용하였다.[12]

'재외동포법' 개정과 H-2 비자 도입은 두 가지 측면에서 중요하다(3장 참조). 첫째로, H-2 비자는 미등록 조선족을 대상으로 한 일종의 사면 조치로 고안되었다. 그러나 해당 자격을 얻기 위해서는 조선족 노동자가 한국을 떠나 1년간 중국에 머물렀다가 재입국해야 했다. 한국으로 돌아와서 3년간 일하고 나면, 비자가 만료될 때까지 잠시 떠났다가 다시 입국해 추가로 2년을 더 일할 수 있다. 즉 H-2 비자를 통해 총 5년간 한국에서 합법적으로 일할 수 있으며, 이 가운데 3년은 연속 체류가 가능하다. 이제 조선족 이주노동자들은 미등록 노동자로서 한국 정부의 통제 밖에 있는 존재가 아니라, 정부가 특별 비자 규정에 따라 관리하는 이주노동자 집단으로 공인받게 되었다. 또한 한국 정부는 조선족 이주노동의 기간과 유형을 추적하고 예측할 수 있게 되었다.[13] 더는 미등록 이주자를 추적하고 추방하는 방식이 아니라, 개별 노동자를 특정 비자 대상으로 범주화하여 지속적으로 통제하고 관리하는 방식으로 변모했다(Mezzadra and Neilson 2013). 무엇보다도 H-2 비자와 함께 발급하는 외국인등록증은 그들이 '특별한 재외동포 집단'임을 상징하는 표식이 되었다. 즉, 조선족은 이제 '고국'에서 일하는 합법적인 외국인 노동자로서 포함되고 동시에 관리되는 대상이 되었다.[14]

또한 이 새로운 비자 제도는 유형에 따라 재외동포들 사이에 뚜렷한 구분과 위계를 만들어냈다. 예컨대 전문직이나 사업에 종사하는 동포는 F-4 비자를 받는 반면, 비숙련 노동자는 H-2 비자를 받는다. H-2 비자 소지자들은 사실상 단순 육체노동으로 지정된 분야에서만 일할 수 있는 이주노동자 집단이다. 이렇듯 이주자 신분, 노동자 계급의 정체성, 그리고 조선족이라는 민족성이 교차하는 지점에 놓인 H-2 비자는 조선족을 한국 노동시장에 공식적으로 편입시켰다. 이들을 이주노동자로 공식 범주화하는 것은 노동시장뿐만 아니라 한국 사회 전반에서 조선족에 대한 차별을 가시화하는 결과를 낳았다. 조선족이라는 용어는 점차 '중국', '사회주의'와 결합된 의미를 내포하며 그들을 한국 사회 내에서 타자화하는 기제로 작동하게 되었다.[15]

'재외동포법'과 재외동포 '방문취업비자'는 한국의 신자유주의 추세에서 형성된 특수한 역사적 맥락을 반영한다. 이 제도는 세계 속의 한국이 민족성을 해석하고 의미화하는 방식, 그리고 식민지 역사와 냉전 정치를 신자유주의 논리로 통합해 나가는 방식을 잘 보여준다. 이는 국가가 재외동포의 시장 잠재력에 따라 '자격 있는 동포'와 '자격 없는 동포'를 구분하는 신자유주의적 논리에 기반한다(Ong 1999, 2006). 존 코마로프John Comaroff와 장 코마로프Jean Comaroff의 지적처럼, "민족성은 구조적으로 상이하게 맺어진 집단들이 단일 정치경제 속으로 비대칭을 이루며 편입되는 과정에서 구성된다"(Comaroff and Comaroff 1992, 54). 각 재외동포 집단은 서로 다른 정치적 지향과 경제적 잠재력을 가지고 '고국'과 조우했고, 그 결과 한국에서 상이한 대우를 받아왔다(H. Lee 2018; H. O. Park 2015). 조선족은 '한민족'이지만 한국 국민은 아닌 독특한 민족 관계성을 기반으로, '한국스러움'과 '조선족스러움' 사이의 간극을 활용해 이주노동자 집단으로 자리 잡았다.

결론

이 장에서는 조선족이 한국 사회에서 환대와 냉대를 동시에 경험하는 이주노동자 집단으로 형성되어온 법적·사회적 과정을 분석했다. 냉전 체제 아래에서 정치적 박해를 정당화하는 근거였던 '친족' 개념이 시간이 흐르며 국제 이주의 수단으로 변모하는 과정을 살펴보았다. 오랫동안 금지되고 단절되었던 남한 친족과의 관계는 수십 년 만에 회복되었고, 조선족의 국제적 이동성을 촉진하는 경로로 빠르게 변해갔다.

이 장은 특히 2004년 여름, 추방 위기에 놓인 조선족이 처한 애매한 법적 상태를 포착한 사례를 중심으로 '한민족이지만 한국인은 아닌' 조선족의 몸이 한국 사회에서 민족화되고 주변화되는 과정을 조명했다. 한국의 노동시장과 조우하면서 조선족 노동자의 몸은 특정한 가치를 지닌 자원으로 환영받았고, '사회주의 중국' 출신의 값싼 노동력이라는 이미지와 결합되어 한국 정부의 제도적 인정 아래 하나의 공식적이고 지배적인 이주노동자 집단으로 자리 잡았다. 이렇듯 민족 개념은 단순히 차이를 구분하거나 타인을 배제하기 위한 폐쇄적이고 단일한 정체성 범주가 아니라, 민족 관계성에 기반해 다른 민족과의 관계나 삶의 다양한 조건 속에서 구성되고 의미화되는 것임을 보여준다. 이어지는 2부에서는 조선족이 돈과 시간을 매개로 어떻게 '코리안 드림'을 실현하려 했고, 또 어떤 좌절을 경험해왔는지 살펴본다.

2부

불안정한 꿈들

3장

자유 이동의 리듬

오랫동안 한국에서 미등록 상태로 지내온 조선족 이주노동자들에게 2005년은 인생의 중대한 전환점이었다. 마침내 한국 정부가 사면 프로그램을 시행함에 따라, 합법적인 신분을 얻게 되었기 때문이다. 앞서 소개했던 교회에서 만난 조선족 노동자 대부분은 이제 '자유로운' 이주자 신분으로 한국과 중국을 오갈 수 있게 되었다. 이렇게 얻은 자유는 이전의 미등록 신분을 '정리'하기 위해 고안된 H-2 비자 제도 아래에서 국제 이주의 새로운 리듬을 만들어냈다. 그러나 2장에서 언급했듯이 미등록 이주자들은 사면을 받아 자유로운 이동의 권리를 얻는 대신, 5년짜리 비자로 한국에서 일하기에 앞서 우선 1년간 중국에 머물렀다가 돌아와야 했다. 그 뒤 처음 3년은 한국에서 체류하며 일할 수 있지만, 다시 중국으로 잠시 다녀온 후에야 나머지 2년을 사용할 수 있었다. 그러고 나면 '비자 시계'가 초기화되었다. 2005년부터 조선족 이주노동자들은 이와 같은 '1-3-2 리듬' 속에서 살아왔다. 더불어 이들에게는 특정 서비스업과 '저숙련' 노동에 한해 일할 자격이 주어진다.[1] 이로써 새로운 비자 제도는 조선족의 노동을 특정 직종에 제한하는 결과를 낳았으며, 이들은 사면을 받고 새로

운 비자를 발급받으면서 "배제를 통한 포용"(De Genova 2013)을 경험하게 되었다.[2]

이번 장은 사면 이후 조선족 이주노동자들이 경험한 구체적인 삶의 순간을 포착하며, '이동의 리듬'이라는 개념이 이주의 흐름과 사회적 소속감의 형성과 재형성 그리고 정치적 통제의 방식에서 점점 더 중요한 기제로 작동하고 있음을 강조한다(Levin 2015, 50; Salter 2006).[3] 여기에서 '리듬'은 반복적인 움직임으로 이루어지며, 차이를 통해 새로운 존재로 거듭나는 근간이 된다(Lefebvre 2004, 78-79). 앙리 르페브르Henri Lefebvre는 리듬이 자본주의 일상에 질서를 부여하는 동시에 일상을 교란할 수 있는 모순적인 측면을 지닌다고 지적한다. 이러한 리듬의 불규칙성으로 신체적·사회적·공간적 규제 사이에 긴장이 생겨나 이동하는 주체를 통제하게 되는데, 이들 주체는 주어진 리듬에 순응하기도 하지만 그 리듬을 변형하기도 한다(Lefebvre 2004; Edensor 2012 참고). 특히 자본주의는 축적의 과정을 거치면서 다양한 파괴를 야기하며, 자본주의 리듬에는 시간 질서를 붕괴하는 위험이 수반될 수도 있다(Castree 2009; Edensor 2012, 12-13; Harvey 1989, 216).[4]

3장에서는 미등록 조선족 여성 이주노동자들이 새롭게 완화된 이주의 리듬 아래에서 연변을 '휴식의 공간'으로, 한국을 '노동의 공간'으로 분리하며 새로운 시간 감각을 체화하고 시공간적 실천에 참여하는 과정을 소개한다. 이들은 한국의 돌봄 및 서비스 산업을 유지하고, '코리안 드림'을 지속시켜온 중요한 주체이다. 조선족 여성들의 이야기는 고도로 젠더화된 일터(한국)와 젠더화된 가정(연변)을 오가며 이주의 리듬, 한국 돈의 힘, 젠더와 민족이 교차하는 지점에서 노동하는 여성의 몸이 어떻게 국제적 이주의 주체로 자리매김해왔는지를 드러낸다.

조선족 여성 노동자 세 명의 이야기를 중심으로 개인사, 몸의 노화, 갑작스러운 질병, 재정 상황의 변화, 비자 규정의 개정, 그리고 무엇보다도 글로벌 경제의 변동성으로 자유로운 이주 리듬이 여러 요인에 의해 방해받는 가운데에서도 자신의 삶을 구축해온 상황을 살펴본다. 동시에 시간에 대한 통제력을 장악하면서 각자의 삶을 제한하는 리듬의 규제를 넘어서거나 벗어나고자 노력하는 이들의 이야기는 다양한 국가에 걸친 시간의 힘과 젠더화된 국세 이주의 과성을 이해하는 데 도움을 준다. 이번 장은 국가가 부여하는 리듬과 시장이 지배하는 리듬이 국가를 넘나드는 신체와 결합해 이주노동자의 주체성이 형성되는 과정을 분석한다.

리듬 1
낯선 고향

2006년과 2007년, 한국의 이주 정책 변화로 조선족이 대거 귀환하면서, 연변은 오랜만에 활기를 띠었다. 2005년부터 약 10년 동안, 매년 여름 연변을 방문해온 나는 오랫동안 떨어져 지냈던 조선족 가족과 친지들이 식당과 호텔에서 재회하며 귀향을 축하하는 모습을 자주 목격했다. 의주로교회에서 만났던 미등록 이주자들도 몇 년 만에 공항에서 가족들과 재회하며 무척 감격스러워했다. 이들 중에는 10년 넘게 생이별한 끝에 만난 가족을 알아보지 못하는 경우도 있었다.

이처럼 사면을 계기로 조선족 이주자들은 미등록 노동자에서 '자유로운 이동 주체'로 전환되었지만, 오랜만에 돌아온 연변은 여러모로 낯설었다.[5] 급격한 도시화, 과도한 소비문화, 치솟는 생활비, 그리고 무엇보다 한족 인구의 급증은 많은 이들에게 충격이었다. 2007년 당시 50대 후반이던 조선족 여성 박옥순 씨는 "고향인데 고향 같지 않다"는 말을 여러 차례 반복했다. "연변은 여러모로 예전 같지가 않아요. 중국어를 못 하면 살기 힘들어졌거든요. 은행원, 판매원, 노동자, 식당 종업원 할 것 없이 어디를 가나 한족이네요. 저는 그게 싫어요." 내가 한국에서 만난 조선족은 대체로 처음 한국에 도착했을 때 모든 소통이 한국어로 이루어진다는 점에서 한국이 '고향 같다'고 이야기했다. 그러나 고향, 연변에 돌아온 이들은 이곳을 낯선 고향으로 여기고 있었다.

이주에 관한 논의에서 고향이나 고국은 거주와 소속과 관련해 감정적·물질적으로 복잡한 의미를 가진다. 사람들은 고향을 자신의 출신지이자 애착을 느끼고 회귀를 갈망하는 장소로 본다(Safran 1991). 고향은 지리적 경계를 넘어, 뉴 미디어를 통해 먼 곳에서도 점차 정치적으로 연결되는 공간이 되었다(Appadurai 1996; Clifford 1994). 여러 차례 이동을 경험한 사람들에게 고향은 "내가 있는 이곳"(Gilroy 1991) 또는 "내가 가게 될 그곳"(Chu 2010)으로 해석될 수 있다.

이주자들은 자신이 머무는 장소와 정체성 사이의 관계를 고민해왔다. 이들에게 고향은 혼성, 혼종, 불순의 현장처럼 보이기도 하고(Hall 1996), 비자발적 이주나 지정학적 조건 속에서 전혀 다른 곳으로 변화하기도 한다(Axel 2004). 더 나은 삶을 찾아 고향을 떠났던 이들은 고향을 옛 시간과 오래된 문화에 매여 현재보다 뒤처진 장소로 인식하기도 한다(Chu 2010; Ngai 2005; H. Yan 2008; Zhang 2001).[6]

이렇듯 고향이나 고국에 대한 다양한 정의에는 이동성이 근대성의 조건이라 가정하는 경향이 내포되어 있다. 정착보다 이동이, 농촌성보다 도시성이, 안락보다 노동이, 정체보다 움직임이 강조된다. 고향은 익숙하고 반복적인 일상이 이어지는 정적인 공간으로 상상되며, 돌아가기보다는 떠나야 할 장소로 여겨진다. 사실 귀향하고자 하는 욕망은 과거로 향하는 "퇴행적 욕망"(Felski 2000)으로 간주될 수도 있다. 그러나 조선족이 H-2 비자의 '1-3-2 리듬'에 따라 한국과 중국을 오가는 상황에서, 고향인 연변은 떠남과 머묾, 이동과 정지의 구분이 명확한 공간이 아니다. 게다가 중국이 글로벌 경제 강국으로 부상하면서 '차이나 드림'이 조선족 사회에 확산됨에 따라, 연변은 더는 퇴보하거나 뒤처진 장소로 여겨지지 않는다. 중국 경제의 호황 속에서 많은 조선족이 번영을 누리기 시작했고, 2008년 글로벌 금융 위기로 '코리안 드림'이 위기를 맞자 조선족 이주노동자들에게 연변은 또 다른 기회의 공간으로 떠오르고 있다(5장 및 6장 참조). 그렇다면 조선족 이주자들은 한국의 노동 리듬과 연변의 고향 리듬을 오가는, 노동 시간과 비노동 시간이 분리된 상황을 어떻게 조정해왔을까?

연변 시간

한국에서 조선족 이주자들을 만났을 때와 달리, 2006년 연변에서 만난 조선족들은 여유롭고 느긋하게 시간을 관리하고 있었다. 연변에는 약속을 잡는 독특한 방식이 있다. 다른 지역과 마찬가지로 식사나 술자리를 통해 사회적 관계를 맺는데, 모임 일정을 잡기에 앞서 상대에게 전화를 걸면 대부분은 며칠 뒤 다시 연락하라고 하면서도 그 시점을 확실히 알려주지 않는다. 그렇게 '며칠 후'가 되었다고 싶을 즈음에 다시 전화를 걸면, 상대는 "오늘 11시 30분에 만납시다"라고 말하는 식이었다. 이러한 일정 잡기 방식에 익숙해지면서 나 역시 즉흥적인 상황에 유연하게 대응하게 되었다.

특히 반주를 곁들인 식사 자리에서는 이러한 유연성이 더욱 두드러졌다. 점심시간에 여러 병의 맥주나 도수가 높은 중국 술을 마시는 경우도 있었는데, 이러한 만남은 보통 오전 11시 30분부터 오후 2시까지 이어졌다. 길어진 점심시간은 종종 중국의 노동 윤리에 반한다고 비난받기도 했지만, 연변의 여유로운 시간 활용은 자유로운 삶의 느낌을 주었다. 연변 사람들의 표현을 빌리자면 이 '자유 시간'은 때때로 사회주의에 대한 자부심으로 이어지기도 했는데, 자본주의 한국에서처럼 쉴 새 없이 일만 하지 않아도 되기 때문이었다. 상반된 '사회주의 시간'과 '자본주의 시간'이라는 시간 구분은 조선족들이 한국을 방문하거나 한국에서 일한 경험을 통해 더욱 뚜렷해졌다.

한국을 경험한 조선족들은 두 가지 중요한 사항을 공통적으로 언급했다. 첫째, 한국이 단기간에 발전하고 성장한 것은 강도 높은 노동 덕분이며 따라서 조선족도 한국 사람들의 노동 윤리를 배워야 한다는 것이다. 둘째, 음식, 시간, 환대가 풍부하고 여유로운 중국과 달리 한국에서는 시간 압박에 따른 스트레스로 사람들이 '일밖에 모르는' 비인간적 삶에 종속되어 있다는 것이다. 결국 연변에서의 '자유 시간'은 중국이 좀 더 살기 좋고 편한 나라라는 결론으로 이어졌다. 특히 내가 만난 공산당원들은 중국의 눈부신 경제 성장을 중국 사회주의와 공산당 체제의 우월성으로 설명하곤 했다. 한국행은 여전히 조선족에게 중요한 경제적 기회이지만, 중국 경제의 급성장으로 더는 예전만큼 강력한 동기가 되지 않았다. 한국에 가지 않고도 잘살게 된 조선족이 대거 등장하면서 '차이나 드림'에 대한 믿음이 커지고 있었다.

긴장되는 소비

'코리안 드림'이 연변에서 불안정한 상태를 유지하는 가운데, 한국에서 돌아온 조선족들은 한국에 가지 않고도 어느 정도 경제적 성공을 이룬 친구들과 어울릴 때면 묘한 불안과 긴장을 느꼈다. 이들은 단순히 먹고 마시거나 여가를 즐기는 게 인생의 전부가 아니라고 생각하면서도, 돈을 벌기보다는 '돈을 쓰는 사람'으로서 많은 시간을 보내는 연변 리듬에 적응하기 어려워했다. 즉, 이들은 한국의 '빡빡한 일상'과 중국의 '느슨한 일상' 사이를 오가야 했다.

2009년 나는 연변에서 옥순 씨를 다시 만났다. 그는 다른 사람들처럼 자신도 연변으로 돌아온 후 리듬을 바꾸는 일이 무척 힘들었다고 이야기했다. 옥순 씨는 10년 전 남편과 두 아들을 연변에 남겨두고 한국으로 일하러 갔다. 아내가 한국에서 일하는 동안 남편은 두 아들을 돌보며 연변에서 일자리를 유지했다. 조선족들이 으레 그렇듯이, 옥순 씨도 한국에서 여러 해 동안(7년) 미등록 신분으로 살았다. 체포되어 한 달간 구금되고 추방당할 뻔한 적도 있었지만, 다행히 한 교회 목사님의 보증으로 추방은 면했다. 옥순 씨의 체포 소식을 들은 가족들은 돈을 얼마나 벌었든 당장 돌아오라고 성토했지만, 옥순 씨는 충분히 벌기 전까지는 돌아가지 않겠다고 고집했다. 이 와중에 2005년 사면 정책이 실시되면서, 옥순 씨의 미등록 신분이 해결되었고 이제 중국에 돌아와 새 비자를 받고 한국으로 갈 수 있는 자격을 갖추게 되었다. 그간 한국에서 일하며 몇 년이나 가족을 보지 못해 때때로 중국으로 돌아가고 싶었지만, 오도 가도 못하는 미등록 노동자 처지로서는 아들들의 결혼식에도 참석할 수 없었다.

2006년 옥순 씨는 한국에서 발급된 5년짜리 취업비자를 제대로 사용하기 위해 먼저 1년간 중국에 머물렀다. 이 시기 나는 옥순 씨와 더욱 가까워졌고, 며칠씩 그의 집에 묵기도 했다. 아파트는 내부 장식을 새로 하고 새 가구와 가전제품으로 채워진 상태였는데, 옥순 씨 남편은 내게 집 구경을 시켜

주면서 이렇게 말했다. "질 좋은 한국산 재료로만 골랐어요. 다른 사람들보다 장식에 돈을 더 썼죠. 뭐든지 한국식으로 꾸미려고요." 실제로 한국에서 돌아온 조선족들의 집에서는 한국식 인테리어나 전자제품 등을 자주 볼 수 있었다.[7] 중국에서는 보통 내부 장식 없이 아파트를 팔기 때문에, 인테리어는 전적으로 집주인의 몫이며 재정 상태와 취향을 드러내는 중요한 요소였다. 대부분 옥순 씨가 보내온 돈으로 집을 구입했음에도, 정작 본인은 그 집에서 보낸 시간이 길지 않았다. 새 집에 들어간 지 1년도 안 되어 옥순 씨는 다시 한국으로 일하러 떠났다.

옥순 씨 집을 방문했던 어느 날, 저녁 식사로 먹을 만두를 함께 빚으며 옥순 씨가 연변 생활에 대한 실망감을 토로하기 시작했다. 고향으로 돌아와 좋긴 하지만, 마냥 행복한 것만은 아니라고 했다. 자신이 연변에 없는 동안 일어난 변화들에 놀라워하기도 했다. 옥순 씨는 연변에서 나고 자랐는데, 돌아와 보니 자기 집을 찾는 일조차 어려웠고 지난 10년간 물가도 오르고 사람들의 생활 수준도 달라져 있었다. "100위안(약 2만 원) 없어지는 게 순식간이더라고요. 이제 이 돈으로는 한국 가기 전처럼 살 수 있는 게 많지 않아요." 연변에서는 자신이 원하는 일자리를 구하기가 어렵고, 적은 액수의 연금을 제외하면 사회적 안전망도 거의 없었다.

이런 걱정거리 때문에 옥순 씨는 빨리 한국으로 돌아가고 싶어 했다. 연변에서는 오랫동안 헤어져 지낸 가족, 친지들과 먹고 마시며 '신나는 일상'을 보내는 일이 많았다. 하지만 한국에서 돌아온 조선족들은 특별히 하는 일도 없고 돈도 벌지 않으면서 남아도는 시간을 보내는 데 불안해했다. 하루하루 생산적인 삶을 사는 게 아니라, 비자 규제가 풀려 다시 한국으로 돌아갈 날을 기다리느라 돈만 쓰며 시간을 보낸다고 느꼈다. 더욱이 이들은 경제력을 과시하고 사회적 연결망을 관리하는 행사에 참석하는 일을 부담스럽게 여겼다. 중국에서는 어떤 행사에 초대를 받으면 반드시 비슷한 수준으로 보답해야 한다. 옥순 씨는 이러한 사회 분위기가 불편했다.

한국에 있을 때는 결혼식이나 생일 잔치 같은 데 참석할 일이 없어서 축의금을 내지 않아도 되니 참 좋았어요. 하지만 여기서는 피할 방도가 없어요. 연변은 아주 좁은 사회라서 다들 서로 알고 지내거든요. 내가 아는 사람 잔치에 가지 않고 부조금을 안 내면 그 사람들도 내 잔치에 오지 않죠. 그러면 인맥을 잃고 체면도 잃게 되는 거예요. 재수 나쁘면 평판이 망가질 수도 있어요. 여기서는 잔치에 안 가서 손해를 볼까 두려워해요. 본인 잔치에 초대 손님이 너무 적으면 창피하기도 하고요. 사람들은 손님 숫자를 보고 인맥이 얼마나 넓은지, 인간관계가 얼마나 좋은지를 알게 되거든요. 이건 겉치레 같지만, 상호 협력의 일종이죠. 사실 남의 잔치에 가는 거 싫어하는 사람도 많아요. 하지만 연변에서 살고 사업을 하려면 생일이건 돌이건, 잔치에 가서 인간관계를 꼭 관리해야 해요.

처음 연변에 돌아왔을 때만 해도 옥순 씨는 이러한 모임을 즐겼지만, 한 달에 몇 차례나 참석하게 되면서 재정적으로 부담을 느꼈다. 한 달 지출의 절반을 결혼식과 생일에 축의금으로 낼 때도 있었기 때문이다.[8] 옥순 씨 생각에, 이는 낭비일 따름이었고 초대받은 잔치마다 참석할 여유도 없었다. "나는 그동안 한국에 있었으니, 회사에서 받는 '뒷돈'이 없어요." 그는 덧붙였다.[9] "전부 내 주머니에서 나오는 돈으로 내야 돼요. 그건 과하잖아요. 여기서는 생활 자체가 너무 비싸요. 버는 건 없는데 쓰는 것만 많고요." 옥순 씨의 발언을 살펴보면 흥미로운 순환 고리를 발견할 수 있다. '과도한 자유 시간'이 '과도한 일상'으로 이어지고, 이는 또다시 '과도한 비용'으로 이어져 결국 비생산적이고 재정적으로 불안한 상태가 된다는 것이다.

나는 한국에서 돌아온 다른 조선족들로부터 연변에서 놓여 있던 소득과 지출이 불균등한 상황에 대해 자주 들었다. 연변에서는 '과도한 자유 시간'에서 비롯된 소비, 즉 '과도한 일상'이 존재했다. 돈은 한국에서 벌지만 소비는 연변에서 이루어지면서, 생산과 소비 사이에 뚜렷한 지리적 분리가 생겨났다.[10] "노동하지 않을 때는 집에 있는 것처럼 편안하고, 노동할 때는 집을 떠난 것처럼 불편하다"는 마르크스의 주장과는 달리(Marx 1988, 74), 한국에서 돌아온 조선족들은 한국에 가지 않고도 잘살게 된 조선족들만큼 연변에서의 자유 시간이 자유롭다고 느껴지지 않았다.[11] 이들은 노동하지 않는 상태로, 연변에서 자유 시간을 보내는 것을 어려워

하고 있었다.[12]

　한국에서 돌아온 조선족들은 '일만 하며' 고독한 삶을 살던 당시에는 연변의 정겨운 분위기를 그리워했지만, 연변에서의 '과도한 일상'에 드는 비용은 경제적·정서적 부담이 되었다. 옥순 씨의 친구들과 친척들은 그가 한국에서 많은 돈을 벌었다고 여기며 식사나 잔치에 자주 초대했고, 후하게 돈을 쓰기를 기대했다. 옥순 씨에게는 이러한 기대가 또 다른 부담으로 다가왔다. "한 번 초대한다고 해서 끝이 아니에요. 초대를 다 받아들이기 시작하면 여기저기에서 할 일이 너무 많아지는 거죠." 이처럼 '과도한 일상'은 한국에서 돌아온 조선족들에게 피로감을 안겨주었기에, 이들은 다시 한국으로 돌아가 일에 집중하고 싶다고 했다. 한국에서는 사회적 연결망 유지에 드는 비용 부담 없이 안정적인 수입으로 생활할 수 있었기 때문이다. 옥순 씨를 비롯한 조선족 이주자들은 광범위하고 비용이 많이 드는 사회적 연결망 속 일원으로 살기보다는, 노동하는 개인으로 살아가는 데 익숙해져 있었다. 또한 한국에서 '일밖에 모르는' 리듬에 익숙해진 뒤로는 연변의 리듬에 자신을 맞추는 것이 더 힘들어졌다. 이렇듯 '1-3-2 리듬'에 따라 연변은 소비의 공간으로, 한국은 노동의 현장으로 삶이 분리되었다.

리듬 3
직업소개소
　2008년 8월 어느 무더웠던 여름날, 나는 연변 출신 조선족 여성 이춘자 씨에게 전화를 걸어 앞으로 6개월간 서울에 머물게 되었다는 소식을 전했다. 춘자 씨는 일하는 중에 기쁜 목소리로 가쁜 숨을 내쉬며 전화를 받았다. 교회에서 만난 조선족 여성들 중 나와 가깝게 지냈던 춘자 씨는 당시 50대 후반이었고 교회에서는 '요리사 아줌마'로 통했다. 이제 자유롭게 한국과 중국을 오갈 수 있게 된 춘자 씨를 비롯해 교회의 멤버들은 그동안 일하지 못하고 잃어버린 시간을 만회하느라 분주해 보였다. 조선족 노동자들은 언제나 일정이 빡빡했기 때문에, 나는 그들을 만나려면 그들의 '쉬는 날'을 기다려야 했다. 조선족 여성 노동자들의 근무 일정은 일의 특성에 따라 달랐는데 하루 12시간 넘게 일하기도 했고 일정 자체가 불확실한 경우도 많았다. 그러나 어떤 상황에서건 조선족 노

3.1 조선족 주민이 밀집한 서울 대림동의 직업소개소에 다양한 일자리 공고가 걸려 있다(2008). 저자 촬영.

동자들은 주어진 비자 기간 안에 최대한의 소득을 올리려 노력했고, 더 나은 근무 조건과 더 짧은 근무 시간, 더 높은 임금을 찾아 자주 이동했다.

며칠 뒤 춘자 씨는 본인의 이동 시간을 줄이기 위해 서울고속버스터미널 안에 있는 직업소개소에서 만나자고 제안했다. 고속버스터미널은 지하철 노선 세 개가 교차하고 유동 인구와 상점이 밀집한 곳이다. 내가 왜 그 직업소개소를 선택했는지 묻자, 그는 급여가 괜찮은 일자리를 고를 수 있고 식당이 많은 지역이라 일자리 자체가 많다고 했다. 언제 중국으로 돌아갈지 확신할 수 없었던 춘자 씨로서는 월급제보다는 일급제 일자리를 원했는데, 월급을 받으면 이동성에 제약이 생길 수 있기 때문이다. 그래서 춘자 씨는 더 나은 일당과 더 배려심 있는 고용주를 찾아 자유롭게 일자리를 옮겨 다니는 방식을 선호했다.

직업소개소 사무실에 도착해서 보니 책상 두 개와 소파 한 개가 놓여 있었고, 여성 직원 두 명이 전화 통화를 하느라 내내 바빠 보였다. 그중 소장처럼 보이는 여성이 춘자 씨를 알아보고는 환한 미소로 반겼다.

단골 고객인 춘자 씨는 일단 지난 일자리에 대한 불만부터 제기했다. 급여는 나쁘지 않은데 사장의 "성질이 나쁘고" 식당도 "더러웠다"고 말하면서 이렇게 요구했다. "다음에는 더 나은 식당으로 구해줘야 돼요, 알겠죠?" 소장은 그렇게 하겠다고 춘자 씨를 안심시키며 새로운 몇 군데를 제안했는데, 모두 그 일대 식당의 요리사나 서빙 일자리였다. 춘자 씨는 직업소개소에서 가까운 곳의 주방 일을 고른 뒤 식당 주소와 전화번호를 받았다. 나는 일반적으로 구직자보다 일자리가 더 많은지 물었고, 이 질문을 기점으로 소장과 춘자 씨의 대화가 이어졌다.

소장: 물론이죠. 일자리는 늘 구직자보다 많아요. 고용주들은 조선족의 업무 능력과 수준에 대해 자주 불평해요. 사면을 받고 난 뒤로 불법 신분일 때만큼 열심히 일하지 않는다고 말하죠. 더는 절박하지 않다면서요.

춘자: 맞아요. 요즘 새로 온 조선족들은 한국에서 어떻게 일해야 하는지 몰라요. 나는 한국에서 10년이나 일해서 그런지 한국 식당에서 일하는 건 전문가가 다 됐어요. 한국 사람이나 마찬가지에요. 그런데 신참 조선족들은 일힐 줄도 모르면서 돈만 찾아다니죠. 그들이 우리 조선족 평판을 떨어뜨리고 있어요. 평판이 나빠지면 나도 손해를 봐요.

소장: 맞아요, 조선족은 일자리를 자주 옮기고, 돈을 더 달라고 해요. 어떤 고용주가 매일 직원들을 바꾸고 싶겠어요? 요즘 조선족은 버릇이 나쁘고 열심히 일하지도 않아요. 한국 사람처럼 돈을 헤프게 쓰고요. 돈을 모아서 빨리 중국으로 돌아갈 생각을 해야죠. 그런데 그러는 대신 비싼 휴대폰을 사고, 술 마시고, 외식하고, 좋은 집에서 살면서 비싼 임대료를 내요. 돈 벌려고 여기 온 거지, 영원히 살려고 온 게 아니잖아요?

춘자: 그래서 이런 말이 있죠. 한국에 오래 머무를수록 더 가난해진다고요. 내 친구들 중에 한국에서 나만큼 돈을 모은 사람이 없

어요. 저는 돈을 아주 철저하게 관리하거든요. 남편도 내 허락 없이는 돈을 쓸 수 없어요. 몇 년만 더 일하고 나면 중국으로 돌아갈 거예요.

춘자 씨 뒤편으로 또 다른 조선족 여성들이 차례를 기다리고 있었다. 소장은 일자리 문의로 계속 울려대는 사무실 전화를 받느라 바빴다. 직업소개소를 나서면서 춘자 씨는 소장의 태도에 대해 불만 가득한 말투로 말했다. "소장은 겉으로는 친절한 척하지만, 사실은 조선족을 무시해요. 저 사람 하는 말 좀 보세요. 조선족이 돈만 밝힌다고 생각하잖아요. 한국 사람보다 열등하다고 말하면서요. 한국 사람들은 뭐 돈 안 좋아하나요?" 춘자 씨는 스스로를 '열심히 일하고 낭비하지 않는 좋은 조선족'으로 묘사했지만, 방금 나눈 대화에서 보았듯 직업소개소나 일터에서 조선족에 대해 갖는 편견에 불만을 품고 있었다. 그와 동시에 돈만 좇는다는 낙인을 굳이 피하려 하지 않으며 오히려 다음과 같이 반문했다. "우리는 돈 벌려고 여기 온 거잖아요, 안 그래요?"

이 직업소개소에서의 대화는 한국 사회에서 조선족 노동을 둘러싼 여러 논쟁의 지점을 잘 보여준다. 먼저 직업소개소 소장의 정의는 조선족의 노동 윤리와 소비 습관에 따라 '좋은' 조선족과 '나쁜' 조선족을 나누고 있다. 요컨대 좋은 조선족은 일자리를 자주 옮기지 않고, 과소비하지 않으며, 중국으로 돌아갈 계획을 세우는 사람들이다. 여기에는 조선족이 한국에 영원히 정착하기보다는 이곳을 일시적인 노동 장소로 여겨야 한다는 생각이 담겨 있다. 다시 말해서 한국 사람처럼 낭비하지 않는 '좋은 조선족'이 빨리 돈을 벌어, 중국으로 빨리 돌아갈 수 있다는 것이다. 또한 조선족의 소비 수준은 한국 사람들과 달라야 한다는 가정도 담겨 있다. 사실 서비스 산업과 육체노동에서 한국 사람들과 조선족 간의 임금 격차는 크지 않다. 목수, 전기 기술자, 숙련된 건설 노동자처럼 전문 기술을 보유한 조선족은 한국 동료들과 동일한 수준의 임금을 받는다.[13] 이러한 가정은 '같은 한민족이지만 한국인은 아닌', 한국인과 같은 수준의 소비를 해서는 안 되는 임시 거주자로서 조선족의 위치를 강조하거나 재생산한다.

한국 노동시장은 직업소개소와 같은 기관을 통해 조선족의 가치를 주로 육체노동자나 서비스 노동자로만 평가한다. 조선족 구직자들은 직업소개소 직원이나 고용주의 신속성이고 은근한 무시를 감내해야 하며, 동시에 오랜 시간 까다로운 업무를 처리할 능력이 있음을 증명해야 한다. 이 두 가지 조건을 충족하는 노동자는 향후 더 많은 보수를 받고 몸이 덜 힘든 일자리를 구할 수 있다. 직업소개소는 노동자에게 적합한 일자리를 배정할 뿐만 아니라 고용주와 노동자 간 근무 조건이나 임금을 중재하고 양측의 인식과 평판을 관리하는 역할도 한다. 바로 이러한 이유 때문에 춘자 씨와 같이 '한국인처럼' 일할 수 있는 이들은 직업소개소로부터 긍정적인 추천을 받아 보수가 좋고 편한 일자리에 배정되는 반면, 갓 한국에 온 조선족 노동자는 일정한 평판이 쌓일 때까지 직장을 자주 옮겨 다니는 경향을 보인다.

한국 사회 곳곳에 조선족 이주자들이 존재하지만, 대중매체와 공적 담론은 이들을 가리켜 '기회주의적'이고 '비도덕적'이며 '질이 낮은' 데다가 '노동 윤리가 부족한' 집단이라는 낙인을 찍곤 한다.[14] 실제로 어떤 직업소개소 직원은 "고용을 알선하고 싶은 조선족이 많지 않다"는 말을 하기도 했는데, 이는 내가 만난 여러 직업소개소 관계자들의 태도를 대변한다고도 볼 수 있다.

서울 시내 식당에서 조선족 노동자를 만나지 않기란 거의 불가능하다. 한국 손님들은 연변 억양이 섞인 서울 말씨에서 그들이 '중국 출신'이라는 사실을 금방 알아챈다. 이처럼 언어의 미묘한 차이만으로도 조선족은 온전한 한국 사람으로 간주되지 않는다. 그럼에도 춘자 씨와 같은 노동자들은 스스로를 가리켜 '돈을 좇는 사람'이라고 주저 없이 표현한다. "우리는 돈을 벌기 위해 여기 왔다"고 말하며 "돈돈 하는 게 무슨 죄인가?" 반문한다. 이들에게 돈을 좇는 것은 한국에 머무는 이유이자, 이곳의 고단한 시간을 견뎌낼 수 있는 강력한 동력이기도 하다. 경험 많은 조선족 여성 노동자들은 '한국 시간'이 자아내는 긴장감과 빠른 속도에 익숙해졌고, 심지어 이를 좋아하게 되었다는 말을 하곤 한다. 특히 '하릴없이 돈만 쓰는' 연변으로 돌아갈 때, '한국 시간'에 대한 향수는 더 강해진다. 한국에서 오랜 시간 미등록 노동자로 살아온 끝에 연변으로 돌아가기를 고대했던 춘자 씨와 수많은 조선족들은 막상 연변으로 돌아가고 나니 힘들지만 규칙적이었던 한국에서의 일상이 그립다고 말했다.

노동 시간

2020년 기준으로 국내 조선족 인구는 약 70만 명에 달한다. 한국과 중국에서 고등 교육을 받는 젊은 조선족 세대가 늘어나면서 학자, 기업가 등의 진로를 정하거나 삼성, LG 같은 세계 유수의 대기업에서 일하는 등 조선족의 직업 분야는 다양해지고 전문화되었다. 1992년 한중 수교 이후 한국에서 태어났거나 어린 나이에 한국으로 이주해 연변 말투를 쓰지 않는 다음 세대 조선족이 한국 내 조선족 사회에서 점차 증가하고 있다. 그러나 여전히 대다수 조선족은 방문취업비자를 받고 일하는 이주노동자로서 서비스업이나 건설업에 집중되어 있다. 이러한 분야에는 크게 두 가지 임금 체계가 존재하는데, 하나는 일당제 고용이고 다른 하나는 식당 일을 중심으로 한 월급제 고용이다. 임금 체계는 주로 구인 공고에 명시되는데, 일단 임금 체계가 결정되면 그에 따른 노동의 리듬이 만들어진다.

옥순 씨의 일상은 거의 일정했다. 요리사나 서빙 직원으로 서울의 식당에서 일했는데, 이는 조선족 여성 노동자들이 흔히 종사하는 직종이다. 옥순 씨는 주로 오전 10시부터 오후 10시까지 일했다. 공식적인 퇴근 시간은 오후 10시였지만, 식당 사장이 그에게 남은 그릇을 치우고 다음 날 주문을 준비해 달라고 요구할 때가 많아서 제시간에 퇴근하지 못하는 날이 많다. 근무 시간에는 "눈코 뜰 새 없이 바쁘다". 보통 늦은 지하철을 타고 집에 돌아가 새벽 1시쯤 잠자리에 들었고, 아침 7시에 일어나 출근 준비를 했다. 옥순 씨의 시간은 거의 '일하는 시간'과 '잠자는 시간'으로만 구성되어 있다(H. Kim 2008). 미등록 노동자 시절, 몰래 불규칙적으로 일해야 했던 시기를 제외하고는 10년 동안 거의 비슷한 일과를 반복했다. 하루를 쉬면 곧 일당을 '잃는다'고 생각했기에 한 달에 하루이틀 이상은 쉬지 않으려 했고, 때로는 그마저도 쉬지 않았다. 그는 매일 "일하는 기계가 되어야 한다"고 되뇌었다. 한국 식당의 노동 강도와 속도에 익숙해지긴 했지만 만성적인 수면 부족으로 지칠 대로 지쳐 있었다. 일정이 빡빡하고 특히 버거운 날에는 중국에서 가져온 약과 영양제를 복용했는데, 하루라도 아파서 일하지 못하게 되면 일당을 잃는다는 생각 때문에 아프지 않기 위해 최선을 다했다. 옥순 씨는 한국에서의 '일밖에 모르는' 삶을 정당화하는 자신만의 방식을 개발했다면서 "하루를 마치고 손에 현금을 쥐는 순간 즉시 피로를 잊어

3.2 서울에서 조선족 이주자 박옥순 씨가 작성한 근무 일지(2009). 저자 촬영.

버려요. 그러고 다음 날 다시 일어나 일하러 가는 거죠"라고 웃으며 말했다.

2009년 당시 서비스 분야에서 일하는 여성들은 식당의 경우 5만 원에서 7만 원, 건설 현장에서 일하는 남성은 10만 원 정도의 일당을 받았다.[15] 임금은 직종과 노동자의 경력에 따라 달랐지만, 보통 10시간 이상의 노동을 기준으로 하는 경우가 많았다. 조선족 노동자들은 중국의 공장이나 사무실 일에 비하면 식당 일이 더 힘들고, 농사나 농장 일과 비교해도 더 힘들다고 했다. 옥순 씨를 비롯한 조선족 노동자들은 이주하고 처음 2년간은 한국의 빠른 삶의 속도와 높은 노동 강도에 적응하느라 육체적으로 매우 힘들어했다. 그러나 시간이 지나면서 과중한 노동에 '인이 박였고' 그 속도는 몸에 새겨졌다.[16] 이처럼 엄격한 노농 체제 아래에서 노동에 대한 적절한 보상은 노동자들의 일상을 지탱하고 미래를 계획하는 가장 중요한 동력이다.

지난 30년간 조선족 노동자들은 한국 노동시장의 다양한 부문으로 진출하면서 노동 시간, 리듬, 강도에 따른 임금에 대한 집단적이고 비공식적인 이해 방식을 형성해왔다. 다년간의 경험을 바탕으로 자신들의 노동 가치에 대한 직관적 측정이 가능해진 것이다. 옥순 씨는 "일이 너무 고되거나 몸이 지치면 바로 다른 일을 찾을 거예요. 널린 게 식당 일자리니까"라고 말했다. 조선족 노동자들의 일자리 이동이 잦은 이유는 일당제로 일하는 이들이 많고, 기대에 미치지 못하는 일자리는 쉽게 그만둘 수 있으며, 고용주 또한 노동자를 손쉽게 해고할 수 있기 때문이다. 조선족 노동자들이 빠르게 변화하는 구직 시장을 활용하여 더 나은 기회를 끊임없이 찾고 있다는 점 또한 이유일 수 있다. 옥순 씨는 "요즘 어떤 조선족이 열악한 근무 조건에서 몇 년씩 같은 일을 하겠느냐"고 오히려 나에게 되물었다. 일당제 식당 일자리는 직업 안정성이 없고 하루치 벌이로 살아가며 저축하지만, 옥순 씨는 언제든 더 나은 조건의 일자리로 옮길 수 있기 때문에 식당 주인의 요구에도 당당히 맞설 수 있다고 믿는다. 동시에 그는 더 나은 일자리를 찾아 떠날 준비가 늘 되어 있었다.

신체 시계

조선족 여성 노동자 강매화 씨는 자율성과 편안한 근무 조건을 중시한다. 옥순 씨와는 달리 직장을 자주 바꾸는 것을 선호하지 않는다. 뛰어난 요리사인 그는 많은 식당 사장들로부터 실력을 인정받았고, 이들과 꽤 좋은 관계를 유지해왔다. 지난 10년간 매화 씨는 유연성뿐만 아니라 안정성도 갖춘 직장을 찾아 다녔다.

일단 식당 사장이 내 능력을 인정하게 되면, 어떤 때는 팁이나 보너스를 주면서까지 나를 붙잡으려고 해요. 그리고 사장이랑 개인적으로 친해지면 좀 더 내 편의를 봐주는 스케줄을 받을 수 있고요. 그러면 몇 주씩 가족 행사에 참석하러 중국에 다녀와도 같은 식당으로 돌아갈 수 있어요. 식당 주인은 내가 하는 일이 마음에 드니까 내 자리를 남겨두는 거예요. 여전히 일당제이긴 하지만 시간이 지나면 일당도 조금씩 올라가요. 이런 식으로 하면 더 안정될 수 있어요. 한국에서는 사장에게 인정을 받는 게 편안하고 안정적으로 돈을 버는 비결이에요. 나한테는 돈도 중요하지만 사장의 간섭 없이 자유롭게 일하는 것도 중요한데, 사장이 내가 일하는 걸 보면서 투덜대면 긴장되거든요. 그래서 아이 돌보는 일이나 환자나 노인을 돌보는 간병일은 나는 좋아하지 않아요. 그런 일은 어딘가에 꽉 묶여서 살아야 하니까 자유가 없어요. 도움이 필요한 사람을 언제나 돌봐야 하니까요. 아무리 돈이 좋아도 난 싫어요.

매화 씨는 더 나은 직장을 쉽게 찾을 수 있다는 점에서 유연한 노동이 가져다주는 "자유로움"을 사랑했다. 하지만 그러한 자유는 단순히 일자리를 바꾸는 능력 그 이상이라고 여겼다. 그가 생각하는 자유에는 급여와 휴일에 관해 고용주와 협상할 수 있는 능력이 포함되어 있었다. 매화 씨는 과도한 근무 일정이나 지나친 감독에서 벗어날 수 있는 자유 또한 중시했다. 그리고 노동 유연성뿐 아니라 어느 정도의 직업 안정성이 있어야 더 나은 돈벌이가 가능하다고 믿으며 다음과 같이 말했다. "직장을 너무 많이 옮기면 돈벌이가 안 돼요. 이리저리 옮겨 다니기보다는 한곳에 머무르는 게 나아요." 안정적인 직장이 없을 때는 마음이 불안해졌고, 그러다 보면 종종 건강에 문제가 생겼다. 아프다는 것은 곧 일을 할 수가 없다는 의미였다. 일하지 못하면 돈을 '잃는' 것만 같았다. 매화 씨는 한국에서 보내는 매순간을 금전으로 환산하였고, 그에게 시간은 곧 돈이었다.

그러나 그의 신체 시계는 계속해서 돌아가고 있었고, 그도 이제 나이가 들어감을 느꼈다. "건강하고 젊었을 땐 몸 걱정을 별로 하지 않았어요. 그런데 나도 벌써 50대 후반이 됐네요. 비자가 있어도 한국에서 보내는 시간이 영원하진 않겠죠. 더는 40대 때처럼 밀어붙이며 일만 할 수는 없겠다 싶어요." 매화 씨는 건강에 무척 신경을 썼다. 서울 서대문구 재개발 예정지의 단칸방에서 살던 매화 씨는 내가 방문할 때면 복용 중이던 각종 중국 약을 보여주었다. 연변에서 남편이 보내준 약과 본인이 중국에서 직접 가져온 약들이었다. 특정 장기나 증상에 맞춰 어떤 음식을 먹어야 하는지도 내게 알려주었다. 매화 씨는 스스로를 돌보는 방법에 해박했고, 이에 대해 자부심도 느끼는 듯했다. "건강하지 않으면 한국에서 돈을 벌 수 없죠. 아프면 한국에서의 시간도 끝이니까요." 그는 몸, 돈, 시간이 자신의 삶에서 얼마나 밀접하게 연결되어 있는지 재차 강조했다.

방문취업비자는 조선족을 특정한 종류의 노동에만 허가했고, 조선족 노동자들은 이러한 제한을 받아들이고 적응해갔다. 그러나 아무리 스스로를 잘 돌보더라도 강도 높은 노동과 신체의 노화는 육체노동을 점점 어렵게 만들었다. 이주노동자들에게 몸은 대체로 유일한 생산 수단이기에, 매일 그 몸에 의존해 동일한 노동을 반복해야 한다. 마르크스가 《자본》의 〈일하는 날〉 장에서 언급했듯이, "오늘 같은 내일"을 살아가기 위해서는 잘 쉬고, 잘 먹고, 잘 자야 내일의 노동을 재생산할 수가 있다. 조선족 육체노동자들에게 건강한 몸은 한국에서 계속 일할 수 있는 기본 조건이다. 50대 이상의 조선족 여성들에게는, 매화 씨의 말처럼 "아픈 게 가장 두려운 일"이다. '아픔'은 한국에서 지금까지 쌓아온 시간과 미래의 계획을 망칠 수 있는 방해물이었다. 하지만 이들은 몸에 크게 의존하면서도 병이 언제 닥칠지는 예측할 수 없다. 옥순 씨와 매화 씨 모두 몸이 언제 아플지 몰라 염려했고, 종종 "너무 늦기 전에" 또는 "건강할 때" 바짝 일해야 한다는 시간의 제한을 두었다. 한국에서의 노동 기간에 대한 막연한 기한을 정해두는 것이다. 그러나 오랜 시간 요리사로서 힘든 노동을 해와서인지, 지난 10년간 두 사람 모두 몸이 쇠약해졌다. 매화 씨 지인들 중에도 고된 노동으로 아프거나 몸이 망가져 결국 중국으로 돌아간 사람들이 많았다. "우리 경찰한테 쫓겼던 거 기억하세요?" 한번은 매화 씨가 이렇게 물었다. "지금은 보세요. 누구든지 한국에 와서 돈을 벌 수 있잖아요. 좋은 시절이죠. 얼마나 자유로워요. 이제 더는 경찰을 피해 숨어 다니거나 도망치지 않아도 돼요. 하지만 내 몸이 이러니, 여기서 영원히 일할 수는 없겠죠. 나도 몇 년 안에 일할 수 있는 시간이 끝날 거라는 걸 알아요. 그러니 그 전에 최대한 많이 벌어둬야 해요."

옥순 씨와 매화 씨의 이야기는 조선족 여성 이주자들이 비자 규정, 일의 종류, 체력의 한계가 중첩되면서 경험하는 독특한 시간성이 그들의 삶을 다양한 방식으로 제한하고 있음을 보여준다. 이주노동자들은 가능한 체력을 가동하고 스스로에게 남은 시간 동안 최대한의 소득을 올리려고 한다. 결과적으로, 마르크스가 말한 내일의 노동을 재생산하는 데 드는 쉼의 시간은 중국으로 돌아가기 전까지 유예된다. 한국에서 3년간 집중적으로 노동하는 동안 조선족 여성의 몸은 점차 소진된다. 매화 씨는 자신의 몸을 돌보는 것 자체보다는, 한국에서 체류하며 일하는 시간을 연장하고 미래를 준비하기 위한 도구로서의 몸을 돌보고 있었다.

나는 연변에서 옥순 씨와 매화 씨를 다시 만났다. 3년 동안 일한 그들은 지치고 병들었으며, 기력이 쇠한 모습이었다. '1-3-2 리듬'은 개별적이면서도 집단적인 차원에서 일과 휴식 사이, 한국과 연변 사이의 독특한 시간성을 만들어냈다. 여기에 더해 끊임없이 이동하는 주체들은 특정한 습관과 감정에 얽매이게 되었다. 조선족 노동자들은 장기적인 미래를 상상하기보다는, 일당 단위로 하루하루를 쇄신하고 또 반복하며 '오늘 같은 내일'을 기대하는 동시에 '오늘보다 나은 내일'을 꿈꾸며 일하고 있었다.

리듬 2
희망과 돌봄

2009년 7월 연변에서 지내던 어느 날, 매화 씨로부터 전화 한 통을 받았다. 매화 씨는 한국에서 3년간 일한 뒤 비자 규정 때문에 중국으로 돌아온 참이었다. 그는 내게 연길에서 한 시간 거리인 화룡시로 와서 며칠간 함께 지내다 가라고 청했다. 중국에 돌아온 후 한동안 아파서 연락하지 못했는데, 이제는 몸이 조금 나아졌다고 했다.

며칠 후 나는 화룡시로 향했다. 그곳에서 만난 매화 씨는 10년간 자신의 귀환을 기다린 남편과 함께 지내고 있었다. 공장 노동자였던 매화 씨 남편은 한국에서의 힘든 노동을 감당할 만큼 건강하지 못해 매화 씨 혼자 한국에 갔다. 매화 씨는 한국에서 번 돈을 몇 달에 한 번씩 남편에게 송금했다. 그는 한국에서 일하는 아내를 둔 조선족 남편들이 도박에 빠져 패가망신하는 경우가 많다는 이야기를 들려주며 본인의 남편 또한 마작 중독에 빠질까 봐 자주 걱정했다고 덧붙였다. 다행히 남편은 매화 씨가 보낸 돈을 다 날릴 정도로 심각한 중독 상태는 아니었지만, 딱히 다른 일거리도 없었기에 자주 게임을 하는 편이긴 했다.

매화 씨는 미등록 노동자 신분 때문에 중국으로 돌아가지 못하던 당시, 두 아들이 너무나 보고 싶었다고 말했다. 그가 1998년부터 한국에 체류하는 동안 두 아들은 성장하여 대학을 졸업했다. 매화 씨는 두 아들을 자랑스러워하며, 그들의 교육을 재정적으로 지원할 수 있었다는 사실에 뿌듯해했다. 두 아들은 심양에 거주하며 안정된 직장을 다니고 있었다. 매화 씨는 "그들이 내 희망"이라 믿으며, 아들들의 성공을 본인 인생의 중요한 성취로 여겼다. 한국에서 고생하는 동안 매화 씨에게는 두 가지 꿈이 있었다. 하나는 두 아들을 대학에 보내는 것, 다른 하나는 연변의 수도 연길에 새 아파트를 구입하는 것이었다. 첫 번째 꿈은 이루어졌지만 두 번째 꿈은 아직 실현되지 않았다. 매화 씨가 번 돈은 주로 두 아들의 대학 교육비와 가족의 생활비를 지원하는 데 쓰여서, 다른 조선족 이주자들처럼 자동차나 아파트를 마련하지는 못했다. 매화 씨는 나를 집에 초대했을 때 살짝 망설이며 말했다. "우리 집은 낡았어요. 화장실은 밖에 있고 주방도 현대식이 아니에요. 방도 하나뿐이고요. 그래도 괜찮다면 얼마든지 우리 집에 머물러도 돼요."

서울에서 활기 넘치던 매화 씨는 이곳에서 눈에 띄게 수척한 모습이었다. 그는 연변에 머물면서 생긴 불안과 여러 가지 고민을 털어놓았다. 앞서 말했듯 그의 집은 '땅집'이라 불리는 낡은 중국식 주택이었는데, 네다섯 가구가 벽을 맞대고 다닥다닥 붙어 있었다. 화장실은 이웃 수십 명이 함께 사용하는 공용 화장실이었고, 겨울이면 사용하기가 더욱 힘들었다. 부엌에는 서서 음식을 만들 만한 조리대가 없어 바닥에 웅크린 채 요리를 하느라 요통이 생겼다. 혼자 쓸 방이 없었던 까닭에 매화 씨는 남편과 부대끼며 한 방에서 생활했다. 남편은 TV를 보거나 혼자 카드 게임을 하는 것 외에는 별다른 일을 하지 않았다. 생활비가 생각보다 많이 들어서 저축은 금세 바닥을 드러냈다. 매화 씨는 번거롭고 불편한 게 한두 가지가 아니라며 하소연했다.

무엇보다 그를 괴롭힌 것은 건강이었다. 한국에서 건강에 매우 신경을 썼지만 연변에 돌아와 복통, 불면증, 허리 통증, 간헐적인 관절 통증에 시달렸다. 여러 의사를 찾아 진료를 받았지만, 통증은 지속됐다. 그럼에도 아침마다 등산이나 산책을 하며 몸을 움직였고, 연변에서 서서히 인기몰이 중인 전기 안마 치료도 받았다. 매화 씨는 친구들과 어울려 술 마시고 식사하는 데 드는 비용이 너무 비싸다는 생각에 밖에 나가는 일도 최대한 자제했다. 기분을 추스르려 노력해도 건강에 대한 불안은 가시지 않았다. 서울에서 내게 말했던 대로, 매화 씨에게는 "아픈 게 가장 두려운 일"이었는데 이렇게 온몸이 아프다. 매화 씨가 느끼는 불안은 내가 방문할 당시 최고조에 달한 듯했다.

한국에 돌아가기 전까지 체력을 더 길러야 해요. 하지만 1년 안에 몸 상태가 나아질지 잘 모르겠네요. 10년 동안 완전히 녹초가 됐어요. 예전만큼 건강하지도 않고, 젊지도 않아요. 너무 무리하면 더 아플지도 모를까 봐 그게 두려워요. 그래도 아직 해야 할 일이 있어요. 연길에 있는 새 아파트로 이사하고 싶거든요. 아들들도 내가 심양에서 식당을 열기만 기다리고 있고요. 그런데 아직 돈이 좀 모자라요. 몇 년 더 저축해야 돼요. 그러니까 힘을 내서 버텨야죠.

두 아들을 대학에 보내는 첫 번째 꿈은 실현했지만, 연길에 있는 아파트로 이사하고 두 아들의 결혼 자금을 마련하기 위해서는 더 많은 돈이 필요했다. 매화 씨는 두 아들에게 집을 한 채씩 마련해주고 싶다고 말했다. 한국에서 인정받는 요리사로 일하며 꽤 많은 돈을 벌었지만, 솟구치는 중국의 생활비를 따라잡기에는 역부족이었다. 장기적으로는 중국에서 가족과 함께 살고 싶지만, 당장은 한국으로 돌아가 더 벌어야 한다. 과거 공장 노동자였던 매화 씨는 은퇴를 대비해 믿을 만한 사회적 안전망을 마련하지 못한 상황이었다. 건강에 신경 쓰며 한국으로 돌아갈 준비를 했지만, 몸은 여전히 쇠약했고 언제 다시 아플지 알 수 없었다.

옥순 씨도 한국으로 돌아갈 준비를 하고 있었다. 연변에서는 돈을 쓰기만 하고 벌지 못하니, 한국에 돌아가는 편이 훨씬 낫겠다는 계산이 나왔다. 옥순 씨에게 중국은 과한 지출이 이루어지는 곳이었고, 한국은 '돈을 버는 장소'였다. 그리고 과도한 일상에 돈과 시간을 쓰기에는 너무나 바쁜 곳이었다. 옥순 씨는 이렇게 말했다. "내가 너무 돈을 아끼면, '돈돈거린다'고 친구들이 뭐라고 해요. 그냥 모든 것 뒤로하고 한국으로 일하러 가고 싶어요, 거기 있을 때는 일하는 게 정말 싫었는데도 말이죠." 과거 한국에서 추방될 위험에 처했을 때 옥순 씨는 연변을 무척 그리워했다. 그런데 막상 돌아와 보니, 연변에 진저리가 났다. "고향인데 고향 같지가 않아요." 연금이 있는 공무원들과 달리, 옥순 씨는 은퇴를 위해 정부나 단위(회사)로부터 돈을 끌어올 수 없었다. 그에게는 노후를 위해 저축할 수 있는 일당이 전부였다. 옥순 씨는 또다시 국경을 넘어 한국으로 향하며 스스로에게 약속했다. "일단 취업비자에 맞춰서 한국에 2년 더 있을 거예요. 이후 어떻게 할지는 그다음에 생각하려고요."

결론

연변을 여러 차례 방문하면서, 나는 코리안 드림이 쇠퇴하고 중국 경제가 부상하면서 이전처럼 코리안 드림을 좇는 이들이 막다른 골목에 부딪힌 듯한 모습을 종종 목격했다. 벌랜트가 지적한 것처럼 그들은 "계속해서 움직이지만 여전히 같은 공간에 속한 역설적인 상태"에 놓여 있었다(Berlant 2011, 199).[17] 그리고 어떤 희망을 가져야 할지 막막해하고 있었다. 어느 조선족 공산당원이 말한 "이제 한국 돈은 맥이 없다"는 표현에서 드러나듯이, 조선족 이주자들은 한국과 중국 사이의 소득 격차가 줄어들고 한국 환율이 약세를 보이면서 코리안 드림은 쇠퇴하고 있다고 이야기했다. 물론 한국과 중국을 오가며 이동의 자유를 누리는 조선족은 여전히 많지만, 한국 돈이 예전과 같은 힘을 상실하면서 코리안 드림은 위기에 처해 있다.

이번 장에서는 옥순, 준자, 매화의 이야기를 통해 '노동 시간'이 어떤 장소에서의 소속감을 만들어 내는 중요한 동력임을 볼 수 있었다.[18] 이들은 연변에서는 '일'을 하지 않기에 자신들을 위한 '일상'이 없다고 믿었으며, 따라서 일할 수 있는 한국을 자신들이 있어야 할 곳으로 여겼다. 그러나 이주노동자들이 미래의 노동을 재생산하기 위해서는 휴식 시간이 필수다. 특히 한국에서 돌봄과 서비스 노동으로 몸이 쇠약해진 조선족 여성 이주자들에게, 휴식이어야 할 연변에서의 체류는 또 다른 노동의 시간으로 채워진다. 젠더화가 뚜렷한 가정에서 어머니이자 아내로서, 그들은 집에서도 가족을 위해 한국 일터에서와 같은 종류의 일을 해야 하기 때문이다. 조선족 이주노동자들은 '더 나은 삶'이나 '더 나은 장소'에 대한 새로운 의미를 고민하면서, 이처럼 막다른 골목을 벗어나는 새로운 출구를 구상하고자 한다. 이어지는 장에서는 이 위기의 순간에 대처하는 조선족 이주자들의 노력을 부각하기 위해, 국제 이주의 공간을 지탱하는 또 다른 중요한 시간성인 '기다림'에 대해 논의한다.

4장

기다림의 노동

아내도 갔다 남편도 갔다 삼촌도 갔다
모두 다 갔다 한국에 갔다 일본에 갔다
미국에 갔다 로씨야로 갔다…
잘살아보겠다고 모두 다 갔다
눈물로 헤여져서 모두 다 갔다
산다는 게 뭐이길래 산산이 부서져
그리움에 지쳐가며 살아야 하나
오붓하게 모여 살날 언제면 올까
손꼽아 기다려 본다네
- 〈모두 다 갔다〉(연변 대중가요)

'한국바람'은 조선족의 물적·정서적·전방위적 삶의 조건을 급격하게 변화시켰다. 어떤 조선족은 농부에서 도시 주민으로 또 국제 이주노동자로 변화했고, 경제적 상황이 나아지면서 계급 상승과 새로운 정체성의 형성도 가능해졌다. 앞서 언급한 노래에서 연변은 조선족이 '모두 다 가버린' 것처럼 묘사되고 있지만, 해외로 떠난 누군가를 기다리는 더 많은 이들이 남아 있다. 연변에는 멀리 있는 파트너를 기다리며 혼자서 자녀를 키우거나 가사를 돌보는 남편이나 부인들이 많은 데, 이들을 연변 말로 '보토리'라 부른다. 이 보토리들의 외로운 기다림은 이혼율 상승과 비행 청소년 증가의 원인으로 지목되기도 한다. 이렇게 만연한 외로움은 등산 모임, 글쓰기 모임, 볼링 모임, 사회사업 모임 등에서도 쉽게 발견할 수 있는데, 이 모임들은 팀원들 간의 사회적 연결망이자 정서적 안전망 역할을 하고 있었다. 나는 연변의 지리에 익숙해지고 연변 친구들도 사귈 겸 등산 모임에 규칙적으로 참여했다. 그곳에서 여러 명의 보토리를 만나 그들의 외로움과 기다림에 대한 이야기를 다음과 같이 들을 수 있었다.

호 씨: 10년 전 내 아내가 한국에 간 뒤로 너무 외로워서 술을 마시기 시작했어. 거의 매일 마셨지. 연변에는 외로운 '보토리'들이 너무 많아. 달리 뭘 할 수 있겠어? 집에 가도 기다리는 사람 하나 없는데.
등산객 1: (부러워하며) 하지만 자네 부인은 정기적으로 송금을 해줄 거 아냐? 지금 가지고 있는 집이 몇 채지? 두세 채 되나?
등산객 2: 요즘에는 이혼하지 않았고, 집이 한두 채 있고, 아이들이 별 탈 없이 잘 자라고, 송금이 계속 들어오면 행복한 거야.
호 씨: 다들 맞는 말이야. 하지만 아내를 10년 넘게 기다린다는 건 쉬운 일이 아니지. 나는 그 사람이 돌아오기만 한다면 더 바랄 게 없어. (웃으며) 한국에서 중국으로 돈을 보내주면 사랑도 여전한 채라고 그냥 믿는 거지.

이 대화는 많은 보토리들이 일상에서 느끼는 불확실성과

취약성을 잘 보여준다. 기다리는 배우자는 상대가 혼외 관계를 맺거나 이혼하려고 한다면 송금이 갑자기 중단될 수도 있다는 가능성에 불안을 느낀다. 기다림은 일상생활에서 필수적인 시간 실천의 한 부분이다(Adam 1991, 121). 조선족 이주자와 그 가족에게 기다림이란 외로움을 견디고 안정적인 가족 관계와 송금 흐름을 유지하기 위해 필수적인 조건이다. 하제(Ghassan Hage, 2009)가 강조한 '제대로 기다리기' 또는 '기다리며 버티기'처럼, 연변에서의 기다림은 불확실성과 흔들림 속에서도 자기 주체성을 형성하는 능동적 조건이기도 하다. 그렇다면 조선족의 국제 이주에서 기다림은 어떻게 당연한 삶의 조건으로 등장하고 받아들여지게 되었을까? 가족과의 친밀한 관계를 이어주는 연결고리로서 기다림은 실제로 어떤 역할을 할까? 무엇이 수년간의 외롭고 긴 기다림을 가능하게 했을까?

이 장에서는 코리안 드림과 함께 지속되어온 연변 내 '기다림'의 의미를 분석한다. 앞서 언급했듯이, 기다림은 한국으로 입국을 결정하는 순간에서부터 시작된다. 코리안 드림을 좇아 불법 알선업자를 통해 위조 비자를 구입하게 되면, 중국과 한국 사이를 자유롭게 이동하지 못할 뿐만 아니라 미등록 신분이 되어 한국 내에서도 직장 이동이 어려워진다. 수많은 조선족이 끊임없이 이동하지만, 다른 한편으로 그 이주자들은 비이동성의 상황에도 길게 노출된다. 이주자와 그 가족들은 그렇게 기다림을 필수적인 삶의 조건으로 받아들이게 되는 것이다. 2장에서 언급했듯이, 조선족 노동자 대부분은 사면을 받거나 언젠가는 중국으로 돌아갈 것이라는 막연한 기대 속에 기다리고 있었다. 2005년 이전에는 언제 체포되어 추방당하게 될지 알 수 없는 어중간한 상태가 계속되면서 조선족 이주노동자들은 스스로의 건강을 돌보고 휴식을 취하는 시간을 뒤로 미뤘다. 한국에서 끊임없이 새 일자리와 더 나은 기회를 찾으면서도 중국으로 돌아갈 기회를 기다리던 조선족 이주자들은 긴 노동과 기다림의 시간을 거치면서 신체적으로도 정서적으로도 지쳐갔다.

조선족의 국제 이주는 장기간 지속된 불안정성 속에서 조선족의 일상생활에 깊은 영향을 미쳤고, 다양한 사회적 문제와 관련하여 다루어져 왔다(H. Kim 2008; Lee, Lee, and Kim 2008; G. Park 2006; Seol 2002). 선행 연구들은 이러한 문제를 "돈에 대한 열망"(Noh 2011)이나 "위장 친인척 관계"(Freeman 2011)로 설명했으며, '한국 가기'를 삶의 다음 단계에 더 빨리 도달하기 위해 견뎌야 하는 과정으로 보기도 했다. 조선족은 중국의 경제력이 막 부상하던 2000년대 중반까지만 해도 정착보다는 이동을, 여가보다는 노동을 중시하는 근대적인 삶을 추구했다(Felski 2000).

그러나 한국과 중국에서 연구하는 동안, 나는 한국바람은 급격하게 잦아들었지만 '기다림'이라는 광범위한 현상은 쉽사리 수그러들지 않는 것을 목격했다. 그렇게 이동 중인 사람들과 남겨진 사람들 사이의 긴밀한 상호 연결성에 주목하게 되었다. 집에 남아 기다리는 일은 무력하고 연약한 기분을 자아내는 수동적인 활동으로 보일 수 있다(Crapanzano 1986). 이 기다리는 시간 동안, 사람들은 무슨 일이 생길 때까지 휴식하며 아무것도 하지 않는 상태로(Gasparini 1995) 과거와 현재, 미래 사이에 놓인 애매한 시간성을 경험하는 것처럼 보일 수도 있다(Rundell 2009). 하지만 이 기다림은 타인과의 존재 방식을 끊임없이 조율하는 가운데 새로운 사회성과 상호 연결성을 창출하기도 한다(Mineggal 2009). 따라서 기다림은 공동의 미래를 상상하고 실현하는 적극적인 삶의 실험으로도 이해될 수 있다.

이번 장에서는 한국과 연변에서 떨어져 사는 부부들의 이야기에 초점을 맞추어, 국경을 넘는 삶 속에서 이들이 어떻게 서로 의존하고 있는지, 그리고 그 과정에서 다양한 층위의 기다림이 어떻게 교차하는지를 살펴보고자 한다. 발다사르와 메를라(Loretta Baldassar and Laura Merla, 2013)는 이동 중인 이들의 연결성을 이해하는 새로운 관점으로 '돌봄의 순환'이라는 개념을 제안했다. 점차 보편화되고 있는 '국경을 넘나들며 이동하고 결합하는' 국제 이주 가족은 비대칭적이면서 호혜적인 방식으로 서로 돌봄을 교환하는 다양한 방법을 발전시켜왔다. 이는 해외에 체류하며 이동 중인 가족 구성원을 기다리고 책임을 다하는 일종의 경제 행위로서 기능하며, 이들은 부재와 별거라는 어려움 속에서도 "멀리 떨어져도 하나"의 가족으로 지내고자 노력한다(Baldassar and Merla 2013, 40). 나아가 이러한 연결성과 돌봄의 순환뿐 아니라, 국제 이주 가족이 경험하게 되는 취약성, 특히 이혼의 증가나 부부 간 젠더 역학 변화에 주목한다. 부모나 자녀, 그 외 가족을 기다리고 돌볼 때와는 달리, 결혼 관계에 있는 두 사람은 부부 공동의 재정적이고 정서적인 돌봄의 프로젝트를 지향한다. 연변에서 흔히 접할 수 있는 "돈이 가는 곳에 사랑이 있다"는 말처럼, 기다림은 송금의 지속을 가능하게 하고 중국에 다시 돌아갈 수 있는 근거를 만드는 힘이다. 송금과 배우자의 귀환을 '제대로 기다리는' 동안, 이 기다림의 시간을 공유하고 미래에 경제적으로 안정된 생활을 누릴 가능성을 높이면서 친밀한 관계가 유지되는 것이다. 그러나 이어지는 이야기에서 보듯, 기다림은 때로는 배신을 동반하기도 하고 불안을 고조시키기도 한다. 또한 젠더화된 역할과 오랜 별거로 인해 부부 관계가 불안정해지기도 한다.

이번 장은 두 가지 지점에 주목한다. 첫째, 이주라는 맥락

4.1 중국 연변의 등산 모임(2009). 제공: 백산.

에서 사랑과 돈에 대한 기다림은 단순히 재정적 안전망을 만들 뿐만 아니라, 떨어져 있는 부부 사이에서 구속력 있는 약속을 요구하는 일종의 감정 노동으로 기능한다. 즉 시장경제에서 '생산적'인 임금 노동과 구별되는 독특한 감정 노동으로서 기다림을 부각하고자 한다.[1] 기다림은 특정한 가치나 임금으로 연결되지 않는 것처럼 보이지만, 실제로는 다양한 노동과 가치를 만들어내는 시간이다. 둘째, 애정에 기반한 기다림 속에서 연변에 남겨진 배우자는 돈의 흐름을 관리하고 재산을 증식하기 위한 노력을 지속해야 한다. 기다림이라는 렌즈를 통해 국제 이주의 이야기를 분석하면, 가족에 대한 책임과 사랑의 약속으로서 송금의 의미를 풀어낼 수 있으며 이때 친밀한 관계에서의 불확실성과 취약성을 완화하는 정서적 매개체로서의 송금의 역할도 드러나게 된다. 이 장에서는 배우자의 사랑과 배신, 혹은 재정적 배려나 무관심에 대응하는 보토리들의 기다림을 살펴보며, 이주하지 않는 가족들이 이주를 추동하는 데 핵심적인 역할을 하고 있음을 보여주고자 한다.

기다림의 조건

중국 내 여러 다른 지역과 마찬가지로, 연변에서도 개혁개방은 과거 정부가 운영하던 작업장의 민영화를 통해 가속화되었다.[2] 이로 인해 많은 노동자들이 해고되었고 그들은 더 나은 경제적 기회를 찾아 대도시로 떠났다(5장 및 6장 참조).[3] 조선족에게는 '중국보다 더 빨리, 더 나은 삶을 살기 위해' 한국으로 가겠다는 열망이 있었고, 이는 한국바람을 강력하게 불러일으켰다.

50대 후반의 양화순 씨는 과거 연변의 한 목재 가구 공장에서 일하다가 1990년대 중반 공장이 파산하면서 직장을 잃었다. 나는 2004년 서울의 한 교회에서 화순 씨를 처음 만났다. 몇 년 동안 서울의 여러 식당에서 요리사로 일했던 화순 씨는 미등록 노동자 신분으로 강제 추방될 위험을 걱정하고 있었다. 최종적으로는 중국으로 돌아가고 싶었지만, 첫 3년간 번 돈은 불법 이주 알선업자에게 진 빚을 갚느라 다 써버렸기에 좀 더 일해서 돈을 모아야 했다. 2000년대 중반에는 남편과 아들이 그리워 1~2주에 한 번씩 국제 전화카드를 사용해 연변 집으로 전화를 걸었다.

2005년 어느 날, 화순 씨는 낯선 매체였던 웹캠 기능이 포함된 인스턴트 메신저 프로그램 사용을 도와줄 수 있는지 물었다. 나는 화상 통화를 돕기로 했고, 화순 씨는 정해진 시간에 아들의 컴퓨터 앞에 가족이 모일 수 있도록 약속을 잡았다. 무척 감동적이었던 당시 만남은 아직도 생생하게 기억난다. 화순 씨는 대화 내내 눈물을 글썽이며 환하게 웃었다. 언제 돌아오느냐는 아들의 물음에, 화순 씨는 "돈 많이 벌어서 금방 갈게"라고 답했다. 하지만 얼마나 벌어야 충분할지, 그 돈을 모으는 데 얼마나 시간이 걸릴지는 아무도 모르는 듯했다. 화순 씨 남편은 카메라 앞에서 별다른 말을 하지 않았다. 이들 가족은 가상이 아니라 실제로, 언젠가 빠른 시일 안에 만나게 되기를 간절히 바라고 있었다.

2장에서 자세히 논했듯이, 화순 씨 가족이 경험한 이러한 기다림은 2005년까지 조선족 사회 전반에서 매우 일상적인 일이었다. 대부분 미등록자였던 조선족 노동자들은 중국과 한국을 자유롭게 오갈 수 없었다. 한국 정부가 '재외동포법' 개정을 통해 사면 조치를 단행하기 전까지, 이처럼 어중간한 상태에 놓인 미등록 조선족은 약 30만 명에 달했다.[4] 2005년 이전에는 불법 알선업자에게 지불해야 하는 비용이 발생했기 때문에, 이주를 앞둔 조선족 부부는 대개 누가 가고 누가 남아 자녀를 돌보고 가족의 재산을 관리할지를 결정해야 했다. 한국의 이주 관련 법규와 특정 비자 체제에서 생겨난 제약 속에서, 어느 한 사람만 한국으로 향하는 방식으로 떨어져 사는 부부가 점차 많아졌다. 연변에 남아 기다리는 당사자는 집과 송금을 관리하며 조선족 이주의 흐름을 지속시키는 데 기여했고, 이렇게 가족의 친밀한 관계가 유지되었다.[5]

 3장에서 살펴보았듯이, 사면 이후 기다림의 패턴은 급격하게 바뀌었다. 화순 씨는 H-2 비자를 취득한 후 연변과 한국을 오가며 여전히 충실하게 돈을 보냈다. 남편은 직접 돈을 벌지는 않지만, 추가적인 소득원으로 임대를 놓을 만한 아파트를 한 채 더 매입하려 노력 중이다. 소액의 연금을 받는 전직 공장 노동자로서, 이제 50대 후반에 접어든 화순 씨 부부는 불안정한 상황에서도 한 사람은 돈을 벌고 다른 한 사람은 그 돈을 기다리며 최선을 다해 은퇴를 준비하고 있다. 서로 다른 나라에서 '멀리 떨어져도 하나'인 상태로 지내면서.

푸른 강은 흘러라

한국의 언론과 문화 매체는 조선족을 흔히 공격적이고 잔인한 범죄자로 묘사하거나, 한국인보다 덜 '한국적'인 존재로 그려낸다.[6] 그러나 2009년 강미자 감독이 발표한 영화 〈푸른 강은 흘러라〉는 연변을 배경으로 조선족 이주 이야기를 색다르게 연출한다. 이 영화에서 연변은 모두 누군가의 귀환을 기다리는 '대기실'로 그려진다. 영화 속에서 중학생 철이는 어느 날 근사한 오토바이를 타고 학교에 나타난다. 친구들 사이에서 부러움과 찬사를 한 몸에 받으며 여학생들의 관심도 끌게 된 철이는 곧 '불량소년'이 되어 공부를 소홀히 하고 친구들과 어울려 술을 마시고 나이트클럽에서 늦게까지 시간을 보낸다. 철이는 돈과 오토바이 덕에 친구를 쉽게 사귄다. 그러나 아들의 학업과 미래를 뒷바라지하고자 어머니가 한국에서 일하며 송금한 돈 없이는, 이 모든 생활이 불가능하다는 사실을 철이는 잘 알고 있다.

한때 부지런한 농민이었던 철이 어머니는 한국에 다녀온 조선족들이 갑작스레 부자가 되어 윤택한 삶을 사는 모습을 보고, 한국행을 결심했다. 허름한 시골집에서 깨끗하고 편리한 시내 아파트로 이사하고 아이들에게 고급 옷을 입히고 대도시로 보내 더 나은 교육을 받도록 하는 이들을 보면서, 자신의 가족은 뒤처지고 있다고 느꼈던 것이다. 몰래 불법 알선업자를 통해 떠날 준비를 했지만, 밀항 전날까지도 남편과 아들에게는 이 사실을 알리지 않았다. 일부 조선족 여성들은 한국으로 가기 위해 가짜 결혼을 선택하기도 하지만,

철이 어머니는 그렇게 하고 싶지 않았다. "나는 결혼으로는 한국에 안 간다. 차라리 밀항을 해서 한국에 갈 거야. 그래야 남편과 아들에게 부끄럽지 않지"라고 말하며 자부심을 느낀다. 철이 어머니는 스스로 명예롭고 용감한 아내이자 어머니이기를 원하며, 불법 알선업자들이 비용을 줄이기 위해 이용하는 낡고 허름하며 안전하지 못한 배를 타고 한국으로 향하는 위험한 여정을 감수할 준비가 되어 있다. 가는 도중에 죽거나 실종되는 사람도 많기 때문에, 배가 안전하게 정박하기 전까지는 아무것도 확실하지가 않다. 이러한 위험에도 철이 어머니는 가짜 결혼보다 밀항이 더 명예로운 길이라고 믿는다.

한국에 도착한 철이 어머니는 미등록 노동자가 되어 끊임없이 경찰에 쫓긴다. 그너나 추방당할 위험에도 밤낮으로 건설 현장에서 일하며 중국에 있는 가족에게 꾸준히 편지와 돈을 보낸다. 한국에서의 노동은 중국에서 하던 농사일보다 훨씬 고되고 힘들지만 소득이 월등히 높아, 더 빠르게 더 나은 미래를 기대할 수 있기에 참을 수 있다. 한편 중국에서는 농부인 철이 아버지가 시골에서 조용한 삶을 이어가며 아내를 기다린다. 철이 아버지는 아내가 그리울 때마다 의례처럼 아내의 옷을 빨아 널어 말린다. 남편이 할 수 있는 일은 아내가 보내온 돈을 관리하고, 그가 돌아오기를 기다리는 것뿐이다. 이 장거리 가족 관계는 겉보기에는 안정적이고 평화로워 보일지 몰라도, 그 안에는 형언할 수 없는 슬픔이 깃들어 있다. 어느 날 철이 어머니는 경찰의 추적을 피해 달아나다 절벽에

서 떨어져, 끝내 남편과 아들에게 돌아가지 못하고 사망하고 만다.[7]

〈푸른 강은 흘러라〉는 한국바람이 가져온 물질적 풍요를 묘사하면서, 한국 돈이 연변 조선족 사회의 친밀한 영역을 어떻게 변화시켰는지 그려낸다. 돈을 둘러싼 갈등은 떨어져 사는 부부가 이혼하거나 다른 배우자를 찾는 계기가 되기도 하고, 돈벌이에 나선 아내가 가정 내 주도권을 쥐면서 조선족의 가부장적 가족 관계의 역학을 뒤집기도 한다. '가짜 이혼'이 '진짜 이혼'으로 이어지는 경우도 많다. 이러한 혼란 속에 철이 어머니는 가짜 결혼에 뒤따르는 오명을 피하고자 밀항을 택하지만 갑작스러운 사고사로 운명을 달리했고, 철이와 아버지는 감정적 부채와 깊은 절망에 시달린다. 철이 어머니는 미래의 불확실성에 맞서 싸우며, 가족에 대한 깊은 도덕적 의무와 물질적 책임을 다하기 위해 자신의 시간, 노동, 몸을 희

4.2 〈푸른 강은 흘러라〉(2009) 속 한 장면. 제공: 한시네마

생했지만 끝내 연변으로 돌아오지 못했다.

사랑을 기다리다

연변은 "언제나 여행 중인 삶"(Clifford 1997, 2)을 살아가는 사람들로 가득한 공간이다. 파트너가 한국에서 일하는 조선족들은 이주한 배우자가 한국인이나 다른 조선족과 '바람날지도 모른다'는 두려움을 크게 느꼈다. 실제로 어떤 경우에는 이주자가 한국에서 새로운 동반자와 삶을 시작하면서 송금을 중단하고 연락을 끊기도 했다. 연변에서 기다리는 배우자에게 이별은 삶을 위협하는 중대한 사건일 수 있다. 이는 단순히 혼인 관계의 파탄을 넘어 경제적 취약성을 초래하기도 하기 때문이다.

2005년 이진에는 한국 내 미등록자 신분에서 비롯된 불안감에 더해, 불법 알선업자가 이용하는 '결혼 비자'가 금전 거래 수단이 되면서 도덕적·성적 불안감으로도 연결되었다. 주로 한국 남성과 조선족 여성 사이에 이루어지는 결혼은 한국행을 원하는 조선족 중년 여성을 대상으로 한 불법 이주 알선의 수단 중 하나이다.[8] 인류학자들은 이렇게 조작된 결혼을 국제결혼과 송금을 통해 국경을 넘어선 유대를 강화하는 "글로벌 자기 형성" 과정(Faier 2007; 2009)으로 설명하거나, 사회적 계층 사다리로 결혼을 이용한다는 점에서 "글로벌 상향혼"(Constable 2005; Freeman 2005)이라 칭하기도 한다. 그러나 중국과 한국에서는 이러한 결혼을 한국 입국을 위한 수단으로 비판하며, 금전적 이익을 얻고자 여성의 몸을 도구화한다는 점에서 도덕적 논쟁이 분분한 상황이다. 거래로서 성립된 결혼은 경제적 불안정에서 벗어나기 위한 생존 및 발전 전략으로 기능한다(Brennan 2004). 다양한 형태의 결혼이 존재하지만, 이주 초창기 조선족의 국제결혼은 주로 한국인 신붓감을 찾지 못한 한국 남성과 한국에 와서 일할 길을 찾던 조선족 여성 간에 이루어졌다. 그 진위 여부를 떠나, 중국이든 한국이든 이 결혼에서 '사랑'은 법적 결혼의 진정성을 판단하는 핵심 기준이 된다. "새로운 황금"(Ehrenreich and Hochschild 2004)으로 등극한 '사랑'은 이제 가치 창출의 수단이자 새로운 가능성을 여는 조건으로 여겨진다(Constable 2003; 2007; 2009; Faier 2007; Parrenas 2001; Yamamura 2020).

국제결혼은 연변에서 양가적으로 받아들여진다. 한국의 '가짜' 남편과 결혼하기 위해 조선족 '진짜' 남편과 이혼하는 이들의 경우, 실제 혼인 생활의 파탄으로 이어지는 경우가 많아 한국바람은 가족 관계를 파괴할 수 있는 위험한 힘으로 여겨진다. 연변에서는 이러한 결혼의 상품화를 비난하고 안타까워하지만, 나는 질문의 방향을 바꾸어 국제 이주에서 '돈'과 '사랑'이 국경을 넘나드는 부부 관계를 재형성하는 방식에 주목하고자 한다. 한국과 연변에서 장시간 떨어져 살아가는 조선족 부부들은 국제 이주로 인해 배우자를 잃을지도 모른다는 불안감을 어떻게 견딜까? 이 커플들 사이에는 어떤 종류의 합의가 이루어질까? 그리고 기나긴 기다림을 견뎌낸 이들에게는 과연 어떤 보상이 주어질까?

2009년 3월, 한국으로 일하러 간 배우자를 수년째 '기다리고 있는 사람들'과 점심을 함께했다. 활기찬 대화가 오가는 가운데 김복자 씨는 유난히 우울해 보였다. 당시 40대 후반이었던 복자 씨는 조선족 남성과 결혼하기 전까지는 농사를 지었다. 이제는 연변에 있는 일본계 비닐가방 공장에서 근무하는데, 장시간 노동과 낮은 임금 때문에 일을 그만두고 싶지만 마땅한 대안이 없다고 했다. 복자 씨는 한국에 가지 않고서는 형편이 나아질 것 같지 않다고 했다. 남편은 한국에 가서 3년만 일하고 돌아오겠다고 약속했지만, 어느새 7년이 흘렀다. 그는 한국으로 가기 위해 불법 알선업자에게 빚을 져서 비자를 얻었다. 복자 씨와 남편은 그 빚이 더 나은 미래를 가져다줄 가치 있는 투자라고 믿었다. 알선업자를 통해 2주짜리 출장 비자를 받은 남편은 한국에 입국했고, 이후 미등록자가 되었다. 그로 인해 남편은 한국과 중국을 자유롭게 오길 수 없게 되었고, 만족스러울 만큼 돈을 벌 때까지 한국에 머물기로 결심했다. 복자 씨는 그런 남편을 기꺼이 기다리기로 했다.

남편은 한국에 체류한 첫 2년은 두 달에 한 번씩 꼬박꼬박 돈을 보내왔고, 복자 씨는 연길에서 누구나 살고 싶어 하는 현대식 아파트를 마련하기 위해 그 돈을 잘 관리하여 "10원짜리 하나"까지도 은행에 저축했다. 그러나 체류 3년 차부터 송금이 점점 뜸해졌고 금액도 줄어들었으며, 결국에는 송금 자체가 중단되었다. 남편은 연락조차 끊어버렸다. 복자 씨는 남편이 새로운 여자를 만났다는 소문이나 파산했다는 이야기를 들었다. 7년간 남편이 돌아오기만을 기다렸는데 그렇게 연락이 끊기자 복자 씨는 인생이 무너진 것만 같았다. 코리안 드림을 이룬 친척이나 지인들과 달리, 복자 씨는 집도 사지 못했고 넉넉한 저축도 없었다. 미래를 위해 공동 투자했던 시간은 그 어떤 보상도 받지 못했다. 복자 씨는 위장 결혼을 해서라도 연변을 떠나 한국으로 가고 싶어 했다. 무슨 수를 써서라도 한국에 가겠다고 했지만, 여전히 남편과 법적으로 혼인 상태라 이혼이 불가능했다. 그러니 한국 남성과 위장 결혼을 선택할 수도 없었다. 복자 씨는 이렇게 말했다. "이제 나이를 먹어가는데, 남편만 기다리는 것도 지긋지긋하네요. 정말 답답해요. 벗어날 길이 안 보여요."

'약속'을 예측 가능하고 신뢰할 만한 미래를 만드는 행위로 간주한다면(Arendt 1972, 102), 이렇게 깨진 약속은 복자 씨의 미래를 망가뜨린 셈이다.[9] 남편이 자취를 감추자 복자 씨는 자신의 인생이 엉망이 되었고, 이제 남은 선택지도 거의 없다고 한탄했다.

> 한국에 정말 가고 싶어요. 돈 때문만은 아니고 남편도 찾아야 되잖아요. 처음에는 연락이 없으니 정말 걱정됐어요. 하지만 일부러 연락을 끊었다는 것을 알게 되니까 남편이 죽이고 싶을 만큼 미웠어요! 마냥 기다리기만 하다가, 이제는 미워하는 것도 너무 지쳐요. 저는 그냥 한국바람에 휩쓸린 운 나쁜 사람들 중 하나예요. 제가 복수해봤자 무슨 소용이 있겠어요? 그래도 정식으로 이혼을 해야 내 인생을 다시 시작할 수 있잖아요. 정말 답답해요.

복자 씨와 남편의 장거리 관계는 "3년만 지나면 돌아오겠다"는 약속에서 시작되었다. 하지만 남편이 송금을 끊고 연락을 두절하자, 부부가 공유하던 결속감과 공동의 미래에 대한 헌신도 끝나고 말았다. 그 뒤로 복자 씨의 기다림은 만성적인 경계심과 불안으로 바뀌었다. 시간이 지날수록 복자 씨의 삶은 더욱 취약해졌다. 사실 남편의 송금 없이도 복자 씨는 중국에서 생계를 유지할 수 있었다. 한국에서 받는 만큼의 임금은 아니었지만, 아껴 쓰면 딸과 둘이 먹고살 수는 있다. 그럼에도 복자 씨는 한국에 가고 싶다는 희망과 끊임없이 씨름했다. 한국에서라면 "지금보다 열 배는 더 많이 벌 수 있을 것"이라는 기대는 스스로를 비참하게 만들었다. 하지만 비자는 번번이 거절되었고, 복자 씨는 현실이 아닌 상상 속, 어쩌면 한국 어딘가에 있을 법한 미래 속에서 살아가는 것처럼 보였다.[10] 그 기대는 복자 씨가 현재에서 벗어나고 싶은 절박한 마음을 더욱 부추겼다. 더욱이 현재의 삶과 복자 씨가 갈망했던 미래 사이의 간극은 복자 씨를 더욱 고통스럽게 했으며, 특히 코리안 드림을 이룬 누군가와 자신을 비교할 때면 그 고통은 극심해졌다.

남편과 함께 꿈꾸던 장밋빛 미래에 대한 희망을 잃자, 복자 씨의 정신적·신체적 건강은 급격히 나빠졌다. 그러나 여전히 일해야 했고, 기력을 잃었지만 아직도 한국에 가고 싶었다. 복자 씨는 "희망을 잃어서 그런지 이제는 불안하지도 않아요"라고 담담하게 말했다. 복자 씨는 코리안 드림이 가져다준 연변의 번영에 동참하지 못했다. 기회를 잘 잡은 친척과 지인들, 약속을 저버리지 않은 남편을 둔 이들에게 내세울 만한 것도 없었다. 오랜 시간 힘겹게 이어온 기다림은 허무로 끝났고, 복자 씨를 무기력하게 만들었다. 복자 씨는 아무런 보상 없이 끝난 기다림을 곧 멈출 것 같다고 말했다. 마지막으로 나와 만났을 무렵, 그는 남편이 아니라 언젠가 이루어질 한국행을 기다리고 있었다.[11]

송금의 힘

연변에서는 송금에 관한 이야기를 여기저기에서 들을 수 있다. 복자 씨의 경험에서 보듯, 조선족 이주자의 가족들은 한국에서 오는 송금이 언제라도 중단되거나 완전히 끊길 수 있다는 위험을 잘 알고 있으면서도 여전히 송금이 계속되기를 기대한다.[12] 송금은 국제 이주 가족 구성원들 간의 경제적 필요를 충족시킬 뿐 아니라, 서로 연결되어 있으며 미래를 공유 중이라는 사실을 확인하는 매개 역할도 한다(Baldassar and Merla 2013).[13] 연변에서 수령하는 대부분의 송금은 '사랑'이라는 이름 아래, 가족을 위해 일하고 그 대가로 받아서 보낸 '한국에서 온' 돈이다. 이 돈은 집을 비롯해 자동차, 평면 TV, 고급 냉장고, 새로운 가구와 같은 물질적 재화를 구매하는 데 쓰이기도 한다. 하지만 마구 쓰기보다는 특별하게 관리되어야 하는 돈이다. 더 많은 부와 더 나은 미래를 위해, 현명하게 저축하고 계획적으로 사용하며 적절히 투자해야 한다. 송금은 단순한 금전적 가치를 넘어, 가족을 향한 배려와 유대를 유지하려는 애정과 책임이 담긴 돈이다. 대체로 매달 규칙적으로 이루어지기보다는 때때로 몇 달에 한 번씩 보내오기 때문에, 송금은 지연과 기다림을 동반한다. 이는 가족에 대한 도덕적 책임인 동시에, 장기간 떨어진 부부 사이의 긴장을 야기하기도 한다. 그렇다면 돈을 보내는 이들과 기다리는 이들은, 이 송금의 주고받음을 어떻게 조율하고 있을까?

보토리들이 들려준 좌절과 배신, 이별로 점철된 기다림에 관한 이야기에서 돈과 사랑은 복잡하게 뒤섞여 등장한다. 앞서 소개한 김호 씨의 이야기는 그 복잡성을 잘 보여준다. 김호 씨는 연변에 사는 공산당원으로 인쇄 공장에서 노동자로 일하다가 1980년대 중반 결혼해 아들 한 명을 두고 있다. 그러나 1990년대 초반, 중국 정부가 주택과 교육을 민영화하면서 생활비가 급격히 오르고, 김호 씨의 소득은 가족을 부양하기에 부족해졌다. 당시 회사에서 시세보다 저렴한 가격으로 새 아파트를 제공했고, 김호 씨는 좋은 기회라고 생각해 아파트를 매입했지만 그로 인해 빚을 지게 되었다. 그가 아파트를 구입한 1992년에 한중 수교가 이루어졌고, 수많은 연변 사람들이 더 나은 미래를 꿈꾸며 한국으로 떠났다. 그의 아내도 다니던 공장을 그만두고 한국으로 갔지만, 김호 씨는 연변에 남아 승진할 기회를 얻고 사회적 연결망을 확장하기를 원했다. 당시 김호 씨는 꽤 괜찮은 직장을 다니고 있었기 때문에 부부는 아내의 한국행이 합리적인 선택이라고 믿었다.

그러나 김호 씨는 아내를 떠나보내는 일이 내키지 않았다. 연변에 돌았던 "한국으로 간 아내는 한국바람에 휩쓸려 잃어버린다"는 말이 사실일지도 몰라 걱정되었다. 그러나 새 아파트를 얻으며 생긴 빚을 갚으려면 아내의 한국행이 가장 빠른 해결책이라 판단했다. 1993년 아내가 한국으로 떠난 뒤, 김호 씨는 자신보다 더 많은 돈을 버는 아내를 둔 가부장으로서 복잡한 감정을 억누르며 살았다. 아들을 보살피고, 아내가 보내준 송금을 저축해 투자하며 남편으로서의 책임을 다하고자 했다. 아내가 보내준 돈을 현명하게 관리한 덕분에 김호 씨는 물질적 풍요를 누릴 수 있었다. 그러나 부부가 이룩한 이 모든 성취에도, 김호 씨는 한국에 있는 아내에 대한 불안을 떨칠 수 없었다. 그는 "아내를 잃지 않고 우리가 함께할 미래를 관리하기 위해 지난 20년간 나만의 '비법'을 개발했다"고 농담처럼 말했다. 그 비법이란 '돈을 버는 것보다 관리하는 게 더 중요하다'는 믿음이다. 김호 씨는 돈이 지닌 긍정적인 힘과 더불어 그 파괴적인 힘을 뼈저리게 실감했다.

한국 돈은 부부 관계의 역학을 뒤집을 수 있는 강력한 힘을 지녔다. 아내는 자신이 번 소득 덕분에 결혼 생활의 결정권을 쥐게 되었다. 예컨대 김호 씨가 송금을 모아 아파트를 구입했을 때, 아내는 지인을 시켜 실제 아파트 가격과 집 상태를 확인하게 했다. 김호 씨는 아내가 의심한다는 사실이 매우 불쾌했지만, 오랜 노동과 희생의 결과로서의 성취를 아내가 소중히 여기는 것이라 믿었다. 어차피 그 돈은 아내가 번 돈이고, 딱히 반박할 처지도 아니었다. 한편, 김호 씨는 점차 자율성을 얻어가는 아내를 보며 불안해졌다. 한국 드라마에 나오는 세련된 남자들과 아내가 바람이 나지는 않을까 괴로워했다. 그러나 그는 자신이 다른 여성과 외도하는 것은 상상조차 할 수 없다고 말했다. "내가 바람이 나면 아내도 잃고, 돈도 잃고,

내가 이룬 모든 것을 잃게 되잖아요. 어떻게 그런 생각을 할 수 있겠어요?" 김호 씨는 연변에서 기다리는 배우자가 송금을 낭비하다 이혼으로 이어진 여러 사례를 보아온 터라, 제대로 된 송금 관리가 장거리 부부 관계의 핵심이라 믿었다.

그의 불안은 한국에 있는 아내를 3년 만에 방문했을 때 더욱 커졌다. 그는 자본주의를 표방하는 '고국'도 보고 싶었지만, 아내를 보고 싶은 마음이 더 컸다. 들뜬 마음으로 감동적이고 격정적인 재회를 몇 차례나 상상하며 무슨 말을 건넬지 연습도 했다. 그러나 정작 서울에서 아내를 만났을 때는 실망이 이만저만이 아니었다. 아내는 줄곧 돈 이야기만 했다. "아내가 너무 차갑게 굴더라고요. 잠자리도 겨우 한 번 있었고, 그것도 마지못해 응한 것 같았어요. 3년 만에 만났는데 말이에요. 이게 대체 무슨 일인가 싶었어요. 이것도 자본주의 때문인 걸까요?" 김호 씨는 아내가 하루에 12시간 이상씩 힘들게 일해온 결과, 돈에 대한 강박에 사로잡히게 되었다고 생각했다. 아내는 오로지 자신이 번 '피 같은 돈'을 어떻게 쓰고, 저축하고, 관리할 것인가에만 관심이 쏠린 모습이었다.

돈에 대한 아내의 집착은 두 가지 관점에서 생각해볼 수 있다. 첫째, 그 돈은 단순한 수입이 아니라, 아내가 오랜 시간 들인 노동, 건강, 젊음, 외로움을 압축한 성취의 결과이다. 곧, 지난 20년에 걸친 노동 시간의 모음집인 것이다. 이 돈은 아내의 또 다른 다른 자아로서, 어떤 형태로든 잘 관리되고 보존되어야 하는 '나'인 셈이다. 둘째, 그 돈은 부부 사이의 관계와 주체성을 재구성하는 변혁적 힘을 갖고 있다. 아내는 과거

작은 공장에서 일하던 '온순한' 노동자에서 가족의 재정을 주도하고 통제하는 주체로 탈바꿈했다. 이와 동시에, 스스로를 가부장적 조선족 남성이라고 정의했던 김호 씨는 오히려 시종일관 아내의 지시에 따라 가정을 꾸리고 '돌봄 노동'을 대신하며 가족에 헌신하게 되었다. 김호 씨는 아내가 한국에서 보내온 돈 덕분에 물질적 풍요를 누렸지만, 그 돈이 불러온 관계의 변화와 아내의 예측 불가능한 욕망을 관리하기 위해서는 새로운 '비법'이 필요했다. 김호 씨는 재산을 관리하고 아내가 돌아오고 싶어질 만큼 안정된 삶을 유지하면서, 그의 귀환을 기다리고 있다. 이 사례는 한국 돈이 조선족 이주자에게 어떤 식으로 주체성을 부여하고 가족 관계를 바꾸는지를 잘 보여준다.

4.3 〈연변녀성〉 1995년 10월 호에 실린 기사 "한국에 시집간 나의 '안해'"에서 발췌한 사진.

송금, 사랑의 증거

조반니 가스파리니Giovanni Gasparini는 기다림을 "어떠한 사건을 기다릴 줄 아는 능력"이자 "타인의 시간을 온전히 수용할 수 있는 능력"이라고 설명하면서, 인내심을 기다림의 중요한 요건으로 지적했다(Gasparini 1995, 42).[14] 나는 연변에 만연한 송금에 대한 기다림과 그 전략들을 목도하면서, 기다림이 단순한 선물의 교환이나 보답을 넘어 멀리 떨어져 사는 부부 사이의 '약속'에 기반하고 있다는 점에 주목하고자 한다.[15] 앞선 복자 씨 남편의 사례처럼, 현실에서는 그 약속이 종종 깨질 수밖에 없지만 그래도 기다림은 지속된다. 만약 기다림의 조건이 국가 정책 변화, 강제 퇴거, 혹은 새로운 주택 개발처럼 개인의 통제를 벗어난 외부 요인에 좌우된다면, 그러한 기다림은 억압적이며, 개인이나 가속이 경제적·사회적 활동을 계획하는 능력을 약화시킨다(Harms 2013). 이렇듯 불확실하고 오랜 기다림은 개인의 삶에 불안정성과 부담을 안겨주고, 사회적 문제 및 비용으로 이어질 수 있다. 최근의 포스트 사회주의 에스노그래피 연구들 또한, 기다림이 포스트 사회주의 발전과 신자유주의적 구조조정에 따라 실업률이 높아진 맥락 속에서 사회적 배제와 좌절로 이어진다는 점을 보여준다(Harms 2013; Jeffrey 2010; Mains 2007; Masquelier and Durham 2023; O'Neil 2014).[16] 그러나 기다림이 반드시 수동적이고 무력하며 비생산적 상태이거나 그저 구조적 폭력의 결과인 것만은 아니다. 크레이그 제프리Craig Jeffrey가 지적하듯, 기다림은 때로 사회적 연결망을 만들어내는 기회로 작동하기도 한다

(Jeffrey 2010). 기다리는 이들은 단지 무언가가 끝나기를 초조하게 기다리는 대신, 상호 연결을 생산하여 가능성을 현실로 바꿈으로써 경제적 가치를 창출하기도 한다(Harms 2013). 실제로 "능숙한 기다림"은 후기 자본주의의 속도와 변화에 적합한 주체를 만들어낸다(Chua 2011).

나는 여러 조선족 이주자와 그 가족들이 장기적인 별거를 "더 나은 삶을 위한 필수적인 삶의 단계"로 받아들인다는 말을 자주 들었다.[17] 일상 속에서 기다림을 적극적으로 수용한다는 것은, 기다림이 떨어져 사는 부부를 묶어주는 상호 연결된 시간성을 형성했음을 의미한다. 나는 한국바람으로 인한 별거 상황에서의 기다림을 의미 있는 일상적 책임의 시간으로 보며, 이를 일종의 노동이라 생각한다. 예컨대 자녀를 돌보거나 연변에 보내진 송금을 관리하고 투자하면서 배우자를 기다리는 일은 일상적이고 반복적인 노동을 요구한다. 즉, 기다림이라는 현재적 미래를 만들어내는 영역이다. 나는 기다림이 외롭고 공허한 시공간에서 행하는 개별 행위가 아니라, 특정한 시간에 특별한 무언가를 따로 또 함께하는 공동의 장이라 바라본다.

김호 씨의 이야기는, 변화무쌍한 코리안 드림을 좇으며 부부가 함께할 시간을 유예함으로써 '더 나은' 가족의 미래를 위해 송금이 만들어내는 부부 간 유대와 미래에 대한 약속이 작동하는 방식을 보여준다. 김호 씨는 아내가 보내준 돈을 능숙하게 관리하고 재산을 증식시키며, 아내의 노동에 대한 실질적인 감사를 표현했다. 김호 씨는 이렇게 말했다. "언제나 아내에게 빚을 진 기분이었어요. 하지만 나는 아내와 내가 서로에게 빚을 졌다고 생각합니다." 김호 씨는 기다림이 만들어낸 서로에 대한 빚이(C. Han 2012), 결혼 관계를 이어가고 유지하는 조건을 만들었다고 생각한다. 김호 씨는 아내가 집으로 돌아오기를 기다렸고, 아내는 중국으로 돌아가기를 기다렸다. 부부는 각자 다른 장소에서 서로 다른 방식의 기다림을 견뎌냈으며, 그사이 송금은 각자의 방식으로 관리되고 증식되었다. 기다림은 이 두 사람을 엮어내고, 송금은 그들의 상호의존성을 공고히 했다.

그러나 김호 씨가 아무리 돈을 조심스럽게 관리하더라도 장기적인 별거 관계가 지속된다는 보장은 없다. 실제로 송금은 소유권이 모호하여 한 사람에게 배타적으로 소속되는 것이 아니라 공동의 소유이시만, 실제로는 아내가 가족의 돈을 통제하는 권한을 더 많이 가진 듯했다.

> 어느 날 우리 어머니가 새 아파트를 구입할 보증금이 필요하다고 해서 내가 돈을 빌려드렸어요. 사소한 일이라고 생각해서 아내에게 굳이 말하지는 않았지요. 그런데 아내가 어쩌다가 그 사실을 알고는 엄청나게 화를 내는 거예요. 며칠간 울기만 하더니 일주일은 제 전화를 받지도 않더군요. 나는 어머니에게 돈을 빌려드렸을 뿐인데! 그제서야 이 돈이 아내에게 얼마나 중요한지 깨달았고, 내가 관리하는 돈이지만 함부로 손대서는 안 된다는 것도 알게 됐죠. 나는 그게 내가 돌보고 관리하는 '우리' 돈이라고 생각했는데 말이에요.

이 사건 이후, 김호 씨는 자신이 돈을 지키며 관리하고 그 가치를 증식시키고 있음에도 정작 돈을 사용할 권리는 없는 것만 같아서 심한 무력감을 느꼈다.

나는 돈을 두고 이기적으로 군 적이 없어요. 아내 생각을 하며 이곳 연변에서 많은 일을 처리했고 오직 아내가 돌아오기만 기다렸죠. 기다리는 게 어디 쉬운 일인가요? 아내의 부재를 메우려고 어머니이자 아버지이자 선생님으로서 여러 역할을 도맡아야 했어요. 지난 20년간 기다리느라 내가 다 없어져버렸어요. 외로움이 내 모든 병의 근원입니다. 가끔은 스스로 이렇게 말해요. 나는 이것보다는 더 나은 대우를 받아야 한다고.

지난 시간 돈과 재산을 관리했지만, 아내는 그의 노력을 충분히 인정하지 않는 듯했다. 때로는 속았다는 기분도 느꼈는데, 아내가 자신의 노력에 결코 만족하는 법이 없었기 때문이다. 김호 씨에게 기다림은 목이 졸리는 듯한 느낌이었다. 그는 기다림이 종종 인정받지 못하는 노동의 한 형태임을 깨달았다. 그는 자신이 아내의 노동에 대한 대가를 치렀다고 믿었지만, 그의 아내는 그렇지 않다고 생각했다. 아내의 관점에서 보면 그 '거래'는 결코 공정하지 않았고, 따라서 이 부부는 여전히 서로에게 빚을 갚지 못한 채 지내고 있는 셈이다.

보토리 김호 씨는 자신의 기다림이 경제적인 측면에서도 인정을 받아야 한다고 여러 차례 강조했다. 한국에서 보내진 송금으로 재산을 증식하려면 그만큼 다각적인 노력이 필요했기 때문이다. 하지만 김호 씨는 기다림이라는 노동을 인정받지 못했고, 점점 남성성을 잃으며 아내로부터 업신여김을 받는다고 느끼기 시작했다. 김호 씨는 돈을 버는 쪽이 아니라 쓰는 일을 도맡고 있었지만, 매번 아내의 허가와 통제를 받아야 했다. 이들 부부가 함께할 미래에 대한 약속은 언제든 깨질 수 있는 것이었다. 이런 불확실성 속에서, 그는 재산을 보존하고 증식하면서 자신의 사랑과 책임을 증명하고자 애썼다. 김호 씨는 '아내가 돈이 있는 곳으로 돌아올 것'이라는 믿음을 놓지 않으려 했다. 그와 동시에, 아내의 사랑이 식는 순간 송금의 흐름도 언제든 멈출 수 있다고 믿었다. 송금은 이렇듯 국제 이주와 그로 인한 장기 별거를 통해 부부 관계를 연결하기도 하고 파괴하기도 하였다.

결론

이번 장에서는 코리안 드림을 지속시켜온 또 다른 추동력인 기다림의 시간성과 실천을 살펴보았다. 연변에서는 송금과 가족의 귀환을 향한 기다림이 만연하다. 이때 송금은 선물이자 재화 구입이 가능한 돈으로, 미래를 위해 부부의 현재적 동거를 지연시키는 근거가 되기도 한다. 또한 송금은 연변 출신 조선족 부부들 사이의 젠더화된 역할과 역학관계를 근본적으로 위협하는 변혁적 힘을 지닌다.[18] 4장에서는 한국바람이 만들어낸 불확실성과 불안감을 분석하면서, '아직 오지 않은 미래'에 대한 기대가 어떻게 공동의 미래를 만들어가는지를 보여주고자 했다.[19]

기다림은 노동이다. 연변에 남아 있는 조선족은 한국에서 직접 일해서 '한국 돈'을 벌지는 않지만, 기다림을 지속하며 관계의 끈을 유지한다. 기다림이 노동인 이유는 이 행위가 두 당사자로 하여금 이주가 만들어내는 거대한 순환을 지속하는 데 기여하기 때문이다. 그러나 이 기다림이라는 노동은 그 가치를 언제나 인정받는 것도 아니며, 임금 노동처럼 직접적인 금전적 보상이 따르는 것도 아니다. 기다림은 부부가 함께 추진하는 하나의 프로젝트로, 경쟁이 점차 심화되는 중국에서 살아남기 위한 일종의 '미래 만들기 전략'이다. 여기서 나는 '미래'가 순차적인 시간성이나 추상적인 심리 상태가 아니라, 기다리는 배우자들이 불확실성과 절망을 극복하고자 만들어내는 여러 가능성의 집합체라는 점을 강조하고자 한다. 두 당사자, 즉 송금인과 수취인은 경제적 가치를 교환하고 공유할 뿐만 아니라, 사랑이라는 이름으로 가족의 미래에 대한 특별한 책임 또한 나누어 갖는다. 이렇듯 부부 당사자가 기다림이라는 노동을 통해 공동의 미래를 열망할지라도, 그 연결성은 언제든 파괴될 수 있다. 이러한 불안정성은 개인의 차원을 넘어서기도 한다.

많은 조선족 이주자들은 "한국에서 아무리 돈을 벌어봤자 여전히 빈손"이라고 한탄한다. 그들이 20년 전 떠났던 중국은 이미 훨씬 더 살기 비싼 곳으로 변했고, 연변의 높아진 소비 수준을 감당하기 위해 또다시 한국으로 돌아가는 이들도 많다. 기다림이라는 노동은 단지 비자 규제가 가하는 압력뿐 아니라, 중국에서 새롭게 형성된 기대치를 유지해야 한다는 의무감 속에서도 계속된다. "돈을 버는 것보다 관리하는 게 더 중요하다"는 김호 씨의 비법을 돌이켜보면서, 나는 기다림이 돈과 사랑, 기다림과 노동 사이에 존재하는 불안정한 상호 의존성에 그 본질을 두고 있다고 본다. 연변 속설로 "돈이 가는 곳에 사랑이 있다"는 말이 있듯, 기다림은 이주의 순환을 추동하는 무임금 감정 노동이다. 이어지는 3부에서는 새롭게 대두하는 꿈들과 더불어 코리안 드림에 대한 새로운 해석, 즉 새로운 꿈에 대해 살펴보고자 한다.

3부
—
새로운 꿈

5장

떠남과 머묾

한국바람이 지닌 힘은 연변의 수도 연길에서 특히 뚜렷하게 나타난다. 연길에서는 고층 건물 신축을 앞두고 낡은 건물이 철거되는 소음에 더해, 신장 개업을 축하하는 불꽃놀이 소리가 자주 울려 퍼진다. 시내 중심가는 손님을 끌기 위한 상인들의 쩌렁쩌렁한 목소리와 가격을 흥정하는 고객들, 스피커 여기저기에서 흘러나오는 한국 가요로 늘 시끌벅적하다. 식당, 마사지 업소, 사우나, 노래방 같은 상업 시설은 주말이 되면 사람들로 더욱 넘쳐난다. 고급 업소의 경우 긴 대기 줄이 생기기도 한다. 택시 기사들은 밤늦게 귀가하는 손님을 태우기 위해 줄을 지어 기다린다. 이 작은 도시는 24시간 내내 먹고, 마시고, 노래하고, 춤추고, 마사지를 받으며 돈을 쓰는 환경이 제대로 갖추어져 있다. 연길에서는 최근 성행 중인 새로운 소비 산업에 종사하고 급속한 도시화에 따른 혜택을 누리기 위해, 연변의 농촌은 물론 중국 각지로부터 한족과 조선족이 끊임없이 몰려들고 있다. 현지인들 사이에는 '한국 돈이 없었다면 이처럼 왕성한 소비와 도시화는 불가능했으리라'는 믿음이 강하게 존재한다.

물론 '이주로 인한 발전'으로 연변에 활기가 도는 것은 분명하지만, 송금 위주로 돌아가는 경제는 지속적인 안정을 유지하거나 예측하기가 쉽지 않다.[1] 연변 세관이 발표한 비공식 통계에 따르면, 2008년까지 한국에서 연변으로 들어간 송금액은 연간 약 10억 달러(미화 기준)에 달했다. 그러나 같은 해 발생한 글로벌 금융 위기로 원화, 즉 한국 화폐가 급격히 평가 절하되면서 그 액수는 연간 약 7억 달러 수준까지 줄었다. 이후 원화 가치가 회복세를 보이자, 조선족들은 원화를 서둘러 중국 위안화로 환전했다.[2] 이렇듯 송금액은 글로벌 경제의 상황에 따라 변동성과 불안정성을 크게 드러내며, 연변 경제는 이 불안정한 돈의 흐름과 환율 변동에 매우 민감하게 반응한다.

내가 연변에서 한족 택시 기사와 나눈 대화는 송금 주도형 발전이 지닌 구조적 불안정성을 잘 드러낸다. 흑룡강성 시골에서 연변으로 이주한 이 택시 기사는 조선족의 한국바람 덕

5.1 중국 연변 연길 도심지 모습(2009). 저자 촬영.

에 연변 지역의 소비 수준이 높아졌다고 목소리를 높였다.

> 손님은 대부분 조선족이에요. 조선족은 돈을 물 쓰듯 합니다. 한국 경기가 좋을 때는 조선족도 돈벌이가 좋고 쓰기도 더 많이 쓰니까 저도 사업이 잘 되죠. 조선족은 돈이 떨어지면 다시 한국 가서 벌어오면 그만이라고 생각해요. 저도 조선족이 그렇게 돈을 잘 쓴다고 들어서 연변에 와서 택시 일을 하게 된 거예요. 우리 한족은 한국 가기가 힘들거든요. 조선족처럼 돈을 써댈 수는 없어요.

이 발언은 연변에서 광범위하게 유통되는 민족별 이미지를 단적으로 보여준다. 그와 동시에, 조선족과 한족 간의 '한국바람' 및 '한국 돈'을 둘러싼 상호 의존성과 이동의 차이를 보여주기도 한다. 연길의 밤 문화는 일반적으로 저녁 식사 후 노래방에서 흥을 돋우고 마사지 업소에 들렀다가 양꼬치 집에서 술을 마시는 식으로 이어지는데, 이러한 왕성한 소비의 배경에는 한국바람으로 가능해진 소득 수준의 향상이 자리한다. 조선족 이주자들은 농촌과 도시, 소도시와 대도시, 나아가 중국과 한국을 넘나들며 복잡한 이주 서사를 펼치면서, 송금 주도형 발전에 기여하고 있다.

이번 장에서는 세 가지 지점에 주목한다. 첫째, 조선족이 한국바람에 대응하여 연길이라는 공간을 재정의하려는 방식에 대해 살펴본다. 연변의 수도인 연길은 소수민족 집거지이자 조선족의 민족적 중심지로 여겨지며(1장 참조), 조선족이 '외부' 세계와 만나면서 여러 복합적인 감정을 불러일으키는 장소이다.[3] 따라서 다양한 층위로 발생하는 이주의 궤적과 그에 따른 공간적 재구성 과정을 살펴보면서, 조선족이 연변과 연길이라는 공간을 새롭게 이해하고 의미화하는 방식을 분석한다. 둘째, 연변에서 급증하는 국제 이주가 한족과 조선족 간의 국내 이주와 어떤 방식으로 얽혀 있는지 논한다. 특히 조선족들 사이에 두드러지는 '떠남과 머묾'이라는 양가감정에 초점을 맞춘다. 마지막으로는 한국바람이 일으킨 파급 효과를 살펴본다. 특히 조선족과 한족 사이에 형성된 "분화되고 다양화된 이동성"(Massey 1993, 61)에 주목하는데, 이는 다양한 집단과 개인이 불균등하고 불평등한 위치에서 형성되고 촉진되는 이동성을 의미한다(Chu 2009, 10).[4] 조선족과 한족은 저마다 어떻게 한국바람을 받아들이고, 그에 적응해왔을까? 송금 중심 발전이라는 맥락에서 이처럼 상이한 두 민족 집단은 어떤 방식으로 협력하고 때로는 갈등해왔을까? 이어지는 내용은 한국바람이 민족별로 특정한 이동성을 일으켜왔으며, 글로벌 경제가 급변하고 연변이 송금 주도의 경제 발전을 이루며 조선족과 한족이 깊은 상호 의존성을 형성하게 되었음을 보여준다.

조선족 민족 중심지

연변에서 조선족 사업가의 소개로 한족 사업가인 왕 사장을 만났다. 왕 사장은 연변 지역의 인구 구성 변화에 대한 중요한 통찰을 공유해주었다. 당시 40대 중반이던 그는 더 나은 돈벌이 기회를 찾아 중국 북부 흑룡강성에서 연길로 15년

전에 이주했다. 연길은 변방에 위치하고 규모가 작으며 조선족 특색이 짙은 곳이지만, 왕 사장은 한국으로부터의 송금이 지닌 경제적 잠재력에 매력을 느껴 이곳에 왔다고 했다. 그날 점심 자리에 함께한 그의 친구들 또한 연변에 대한 '소문'을 듣고 비슷한 시기에 함께 이주해온 이들이었다. 이런저런 일을 하던 왕 사장은 인테리어업에서 꽤 성공을 거두고 있었는데, 이는 현대식 아파트 건설이 증가하면서 연길에서 호황을 누리게 된 업종이다. 스스로를 성공한 사람이라고 여기는 왕 사장은 조선족 중심지인 연길에 나름대로 잘 자리를 잡은 모습이었다. 그는 연길의 시장 상황에 대한 탁월한 분석뿐 아니라, 조선족 문화에 대한 해박한 지식도 드러냈다. 점심을 먹으며 왕 사장은 연변 지역의 '3대 산업'에 대해 통찰 섞인 농담을 던졌다. 즉, 연변에서의 '중공업'은 연기가 나는 불고기 식당이고, '경공업'은 서비스 및 여가 산업인 노래방이며, '수공업'은 수작업을 요하는 마사지 업소라는 것이었다. 농담을 들은 이들 모두 웃으며 암묵적으로 동의했다. 물론 이는 연길에서 핵심 산업이 된 쾌락 위주의 소비 산업에 대한 날카로운 이해를 담고 있었다. 왕 사장이 언급한 주요 업종인 불고기 식당, 노래방, 마사지 업소는 도시의 네온사인을 밤낮으로 밝히며 도시 경제를 견인하는 주요 엔진이다.

그와 동시에 이 농담은, 변방 지역인 연길에는 전도 유망한 산업이나 벌이가 좋은 일자리가 부족하다는 은근한 무시를 담고 있었다. 연변, 특히 그 수도인 연길이 생산 활동을 위한 노동의 공간이 아니라 즉각적인 만족을 위해 돈을 흥청망

청 쓰기만 하는 공간이라고 인식하는 것이다. 그리고 무엇보다도 조선족이 '한국 돈'에 의존하게 된 상황에 대한 우려가 담겨 있다. 다시 말해, 한국 돈은 두 가지 함의를 지닌다. 우선 한국 돈을 벌기 위해 조선족은 한국으로 떠나기를 꿈꾸면서 중국에서는 열심히 일하지 않고 게으르게 지내며 돈을 낭비한다는 비판을 포함한다. 다른 한편으로 한국 돈은 연변에 거주하는 수많은 사람들과 이 변경 지역의 더 높은 경제 수준과 소득을 보장하기 때문에 연변 경제의 '심장'으로도 이해된다.

조선족과 한족은 서로 다른 이주의 가능성을 가지게 되었고, 그 결과 소비 패턴과 미래를 계획하는 방식에서도 민족에 따라 차이를 보이게 되었다. 이러한 차이는 곧 민족의 '특성'을 강조하는 담론들로 이어졌다. 레이 초우가 언급하듯, '민족 특성'은 "타자와의 피상적 접촉"에서 비롯되며(Chow 2002), 민족 집단에 대한 고정관념으로 고착되어 결국 복잡한 민족 역학과 주체성을 이해하는 데 방해가 될 수 있다.[5] 예컨대 왕 사장과 그의 친구들이 점심을 먹으며 나눈 농담에는 "조선족은 순간적인 즐거움에 돈을 쓰는 소비자인 반면, 한족은 그런 조선족이 쓰는 돈을 벌어들이는 사업가"라거나 "조선족은 내일에 대한 고민 없이 돈을 쓰지만, 한족은 오늘을 희생하더라도 내일을 위해 저축하는 이들"이라는 식의 민족별 특성이 반복적으로 회자되고 있다. 이처럼 민족별 고정관념은 한족뿐 아니라 조선족 내부에서도 자주 언급되었으며, 이는 조선족과 한족 사이에 생겨난 민족적 경계를 고착시키며 일종의 "민족적 대조"(Sollors 1995)를 형성했다. 호미

5.2 네온사인 불빛으로 24시간 잠들지 않는 도시 연길(2009). 저자 촬영.

바바는 식민지 맥락에서 민족적 위계와 대조를 설명했지만(Bhabha 1994, 112), 나는 민족별 특성을 만들고 유통하는 목적이 단순히 민족적 위계를 유지하고 각 집단을 "민속적 타자"로 규정하려는 의도만은 아니라고 생각한다. 그보다는 각 민족 집단은 "다양화된 이동성"(Massey 1993, 61)을 지니고 있으며, 국제 이주에 상이하게 참여하면서 미래를 향해 각기 다른 저마다의 경로와 전략을 만들어내고 있다.

연변에서 현지조사를 진행하면서, 민족별로 뚜렷이 구분되는 이동성의 패턴을 확인할 수 있었다. 조선족은 대부분 연변과 한국을 오가며 국제 이주의 양상을 보이는 데 반해, 한족은 연변 외 다른 지역에서 이주해 오거나, 연변 내 여러 지역을 오가는 국내 이주 양상을 보이는 경우가 많았다. 즉, 한족 역시 이동하고 있으나 조선족과는 다른 이동성을 보인다. 앞서 언급한 점심 자리의 발언과 같은 민족 고정관념은 '한국바람'과 '한국 돈'에 의해 민족별로 생겨난 다양화된 이동성을 반영한다. '한국바람'과 '한국 돈'은 민족적 경계를 만들거나 강화했다기보다는 오히려 "역동적 이주"(Papastergiadis 2000), 즉 언뜻 혼란스러워 보일지 몰라도 실제로는 나름의 질서를 가지고 다양한 힘이 상호 연결되고 상호 의존하면서 한족과 조선족의 삶 모두에 큰 영향을 미치고 있다. '조선족 고객'과 '한족 노동자'라는 식의 구분이 존재하더라도 두 집단 모두 한국바람의 영향을 받고 있으며, 이에 따라 민족적 특성과 광범위한 경제적·문화적 힘이 함께 어우러져 특수한 두 민족이 상호 의존하는 송금 경관을 구성한다.[6]

앞선 장에서는 조선족이 언어적·문화적 유사성을 기반으로 한국 노동시장에 적합한 민족–노동자 집단으로 자리매김하게 된 과정을 '한국바람'의 양상을 중심으로 살펴보았다. 그러나 한족 이주노동자들은 조선족처럼 국제 이동성을 활용할 수 없으며, 불법 알선업자를 통해 한국에 입국하려 해도 실패할 가능성이 매우 높다. 어느 한족 노동자는 "우리는 한족이니까 한국에서 환영받지 못하고, 조선족보다 비자를 받기도 훨씬 더 어렵다"고 토로했다. 이렇듯 한족은 한국으로의 이주 기회를 상대적으로 덜 갖고 있음에도, 그들 또한 한국바람이 불러일으킨 극적인 사회 변화로부터 자유롭지 않다.[7] 연변의 한족들 가운데 한국에 가서 일하지 않은 이들도 자기 사업을 하면서 새로운 가능성을 좇는 등 나름의 미래 비전을 갖고 한국 돈의 유입에 다양한 방식으로 대응하고 있었다.

스케일 점핑

한국 돈 덕분에 조선족 이주노동자와 그 가족들은 대도시나 심지어 해외로 이주했다가도 시골에 남겨둔 옛집으로 돌아와 말년을 보내기도 한다. 이들이 언제나 '더 나은' 혹은 '더 큰' 도시로만 향하는 것은 아니기에, 이주 경로 역시 반드시 단선적이거나 일관된 것은 아니다. 대도시, 중소도시, 소도시, 농촌, 마을 등 지리적 스케일과 정치적·경제적·문화적 배경은 이주의 경로를 결정하는 데 중요한 요인이다. 연변에 영향을 미치는 복합적이고 다중적인 이주는 우리가 당연시해온 이주 경로를 재고하게 한다. 닐 스미스Neil Smith는 '스케일'을 사회적 구성물이자 "물질적 인공물"로 간주하며, 이는 집합적 사회 행위를 가능하게 하는 지리적 구분 방식으로서 사회적 상호 작용의 흐름에서 형성되거나 고정되는 것으로 바라본다. 또한 스케일은 모순된 사회적 힘들이 공간적으로 재조정되는 방식이기도 하다(N. Smith 2003, 228). 농촌, 도시, 지역, 글로벌 등으로 표현되는 다양한 "지리적" 스케일은 유동성과 고정성을 동시에 드러낸다(Jonas 1994). 국경, 세금, 혹은 장소 귀속성과 같은 사안에서 스케일은 고정되어 있고, 정치적으로 민감한 특성을 보이기도 한다. 반면 경쟁과 협력이라는 상반된 힘들이 갈등하는 가운데 재구성될 가능성이 있다는 점에서, 스케일은 유동성을 띠기도 한다(N. Smith 1984). 사회적 논쟁과 상호 작용을 거치며 기존에 유지되던 스케일이 무너지고, 불균등한 지리적 재조정이 이루어지는 과정을 닐 스미스는 "스케일 점핑"이라 부른다(N. Smith 2003, 229). 이는 재현의 정치와 연결되며, 국내 여러 집단이 스케일을 두고 경쟁적으로 정치적 투쟁을 벌이며 재편되기도 한다(Jones 1998, 27). 이러한 맥락에서 이주자들은 "스케일 형성자"로 등장하여, 이동성의 흐름에 맞춰 사회를 재조정하고 스케일 재편에 관여한다(Çağlar and Schiller 2011, 12).[8]

'스케일'과 '스케일 점핑'이라는 개념은 중국 내 이주를 이해하는 데 특히 유용하다. 중국 내 이주는 고정된 스케일이 탈영토화와 재영토화를 거치는 과정에서 도전받으며 가속화되는 현상이기 때문이다(Appadurai 1996). 1949년 공산주의 국가 수립을 기점으로, 중국은 위치(호구제), 수량(한 자녀 정책), 내실(건강, 교육, 복지 강조)이라는 세 가지 측면에서 인구 통제를 구체화해왔다(Greenhalgh and Winckler 2005). 인구는 정치적으로 민감하게 관리되어 왔으며, 이는 새로운 사회 질서와 주체성을 형성하는 데 중요한 역할을 해왔다. 오늘날 중국 내 도시 이주가 급증하는 상황을 고려할 때, 인구 통제 시스템인 호구제는 여전히 이주를 제한하는 수단으로 작용한다.

호구제는 도농 간 자유로운 이동을 제한하고 사회적 혜택을 차등화함으로써 도시민과 농민을 구분해왔다. 1958년 처음 도입될 당시에는 사람들의 위치와 사회적 활동의 성과를 표시하는 의도였지만(Xikui 1998), 결과적으로 도시민과 농민 사이에 고정불변한 사회경제적 격차를 낳았고 신분과 계급 차이를 더욱 견고하게 만들었다(Dutton 1998). 이렇게 인구 이동이 엄격히 통제되는 상황에서, 등록된 거주지를 떠나 미등록 상태로 도시에 거주하는 농민 출신 이주자들은 "유동하는 인구"라 불리며(Zhang 2001; Mackenzie 2002; Solinger 1999), "외지인", "2등 시민", "잉여 존재"로 대우받았다(Dutton 1998, 62~69). 유목민과 달리 장소로부터 이탈한 그룹이자 사회적 위협과 사회 변화를 야기하는 이들, 즉 '본거지를 떠나온, 혹은 떠나야만 했던 사람들'은 생산적인 작업에 종사하지 않고 사회로부터 소속되지 않은 자들이다(Baoliang 1998, 63). 이러한 '떠돌이'들은 쓰임이 다하면 언제라도 추방이 가능한 정처 없이 떠도는 자들로 그려진다. 또한 지저분하고 가난하고 미개한 존재로 낙인 찍힌 내적 타자로서 "토박이" 도시민과 뚜렷이 구분된다(Chu 2009; Zhang 2001).

이들은 호구제의 "배제적 포용"(Agamben 1998, 7)과 "강제적 유연성"(M. Cho 2009) 속에서 더욱 취약한 위치에 놓이게 된다. 징식 호구세 등독 없이 이촌향도를 감행한 농민들은 도시민으로부터 차별을 받고 국가 보호와 시장 활동으로부터도 배제된다.[9] 그러면서도 미디어와 사회담론은 이들을 '국가의 구제가 절실한' 극빈층으로 규정하면서, 도시의 일부가 될 권리를 인정해주기도 한다.[10] 이와 같은 "배제적 포용" 또는 "포용적 배제" 체제 아래에서 이주자들은 교양과 질서 의식을 갖춘, 생산적이며 책임 있는 새로운 도시 주체로 거듭날 것을 요구받는다(Anagnost 2004; Chu 2009; Kipnis 2006; Zhang 2001; Ngai 2005; H. Yan 2008 참조).[11] 이 체제는 빈부 격차나 도농 격차를 개인의 '수준'에 달려 있다고 보면서, 자기 변혁을 통해 이상적인 중산층 소비자이자 시민의 지위에 오를 수 있다고 주장한다(Anagnost 2004). 도시 생활에 적응해 나가는 농민 출신 이주자들은 그렇게 도시의 '타자'로 형성되어 갔다.

연길을 오가는 수많은 이주자들을 만나며, 나는 도시와 농촌 같은 출신지가 그들이 일자리 선택과 삶의 경로를 결정하는 데 얼마나 큰 역할을 미치는지 목격할 수 있었다. 호구제와 국제 이주가 교차하는 지점에서는 다양한 스케일 점핑이 일어났다. 현실에서 스케일 표시는 도시/농촌, 국내/국제, 조선족 지역/한족 지역처럼 단순히 등록에 따른 지역별 구별 짓기보다 유동적이고 유연하게 형성되어 있다. 한족이든 조선족이든 이주자라면 누구나 여러 스케일 사이를 넘나들고 있었고, 국제 이주를 통해 얻게 된 급격한 소득 증가는 농민을 도시민으로, 소도시민을 대도시민으로, 연변 주민을 베이징 거주민으로 변화시켰다.[12] 나는 농민 호구 신분증을 소지한 채 농사와는 거리가 먼 삶을 영위하는 조선족 농민 출신인, 연변의 도시 거주자이자 국제 이주자를 여럿 만났다. 그들은 아마도 연변의 어느 시골에 주택과 농지를 소유하면서 동시에 연길에도 신식 아파트 한두 채를 보유하고, 한국 어딘가에도 집 한 채를 마련해 두었을 수 있다. 경제적으로 더 여유가 있는 일부 조선족은 부동산 가치가 오르는 베이징, 상하이, 칭다오 같은 중국 내 주요 도시에 아파트를 구입해 임대를 놓고 부수입을 올린다. 이러한 조선족 국제 이주자들은 본래의 호구제 등록상 지위가 무색할 정도로 여러 공간을 옮겨 다니는 경우가 많다. 이 경우 등록상 지위에 해당하는 출신지 표시는 이들이 실제로 누구인지, 사는 곳은 어디인지, 하는 일은 무엇인지를 완전히 포착해내지 못한다. 즉, 이동성에 대한 새로운 국면이 도래한 것인데, 어느 퇴직한 공산당원은 이와 관련해 다음과 같이 말했다. "이제 우리 조선족은 마치 자기 집처럼 한국에 가니까, 거기 간다 하면 겁을 내던 몇십 년 전하고는 많이 달라졌지요." 이는 한국바람이 불면서 개혁개방 이전에는 상상도 못 했던 일이 가능해졌음을 의미한다. 예컨대 한국에서 국제 이주노동을 한 결과, 이제는 농촌에서 도시로 거처를 옮겨 도시 호구 없이도 아파트를 보유하는 농민들이 생겨났다. 이들은 여러 층위의 지리적 공간을 넘나들며 다양한 라이프 스타일을 구사해왔다. 농촌 호구를 가진 채로 대도시적·초국적 삶을 실현하는 이주노동자로 변모한 것이다.

이어지는 내용은 포스트 냉전, 포스트 사회주의 국면에서 다중 세계에 속한 이주자들의 교차적 이동 패턴과 스케일 점핑에 관한 이야기이다. 특히 언길 주변부에 살면서 자기 공간을 스스로 일구고, 떠남과 머묾 사이에서 종종 망설이는 이들의 이야기에 초점을 맞춤으로써 연변에서 공유되는 이주에 대한 사회적 감각을 분석해보고자 한다.[13]

농민 사업가

연변에서 머물렀던 2009년 한 해 동안, 나는 당시 40대 후반이던 란 사장의 원룸에 세 들어 살았다. 란 사장은 용정(룽징), 도문(투먼) 등과 함께 '순수' 조선족 지역으로 여겨지는 화룡시(허룽시) 출신으로, 그곳은 조선족 밀집 지역이자 벼농사 곡창지대로도 명성이 높다. 우리가 처음 만났을 당시, 란 사장은 화룡에서 벼농사를 짓는 동시에 연길에서 만화방을 운영하고 있었다. 만화방은 조선족 중학교 정문 앞에 자리 잡고 있어, 손님 대부분은 조선족 중고생이었다. 매월 1일이면 나는 집세를 내기 위해 만화방에 들렀고, 그때마다 란 사장의 사연을 반복적으로 들으면서 '농민은 교양 없고 교육 수준이 낮으며 시야가 좁다'는 고정관념이 그에게는 어울리지 않는다고 느끼게 되었다. 그는 금전 감각이 뛰어났을 뿐 아니라 성공한 사업가이자 도시 생활자로 거듭나겠다는 일념으로 어떤 고생도 마다하지 않는 적극적인 사람이었다.

20년 전, 란 사장은 화룡에서 같은 지역 출신 농민과 결혼했다. 부부는 이윤을 남기는 재주가 남달라서, 벼농사 외에도 쌀가게를 운영하며 농민과 도매업자를 중개하고 수수료를 받아 수익을 올렸다. 이 부부는 지역 농민들보다 한발 앞서 '부를 쌓기' 시작했다. 그 덕에, 1990년대 말 한국바람이 온 마을을 휩쓸 때도 이들은 농사를 기반으로 경제적으로 굳건히 자리를 지킬 수 있었다. 그러나 남편이 교통사고로 갑작스레 사망하는 비극을 겪으면서, 란 사장은 30대 중반의 나이에 아들과 딸을 홀로 키우게 되었다. 혼자 힘으로 농사를 짓고 가게까지 운영하기에는 벅찼고, 성별에 따라 분업이 이루어지는 농사 특성상 모든 일을 혼자 감당하기는 역부족이었다. 란 사장은 다음과 같이 회상했다. "아이들을 챙겨야 하잖아요. 계속해서 정신을 놓고 있을 수는 없겠더라고요. 심신을 추스르고 농사와 쌀가게를 다시 궤도에 올려놓아야만 했어요. 살아야 하니까, 지역에서 괜찮은 사람을 찾아 재혼하기로 했어요. 동네 사람들이 뒷말을 할 테지만, 나는 늦에서 벗어날 길을 찾아야 했죠."

 재혼 후 란 사장은 연길과 화룡 농촌에 각각 집을 두고 두 집 살림을 시작했다. 딸은 연변에서 가장 명문으로 꼽히는 연변제1고등학교에 진학시켰고, 새 남편과 함께 농사일도 계속하기를 원했다. 도시와 농촌에서 동시에 생활하기 위해서는 '좀 더 영리하게 돈을 굴릴' 필요가 있었다. 그래서 부동산에 투자하여 새 아파트를 구입하는 식으로 돈을 운용했다. 연변에서는 한국에서 큰돈을 벌지 않은 농민이 시내에 새 아파트를 장만하는 일이 드물었다. 그러나 란 사장은 아파트 두 채를 더 구입한 뒤 세를 놓았다(내가 살던 원룸도 그중 하나였다). 그러면서 나에게 종종 이렇게 주의를 주곤 했다. "우리 시골에 가서 남편을 만나게 되면, 그 아파트 이야기는 하지 마세요. 그 사람은 여기 일에 대해서는 아예 모르니까요." 아파트 두 채와 임대 수입은 전적으로 란 사장 소유인 듯했다. 란 사장은 새 남편에게서 아무런 도움도 받지 않은 채 자녀 양육을 책임지고 있었다.

 그의 수입원은 다양했다. 아파트 임대 수익은 만화방 운영에 들어가는 임대료를 내는 데 도움이 되었고, 만화방에서 번 돈으로는 빠듯하게나마 아이들과 도시에서 생활할 수 있었다. 그와 동시에 새 남편은 농촌 지역에 남겨둔 란 사장의 땅과 쌀가게를 관리했다. 하는 일이 여러 개이다 보니 란 사장은 늘 바쁘게 지냈다. 농민, 집주인, 만화방 주인으로서 농촌과 도시를 오갔다. 농번기인 6월부터 8월까지는 남편을 돕기 위해 농촌에 머물렀다. 그러나 아들도 번듯한 고등학교와 좋은 대학에 진학하기를 바라는 마음에, 농번기를 제외한 나머지 시간에는 연길에서 만화방을 운영하며 자녀의 학업을 뒷바라지했다.

그러나 도시 생활은 만만치 않았다. 고향 마을에서는 식비가 들지 않았는데, 농장에서 나오는 채소와 키우는 가축만으로도 가족이 먹고사는 데에는 충분했기 때문이다. 또한 농촌의 집과 땅은 모두 란 사장 본인 소유(정부로부터 30년 임대 후 10년 임대 갱신 가능)여서, 임대료를 낼 필요도 없었다. 그러나 도시에서는 농민에 대한 소득 혜택이 없으니 식비, 임대료 등을 전부 자비로 충당해야 했다. 무엇보다 자녀 교육비에 대한 부담이 커지고 있었다. 더불어 치솟는 도시 생활 물가로 경제적 부담에 흔들리던 란 사장은 이따금 이런 말을 했다. "막내만 대학에 보내면 한국에 돈 벌러 가고 싶어요. 여기서 이렇게 온갖 일을 하며 버틸 바에야, 한국에 가면 더 빨리 형편이 나아질 것 같아요. 그래도 그때까지는 여기에 있으면서 애들을 챙겨야죠."

가난한 농민이든 비교적 잘사는 도시민이든, 연변에서는 그 누구도 한국바람을 피하기 어려웠다. 농민이지만 사업 감각이 남달랐던 란 사장 역시, 한국행을 택한 이들의 성공과 실패를 모두 지켜보며 자신의 한국행을 망설였다. 한국에 가면 자녀를 돌볼 사람이 없어 걱정이기도 했지만, 도시 생활비가 너무 많이 든다고 느낄 때마다 그는 늘 한국행의 가능성을 다시 생각해보곤 했다. 란 사장이 들려준 이야기는 도시 생활과 농촌 생활, 국제 이주와 국내 이주 사이의 경계가 결코 고

5.3 국경 인근 연변 벼농사 지역(2009). 저자 촬영.

5.4 국경 인근 연변 소도시의 밭(2009). 저자 촬영.

정적이지 않다는 사실을 보여준다. 그는 농촌과 도시를 오가며 살아갔고, 이러한 이동의 유동성은 흐름과 방향과 목적성을 가지고 있다.

란 사장은 자신의 잠재적 이주 범위를 '한국어를 사용하는 지역', 즉 연길 또는 한국으로 제한해둔 상태였다. 중국 내 다른 도시, 즉 '한족의 세계'로 간다는 선택지는 고려하지 않았다. 그가 자란 화룡의 고향 마을은 한족 가구가 거의 없는 '순수' 조선족 지역이어서, 한족과 교류하거나 중국어 실력을 쌓을 기회가 없었다. 연길에 와서는 간단한 일을 보거나 사업을 하면서 한족을 자주 마주하게 되었고, 이는 종종 불편함으로 이어졌다. 중국어를 써야 할 일이 생기면 자유자재로 읽고 쓰고 말하는 딸을 데려가곤 했다. 부동산 투자에 성공했음에도 란 사장은 자신이 중국어 문맹이나 다름없다고 생각하며 "애들만 다 키우면 중국어를 안 해도 되는 시골로 돌아갈 것"이라는 말을 자주 했다. 언어적 한계는 그의 이주 범위를 제한했다. 그러나 연길에서는 자녀가 양질의 조선족 교육을 받을 수 있다는 점 때문에, 란 사장은 힘들지만 도시 생활을 유지하고 있었다. 시골에서는 조선족 인구가 감소하고 한족 이주민이 늘어나면서 조선족 학교의 여건이 점차 나빠지고 있었다. 조선족 농민들의 이주에 따라 조선족 학교가 문을 닫는 일이 잦았고, 많은 농민들은 자녀 교육을 위해 도시 이주를 불가피하게 받아들였다.

란 사장이 아무리 재산과 사업을 성공적으로 관리해도 연길에서의 생활은 언제나 빠듯했다. 그는 2009년 당시, 얼마나 빠듯한 예산으로 한 달을 생활하는지 내게 설명한 적이 있다. 월 임대료로 미화 기준 약 200달러(내가 살던 원룸 100달러와 다른 원룸 100달러를 합산한 금액)를 받았고, 만화방에서 버는 돈은 한 달에 200달러 정도였다. 농업 소득은 연 단위로 계산하기에 가늠하기가 어려웠다. 사회복지 연금이나 혜택을 제외할 때, 매달 안정적으로 벌어들이는 돈은 약 400달러로 추산했다. 이는 당시 공무원의 평균 월급(약 450달러)과 비교하면 낮은 수준이었다. 만약 란 사장이 한국에 갔더라면 해당 시기 환율을 기준으로 월 2,000달러 이상을 벌었을지도 모른다. 중국 경제가 급속히 발전했다고는 해도, 연변과 한국 간 소득 격차는 여전히 컸다. 란 사장을 포함해 농촌에서 연길로 이주한 조선족 노동자들은, 한국으로 가는 것만이 농민에 대한 뿌리 깊은 자별을 극복하고 안락한 도시 생활을 유지힐 수 있는 경로라고 여기곤 했다.

이러한 도시로의 이주는 연변 농촌의 민족 구성을 급격하게 바꾸었다. 대다수 조선족 농촌 지역은 심각한 노동력 부족에 시달리고 있는데, 이는 조선족이 경작하던 토지를 남겨둔 채 한국이나 다른 중국의 대도시로 이주했기 때문이다. 해당 토지는 농민 개인 소유가 아니지만 국가로부터 30년간 임대받은 것이어서, 본래의 임차권자가 떠나면 누군가가 재임차해 경작해야만 했다. 이러한 상황에서 한국행 기회가 훨씬 적은 한족 농민들이 조선족 지역으로 이주해 조선족이 '버린' 토지를 경작하기 시작했다. 란 사장의 고향을 포함한 몇몇 조선족 마을은 민족 자율성을 유지하고 민족 간 잠재적 갈등을 피하기 위해 한족의 마을 내 정착을 반대해왔지만, 조선족 농민 수가 줄어드는 가운데 이러한 정책을 장기적으로 유지하기도 어려운 상황이 되었다. 누군가는 토지를 돌봐야 하는 상황에서 한족들은 기꺼이 그 역할을 맡았다. 내가 만난 다른 조선족들과 마찬가지로, 란 사장 역시 한족의 증가가 조선족의 자율성을 약화시키고 민족 갈등을 일으킬 수 있다는 우려를 감추지 않았다. 그는 이렇게 말했다. "조선족 아기 울음소리는 안 들리는데, 한족은 점점 늘어만 가네요. 조선족 땅은 한족 차지가 되고 있어요. 우리는 '우리' 땅을 잃어버릴지도 몰라요."

이러한 염려가 무색하게도 조선족 농민들의 도시 생활에 대한 열망은 계속 커지고 있다. 조선족 농촌 인구의 급감으로, 이들 조선족 마을이 언제까지나 '순수 조선족 지역'으로 남을 수 있을지 장담하기 어렵다. 많은 조선족 농민들은 한국에 갈 수만 있다면, 도시와 농촌 간 문화적·경제적 차이를 메울 수 있다고 믿고 있었다. 한국바람이 가져다준 국제 이주에 대한 열망과 좌절이 교차하는 조선족 중심지 연길에서, 란 사장은 자녀를 남겨둔 채 더 나은 삶을 찾아 한국으로 떠나야 할지 여전히 망설이고 있었다. 이러한 망설임은 월 400달러와 2,000달러라는 명확한 소득 격차에서 비롯된 것이었다.[14] 그 정도의 차이는 자녀의 미래를 위해 희생하고 투자할 만한 금액처럼 여겨졌다. 내가 연변을 떠나던 2009년 말까지도 란 사장의 고민은 끝나지 않고 있었다.

전직 공장 노동자

한국바람은 수도인 연길시뿐 아니라 월경越境(가명)과 같은 국경 인근의 공업 도시에도 거세게 불었다.[15] 2009년 6월의 어느 날, 나는 월경에서 지역 간부들(보직을 맡은 공산당원)과 점심 식사를 함께하게 되었다. 양 선생이라는 간부의 초대로 참석한 자리였는데, 지방 관청 소속 여성 조리사들이 지역 요리와 중국 술을 점심으로 내주었다.[16] 청사 뒤뜰에서 식사를 하는 동안 한 고위 간부는 지역 역사와 현 상황에 대해 설명하면서 나를 반갑게 맞아주었다.

그의 말에 따르면, 월경은 한때 연변에서 승승장구하던 소도시 중 하나로 제지공장 하나만으로도 노동자 1만 명을 고용할 만큼 잘나가는 변경 산업도시였다. 그러나 개혁개방 이후 낡은 기계로 가능한 공장은 경쟁력을 잃었고 급기야 1997년에는 파산 직전까지 내몰렸다. 이때 중국 남부 지방 출신인 어느 한족 사업가가 지방 정부로부터 공장을 저렴한 가격에 사들여서, 새 기계를 도입하고 노동자 7,000명을 해고하면서 공장을 재조직하기 시작했다. 사실 사람들이 '사유화'로 칭하던 이 대규모 해고는 공장 매각에 앞서 이미 계획된 일이었다. 노동자 구성은 조선족과 한족이 반반이었지만, 급격한 사유화 과정에서 조선족 노동자는 대부분 해고를 당하거나 미리 사직한 반면 한족 대다수는 자리를 지켰다. 격변을 예감한 일부 조선족 노동자는 자기 사업체를 열기도 했고 한국행을 준비하기도 했다. 고위 간부는 당시를 회상하며 "공장이 이제 한족들 세상이 되어버렸다"고 깊은 한숨을 내쉬었다.

'하강下崗'이라 불리는 이 대규모 해고 이후, 월경은 공장을 중심으로 번창했던 시절을 뒤로하고 점차 쇠퇴하기 시작했으며, 그 결과 인구가 줄고 식료품점이나 식당 등 현지 사업체도 하나둘씩 문을 닫았다.[17] 전직 공장 노동자 중 상당수는 더 나은 일자리를 찾아 연길로 떠나거나, 단기간에 큰돈을 벌기 위해 한국으로 떠났다. 월경 지역의 조선족은 대부분 국경 근처 소도시 또는 농촌 출신이었기 때문에 그들은 일단 고향을 떠나 살길을 찾아 나서야 했다. 고위 간부는 이렇게 말했다. "우리 정부가 할 수 있는 일이 많지 않았습니다. 여기에는 사람들을 붙잡을 만한 게 없었으니까요." 지방 정부 소속 간부들은 매년 임금이 오르고 더 나은 혜택을 받았기에, 그는 돈을 목적으로 한국에 갈 생각이 전혀 없었다. 반면 농민과 해고당한 공장 노동자는 대부분 월경을 떠나 연길이나 한국에서 일자리를 찾는 것 말고는 선택지가 없다시피 했다.

나는 실업률 상승과 한국 이주 사이의 관계를 더 알아보고자, 월경 제지공장에서 해고된 전직 노동자 몇 명을 만나 보았다. 그중 김매화라는 여성과 가까워지면서 중국 개혁개방에 대한 생생한 통찰을 듣게 되었다. 당시 40대 초반이던 매화 씨는 제지공장에서 15년을 일했으며, 외동딸은 이제 막 중학교에 입학한 참이었다. 매화 씨를 만난 것은 연길에서 열린 조선족 사교 모임에서였다. 매화 씨 집안은 대대로 월경에 살았으며 부모님도 같은 공장에서 일했는데, 사실상 그의 일자리는 어머니에게 물려받은 것이었다.[18] 매화 씨는 고등학교를 졸업하고 안정적인 직장을 얻은 뒤 결혼하여 딸을 낳았지만, 남편은 직장을 자꾸 옮기며 성실하게 일하지 않았다. 매화 씨는 자신이 공장에 출근하는 동안 남편이 가게를 보면 두 가지 일을 병행할 수 있다고 생각해서, 집 앞 길모퉁이에 식료품점을 열기로 했다. 가게를 여는 데는 대출이 필요했지만, 남편에게 안정적인 일이 생기면 가계 소득도 늘 것이라 판단했다. 공장이 결국 부도날 것이라는 소문이 동료들 사이에서 돌기 시작하자, 매화 씨는 식료품점을 열겠다는 결심을 더욱 굳혔다. 사업은 순조롭게 출발했고 처음 몇 달은 순조로웠지만, 곧 남편이 이웃 여성과 바람을 피운다는 사실을 알게 되었다. 결국 이혼으로 이어졌고, 매화 씨는 새 삶을 꾸려 딸에게 더 나은 교육을 시키고자 연길로 떠나기로 했다. 처음 연길로 이사했을 때 상황이 어땠는지 묻자, 매화 씨는 자신의 불행이 기회가 되었다고 당당히 이야기했다.

공장이 문을 닫은 건 진짜 다행이라고 생각해요. 공장이 여전히 운영됐더라면 저는 아직도 월경에 남았을 테니까요. 그러나 다행히 연길로 와서 더 크고 다른 세상을 볼 수가 있게 되었잖아요. 연길에서 지내니 참 좋습니다. 배울 것도 많고 기회도 많아요. 딸아이도 훨씬 좋은 교육을 받죠. 연길에는 더 괜찮은 조선족 학교들이 있고 선생님들도 훌륭하거든요. 개혁개방 때문에 공장이 문을 닫아 저는 큰 혜택을 보게 된 셈이에요.

연길에 온 뒤로 별다른 기술이 없어 안정적인 직장을 구하지 못하던 매화 씨는 당장의 생계를 위해 여러 일을 시도했다. 한국행도 고민해봤지만 어린 딸을 보살피는 일이 더 중요했기 때문에 가지 않기로 했다. 당시 매화 씨 언니는 이미 서울에 가서 식당을 열었는데, 고등학교 1학년이던 언니의 아들을 돌보는 대신 언니 아파트에서 무료로 지낼 수 있었다.

주거비 부담이 없었기에 매화 씨는 두 아이를 돌보며 할 만한 일을 찾기 시작했다. 친구 하나가 당시 연변에서 인기를 끌던 암웨이 사업을 소개했다. 매화 씨는 동시에 생명보험 영업도 병행하며 수수료 수입을 올렸다. 영업사원 일은 업무가 유연해서 매화 씨 사정에 잘 맞았고, 높은 교육 수준을 요구하지 않아 접근이 쉬웠다. 그러나 암웨이 제품과 보험 상품을 판매하는 일은 만만치 않았으며, 고객에게 첫 구매를 하도록 설득하는 것만큼이나 이후 재구매를 유도하는 일도 결코 쉽지 않았다. 매화 씨는 영업 실력을 쌓기 위해 암웨이와 보험사에서 실시하는 강좌에 꾸준히 참여했다. 강좌는 고객을 설득하는 법, 자신감 향상, 자기 관리, 대인 영업에 적합한 태도와 행동 함양 등을 다루고 있었다.

어느 날 매화 씨는 나를 집으로 초대해 강좌 자료를 보여주며, 긍정적인 태도가 얼마나 중요한지 설명했다. 또한 자신이 '계속해서 사업이 성장하고 고객이 늘 것'이라고 진심으로 믿는다면 그 믿음이 실현되리라 생각했다. 매화 씨는 인맥이 곧 자산이라는 생각으로 네트워크 확장에도 힘썼다. 여러 온라인 커뮤니티에 가입하고 수많은 사교 모임에 참석했다. 그러나 연길로 이주한 지 얼마 되지 않아 사업은 바라는 만큼 빠르게 성장하지 않았다. 간신히 생계만 유지하고 있었음에도, 매화 씨는 이런 주장을 이어갔다. "연길에 있어서 행복해요. 많은 것을 배우고 있거든요. 공장에서 일하던 때보다 삶의 질이 훨씬 나아졌어요." 무엇보다도 매화 씨는 딸이 더 좋은 교육을 받을 수 있다는 점을 자랑스러워했다.

매화 씨 이야기는 개혁개방 이후 도시 생활의 모순적 측면을 보여준다. 그는 고향에서의 안정적인 직장을 잃었지만, 이러한 상실과 그로 인한 불안정은 또 다른 기회가 되었다. 작고 쇠락한 국경 인근 소도시를 떠나 연길로 이주하며, 더 넓은 세상으로 나아갈 기회를 제공했다. 매화 씨가 지적했듯이, "공장이 문을 닫아 큰 혜택을 보게 된 셈"이다. 월경에서 '늘 똑같기만 한 삶'을 살던 때와 비교하면, 도시에서는 자유롭고 설렘 가득하며 예측할 수 없는 삶을 사는 기분이 들었다. 그러나 새로운 삶은 안정적인 수입을 보장하지 못했다. 암웨이와 보험 영업에만 매달려서는 미래에 대한 재정 계획을 세울 수가 없었다. 더구나 월경에 있을 때와는 달리 모든 비용(주거비 제외)을 스스로 부담해야 했다. 매화 씨는 한국에 가서 한국인 고용주 밑에서 일하지 않고도 연변에서 성공하기를 간절히 바랐지만, 결국에는 한국행을 고려할 수밖에 없게 되었다. 2009년 내가 연변을 떠날 무렵, 매화 씨는 이 문제를 진지하게 고민하며 말했다. "한국에 가지 않고서 딸아이 대학교 뒷바라지를 할 수 있을지 모르겠어요."

한국에 가지 않더라도, 한국에서 일하는 누군가가 보내주는 한국 돈에 의존하는 삶은 이제 조선족 가정에서 매우 흔한 일이 되었다. 매화 씨의 경우는 언니가 보내주는 한국 돈 덕분에 조카를 돌보면서 도시 생활을 유지할 수 있었다. 이렇게 연길로 유입된 한국 돈으로 소비 수준이 높아졌고 생활비도 급격히 올랐다. 연길은 주민들의 소득 수준에 비해서 상대적으로 살기 비싼 도시로 변했다. 조선족 이주자 중 상당수는 중국과 한국 간 계속되는 이주의 악순환을 끊어냄으로써 국제 이주노동자로서 감내하는 고단한 삶에서 벗어날 수 있기를 바란다. 그러나 연길에서는 한국만큼 벌이가 좋은 일자리를 찾지 못할 거라고 믿는 이들이 대부분이다. 농촌이나 연변 소도시에서 연길로 이주한 이 신흥 도시민들은, 도시 생활을 유지하기 위해서는 단기간에 많은 비용이 필요하다는 사실을 절실히 깨닫고 있었다.

넘치면서도, 부족한 노동력

많은 해외 이주는 사람들의 삶을 윤택하게 만들지만, 급격하고 지속적인 이주는 현지 문화와 가치 체계를 위협하기도 한다(Fitzgerald 2009, 128).[19] 이러한 "문화적 대가"는 "한국물 먹은 사람은 중국에서 일하려고 하지 않는다"는 식의 연변 지역 속설에서도 드러난다. '한국물을 먹는다'는 표현에 담긴 조롱은 조선족 귀국자들의 사소한 행동이나 태도를 지적하는 데 사용된다. 예컨대 '한국물을 먹은' 이들은 한국 사람처럼 차려입고 화장을 하지만 실제로는 한국인처럼 보이지 않는다거나, 연변과 서울 말투를 섞어 쓰며 한국 사람처럼 말하려고 해보지만 제대로 해내지는 못한다는 것이다. 이렇듯 한국 스타일을 모방하려는 시도가 실패하면, 연변에서는 야유를 받거나 놀림거리가 된다. 또한 모방은 '결핍'의 증명으로도 여겨진다. '한국물을 먹은' 이들은 실제 경제적 지위와는 관계없이 그저 거들먹거리기 위해 돈을 써댄다고 여겨진다. 중국에서는 그만큼 큰 돈벌이가 없기에 돈이 떨어지면 다시 한국으로 갈 사람들이라는 인식이 일반적이다.

분명히 '한국물을 먹다'라는 표현에는 한국 문화, 스타일, 그리고 돈에 중독된 것처럼 보이는 이들에 대한 과장 섞인 경멸이 담겨 있다. 한국에서 돌아온 조선족들이 과소비를 한다는 이미지는 그들의 자녀에게까지 투영된다. 아버지가 한국에서 10년간 일한 어느 조선족 대학생은 초등학교 시절을 떠올리며 이렇게 말했다. "우리는 부모님이 한국에 간 아이들과 그렇지 않은 아이들을 쉽게 구분할 수 있었어요. 옷, 가방, 신발, 휴대폰을 보면 바로 알아요. 딱 봐도 달랐거든요." 연길에서 만난 어느 한족 대학생은 다음과 같이 말했다. "조선족 학생들은 돈을 물처럼 써요. 매일 외식을 하고 비싼 옷과 신발을 사죠. 행동을 통제해줄 부모가 옆에 없기 때문에 버릇도 없고 제멋대로 행동합니다. 그래서 많은 아이들이 탈선하고 문제를 일으키죠. 그에 반해 우리 한족은 그런 여유가 없지만, 부모의 보호 속에서 사랑을 받으며 자라는 편이고요." 이와 같은 고정관념과 더불어 나타나는 민족 간 직업 윤리나 미래 계획에 대한 인식 차이는 민족 구분을 공고히 만들어 내기도 한다.

2006년 연변에 처음 방문했을 때, 나는 연변 대중가요 〈모두 다 갔다〉에 등장하는 모습과는 달리 실제 연변은 꽤 활기

차다는 인상을 받았다. 앞서 왕 사장이 농담처럼 말했던 연변의 "3대 산업"은 손님들로 북적였다. 젊은이들은 외식을 하고 돈을 '물처럼' 써댔는데, 이는 부모가 한국에서 보내오는 '비상금' 덕분이라는 비난을 받으면서도 저녁에는 마치 그들이 한턱을 내야 한다는 기대가 존재했다. '한국 돈' 탓에 조선족 젊은이들이 업무를 게을리하고 미래를 제대로 준비하지 않는다는 불만도 제기되었고, 이런 소비 행태는 연변의 고용주들에게 골칫거리로 여겨지기도 했다. 중국에서는 조선족이 한국에서 버는 만큼 벌 수 없기 때문에, 제대로 일하려 들지 않는다는 인식도 퍼져 있었다. 데이비드 피츠제럴드 David Fitzgerald는 사람들이 한 노동시장에서의 경험을 다른 노동시장에서도 실천하는 이중 노동시장을 지적한다(Fitzgerald 2009). 연변에서 만나 친구가 된 조 사장은 이 이중 노동시장 문제를 예리하게 간파하고 있었다.

조 사장은 연길 시내에서 식당과 커피숍을 운영하며 성공을 거둔 경상북도 출신 한국인이다. 2009년 만났을 당시 40대 초반 남성이었던 그는 중국이 곧 글로벌 파워로 부상할 것이라는 판단 아래 2000년 연변행을 결심했다. 연변에서는 한국어가 많이 쓰이기에 자신의 서툰 중국어 실력이 큰 장애물이 되지는 않을 거라고 여겼다. 연변에 와서 조선족 여성과 결혼해 아들 둘을 두었고, 아내는 레스토랑 사업과 중국 서류 처리 및 재정 문제를 다루는 데 중요한 역할을 담당했다. 연변 사람들은 조 사장을 "연변 사위"라 불렀다. 조 사장의 사업은 한국에서 일하는 부모를 둔 조선족 젊은 세대를 주요 고객으로 삼았다. 이들은 음악, 영화, 드라마, 의류, 화장품 등 한국 문화와 대중매체를 즐겼으며, '한국스러움'을 일상에서 친숙하게 받아들였다. 이들은 한국에 있는 부모가 보내주는 돈으로 소비하는 조 사장의 중요한 고객들이었다.

2005년 조 사장은 한국인 친구 두 명과 함께 연길 시내에 피자 가게를 열었다. 그는 '한국식 문화'의 미적 감각을 요식업에 접목해서 '현대적'이고 '건강한' 한국 음식이라는 이미지를 판매전략으로 삼고 직접 인테리어도 했다. 한국 노래가 울려 퍼지고 한국식 인테리어로 꾸며진 이 피자 가게는 친절한 서비스와 쾌적한 환경 덕분에 연길에서 빠르게 명성을 얻었다. 대다수 연변 식당과는 다르게 식당 내 금연을 실시했고, '한국 식당'을 자처하며 한국의 음식 문화와 분위기를 연출했다. 가게는 언제나 조선족 젊은이로 꽉 차 있었고, 한족 젊은이도 종종 볼 수 있었다. 피자 가게가 인기를 끌자, 조 사장은 사업을 확장해 '한국식' 카페, '한국식' 이탈리안 레스토랑, '한국식' 볶음밥 전문점까지 운영하게 되었다. 2009년 말 내가 연변을 떠날 당시, 그의 식당들은 4층짜리 건물에서 1층부터 3층까지를 모두 차지하고 있었다.

조사장은 사업적으로 성공했지만, 직원들이 갑자기 그만둘까 봐 늘 걱정이 가득했다. "연변에서 사업하는 데 있어 가장 어려운 점은 장기간 성실히 일할 조선족 종업원을 찾는 거예요." 주 고객이 조선족 젊은 층이고 사업주 세 명 모두 한국인인 상황에서, 조 사장은 고객에게 좋은 서비스를 제공하려면 조선족 직원이 반드시 필요하다고 생각했다. 그러나 20대 초반의 조선족 직원들은 오래 일하지 않았고 열심히 일하지도 않았다.

> 조선족 젊은이들은 연변에서 버는 돈보다 더 많은 돈을 한국에서 부모님이 보내주니까, 열심히 일하려는 절박함이 없어요. 저희는 월급으로 2,000위안 정도를 주는데, 이 정도 금액에는 별 관심이 없더라고요. 보통 한국에서 돈 번다고 아이들과 떨어져 지내는 부모들은 늘상 미안함을 느껴서 그런지, 조선족 아이들은 어릴 때부터 쉽게 받는 돈에 익숙해지죠. 월 2,000위안이면 연변 기준으로 나쁘지 않은 월급이지만, 그 돈을 받으려고 힘들게 일하고 싶어 하지는 않아요. 한국에 간다든지 더 큰 도시로 가겠다든지 하는 핑계를 대면서 쉽게 그만두죠. 그래서 우리는 결국 한족 종업원을 고용하게 돼요. 그들은 몇 년이고 진득하게 이곳에 머물면서 일할 테니까요. 언어 장벽 때문에 소통하는 데 어려움이 있지만, 한족은 훨씬 더 성실하고 진지해요. 지금으로서는 한족 종업원을 고용하는 수밖에 없어요.

조 사장은 조선족 중장년층 여성 요리사를 구하는 일도 어렵다고 덧붙였다. 조선족 직원은 연변에서의 일자리를 한국으로 떠나기 전까지 하는 임시직으로 여기는 경우가 많아서 취업비자가 나오면 곧바로 떠나버린다고 그는 푸념했다.

나는 연변에서 "조선족은 직업 윤리가 부족하다"고 비판하는 이야기를 자주 들었다. 중국 내 일자리를 진지하게 받아들이지 않는다는 것이었다. 조 사장은 이런 말도 했다. "그 사람들은 한국에 가면 여기보다 몇 배는 더 벌 수 있다는 생각을 계속하죠. 그러니까 연변에서 지내는 게 견디기 힘든 거예요." 따라서 조 사장과 같은 고용주들은 늘 새로운 직원을 찾는 데 대부분의 시간을 보낸다고 했다. "제 시간의 절반은 새로운 지원자를 골라내서 면접 보는 데 써요. 누군가 일을 그만두면 또 사람을 찾아야 하니까요."

연변에서 만난 한국인 고용주들은 '게으른 조선족'과 '부지런한 한족'으로 고정된 민족 이미지에 저항하기도 하지만, 개인의 경험들이 쌓이며 그러한 고정 관념은 오히려 강화되고 있었다. 예컨대 조선족은 급여가 높은 일자리를 찾아 계속 이직할 생각만 하고, 회삿돈 관리에 정직하지 않으며, 시간이나 돈 관리에 있어서도 책임감이 없다고 한국인 고용주들은 이야기했다. 그에 반해 한족은 성실하고 믿음직하게 여겼다. 연변에서는 이러한 문제의 원인을 조선족이 부모나 다른 가족으로부터 '쉽게 받는 돈' 때문이라고 해석하며, 그 갑작스러운 물질적 풍요가 조선족의 직업 윤리에 부정적인 영향을 미친다고 보았다. 조 사장이 말한 바와 같이, "조선족 청년은 숫자만 많지, 일하려 드는 사람은 거의 없는 상황"이었다. 즉, 노동력은 넘쳐나는 듯 보이지만 실제로는 인력이 부족한 모순적 상황에 빠진 것이다.[20]

그러나 연변의 노동시장 이면을 들여다보면, 이른바 '일하지 않는' 조선족이 단순히 게으르거나 직업 윤리가 부족해서 그런 것은 아니다. 대부분은 '일하지 않으면서' 한국행을 준비하며 떠날 기회를 기다리고 있다. 소위 '나태'하다는 이들 조선족은 비자가 나오면 곧바로 떠날 준비를 해야 하기에, 일하지 않는 것이 더 합리적인 선택이라고 믿는다. 이는 조선족의 집단적·민족적 직업 윤리 문제라기보다는, 오히려 조선족의 미래가 종잡을 수 없는 비자 제도와 그것을 둘러싼 집단적이고 지속적인 기다림에 기반을 두고 있기 때문이다.

농촌에 가보면 '일하지 않는' 조선족 농민들이 많다. 부부가 함께 짓던 농사는 한 사람이 관리하기에는 노동 강도가 너무 높아, 어느 한 사람이 한국으로 가게 되면 남은 배우자 혼자서는 농사를 지속할 수 없다. 그래서 보통은 조선족 이웃이나 새로 유입된 한족 농민에게 토지를 임대한다. 농지를 처분한 뒤 배우자가 한국에서 보내주는 돈으로 생활하면서 그의 귀환을 기다리거나, 또는 함께 일하기 위해 한국으로 떠나기도 한다. 농업은 계절적 주기를 따르는 만큼, 농경지를 인수할 적임자가 나타났을 때 적시에 임대해야 한다.[21] 연변에서는 이런 식의 '기다림'을 '일하지 않는 상태'라고 보지만, 그들은 머묾과 떠남 사이에서 유예된 삶을 살고 있는 것이다.

조선족의 국제 이주는 연변을 유동적 상황으로 몰아넣으면서 문화적·경제적 특성을 재정의하도록 요구했다. 한족은 '유동하는 인구', '민족적 타자', '소수 민족'으로서 새로운 일자리를 찾아 연변으로 이주해 들어왔다. 이들 한족 노동자들은 연변에서 오랫동안 살아온 나의 집주인과 같은 조선족에게 민족 차이에 따른 언어적·문화적 불편함을 안기기도 했지만, 한편으로는 성장하는 산업인 서비스업에서 조선족 고객들을 상대로 일하며 연변 경제를 이끌고 있기도 했다.

조선족 고객 vs 한족 종업원

3장에서도 다뤘듯이, 수많은 조선족 귀환자들이 더는 연변을 고향 같지 않다고 느끼는 주요한 이유는 그들이 떠나 있는 동안 한족 인구가 급격히 증가했기 때문이다. 조선족 고객이 한족 종업원에게 서비스를 받는 장면은 연변에서 흔히 볼 수 있는 풍경이다. 특히 유흥업과 서비스업 중에서도 마사지업은 중국 각지에서 한족 노동자를 끌어들이는 주요 업종이다. 연변에서 마사지 업소는 흔히 모임이나 술자리 이후 지인들과 함께 방문하는 곳으로, 일부는 '편법'을 써서 성 관련 서비스를 제공한다고 알려져 있다. 이들 업소는 24시간 영업하며, 고객들은 성별이나 연령대에 관계없이 마사지 업소를 찾는다.

한국바람 이후, 연변의 마사지 서비스 수요가 높다는 소문을 듣고 많은 한족 안마사들이 이주해왔다. 그들에게 연변은 중국의 여느 대도시보다 많은 돈을 벌 수 있으면서도 생활비는 상대적으로 낮은 곳이라서 '꿈의 일자리'가 넘치는 곳으로 여겨진다. 하지만 실제 노동 환경은 열악하다. 안마사들은 일반적으로 하루 평균 12시간 이상 일하며, 공식 휴무일은 한 달에 고작 이틀이다. 소득은 고객 수에 따라 달라지기에 종잡을 수가 없다. 고객을 기다리는 동안 안마사들은 종종 업장에서 쪼그린 채 잠을 청하며 큰 방 하나를 여러 동료와 함께 사용한다. 그러나 그마저도 술 마시고 노래방을 들른 뒤 새벽

두세 시쯤 찾아오는 밤 손님들로 인해 방해를 받는다. 인기 있는 안마사들은 단골에게 자주 불려가느라 다른 이들보다 높은 소득을 올린다. 그러나 수면 부족과 과로로 늘 피곤을 느껴 건강을 해칠 위험도 크다. 이들은 피로를 참고 견디며, 신규 고객을 단골로 만들기 위해 노력한다.

나는 중국 각지에서 온 남성 안마사들과 이야기를 나누었다. 상당수는 중국 북동부 지역인 동북 3성 출신이었으며, 특히 길림성과 흑룡강성 출신이 많았다. 일부는 안휘성安徽省(안후이성), 산동성山東省(산둥성), 사천성四川省(쓰촨성)에서 왔다고 했다. 내가 '5번'이라는 이름으로만 알고 있던 한 안마사는 흑룡강성에 위치한 작은 농촌 마을 출신으로, 당시 20대 초반의 한족 남성이었다. 그는 중학교 졸업 후 어떤 일을 해야 할지 확신이 없었는데, 부모님처럼 농사를 짓고 싶지는 않았다. 그때 돈벌이로는 안마가 괜찮고, 기술을 연마하기에는 연변이 좋다는 이야기를 들었다.

> 연변에 가면 돈을 제법 벌 수 있다고 들었어요. 연변 사람들, 특히 조선족은 한국에서 번 돈을 잘 쓰니까요. 저는 공부도 잘 못하고, 특별한 기술도 없어요. 그래서 연변에 갈 생각으로 안마를 배우자고 결심했어요. 물론 돈은 꽤 벌 수 있지만 고된 일입니다. 제 고객은 대부분 조선족이에요. 하지만 여기서 일하는 안마사 대부분은 한족이죠. 조선족은 한국에 가서 더 많이 벌면 된다고 생각하니까 이렇게 피곤한 일은 하려고 하지 않거든요. 하지만 한족은 그런 기대를 하지 않아요. 게다가 한족 고객들은 굉장히 인색해서 안마를 받으러 오지 않죠. 열에 한 명 정도만 한족이고, 나머

지는 모두 조선족이에요.

연변이 안마사들에게 '꿈의 장소'로서 유일하지는 않다 하더라도, '5번'이 들려준 이야기는 연변 밖에서 연변을 어떻게 상상하는지를 잘 보여준다. 연변은 한국 돈이 유입되고 조선족이 이를 소비하면서 길림성 내 소비 중심지로 떠올랐다. 또한 해당 발언은 한족과 조선족 사이에 자주 나타나는 민족적 구별 짓기를 보여주기도 한다. '5번' 외에도 나와 이야기를 나눈 다른 안마사들은 조선족이 한국에서 돈을 벌어오고 그것을 비교적 빨리 소비한다는 점에서, 끊임없이 흘러 들어오는 송금이 곧 그들의 수입과 직결된다고 말했다.

'5번'은 2008년 한국에 발생한 경제 위기의 여파로 어려움을 겪었다. 송금이 급감했고, 일부 조선족 이주노동자들과 그 가족들은 환율이 유리해질 때까지 원화를 위안으로 환전하지 않으려 했다.[22] 그 결과 연변 경기가 둔화되면서 서비스 중심 경제의 주요 동력이었던 넉넉한 현금 흐름이 뚝 끊긴 듯 줄어들었다. '5번'은 자신의 소득에서 한국 돈이 차지하는 중요성을 재차 강조했다. "송금이 많을수록, 한국에서 돈을 많이 벌수록, 더 많은 조선족 고객이 제게 안마를 받으러 오거든요." 연변 경제가 '벌기'보다는 '쓰기'에, '일하기'보다는 '소비하기'에 중점을 두는 만큼, 그 안에서 송금이 이러한 소비 유흥 산업을 창출하며 경제의 한 축을 지탱해온 것이다.

'5번'이 들려준 이야기는 한국바람으로 생겨난 송금 주도형 경제와 연변으로 이주한 한족 노동자들의 삶, 그리고 그들과 한국 돈 사이의 연결성과 의존성을 분명하게 보여준다. 이는 조선족 이주자와 그 가족뿐 아니라 소득을 위해 송금 유입에 의존하는 한족 사업가나 직원들에게도 한국 돈이 밀접하게 뒤얽혀 있음을 보여준다. 송금이 줄어들면, 연변 전체가 취약해진다. 민족 간 이동의 차이에도 조선족과 한족 모두가 한국바람에 쉽게 휩쓸렸고, 연길의 일상과 도시 경관은 송금 흐름에 따라 바뀌었다.

또한 '5번' 이야기는 글로벌 경제 위기 속에서 한국 돈이 얼마나 민감하고 불안정한지를 보여준다. 2008년 서브프라임 모기지 사태로 미국 금융시장이 붕괴하자, 한국 또한 큰 폭의 경기 침체를 겪었다. 수많은 기업이 줄을 지어 도산했고, 실업률은 최고치를 갱신했다. 조선족들이 주로 종사하던 서비스 부문이 위축되고, 한국 통화의 급격한 평가절하로 상품 수출 또한 둔화되었다. 환율의 급격한 변화는 매일 송금을 보내야 하는 조선족 이주노동자들에게도 직접적인 피해를 주었다. 2008~2009년 사이에 한국 원화가 미국 달러 대비 지속적인 약세를 보이자 조선족 이주노동자들의 송금액도 절반 수준으로 감소했다.

반면 중국 경제는 국가 차원의 경기 부양과 환율 방어 정책에 힘입어 상대적으로 강세를 유지했다. 이로 인해 일부 조선족 이주노동자들은 하나둘씩 연변으로 돌아가기 시작했다. 이들 귀환자는 '차이나 드림'을 좇으며, 호황기를 맞은 중국의 경제 흐름에 발맞춰 새로운 사업에 뛰어들고자 했다. 그러나 동시에 자신들이 떠나 있는 사이에 급변한 연변과 중국 사회 전반의 변화를 따라잡지 못해 끊임없는 좌절감을 느끼기도 했다(6장 참조). 2008~2009년 연변에 체류하는 동안, 나는 미래를 위해 선택해야 할 최선의 경로와 정착지를 정하지 못한 채 깊은 불안과 좌절을 겪고 있던 조선족 귀환자들을 여럿 만났다. 오랜 고민 끝에, 이들 대다수는 한때 '꿈의 장소'였고 앞으로도 그러길 바라는 한국으로 다시 발길을 돌렸다. 이제 중국과 한국 간 소득 격차는 예전만큼 크지 않으며 국제 이주에서 얻을 수 있는 경제적 혜택도 기대에 미치지 못했다. 이주자 중 일부는 이제 와서 중국의 경제 호황에 합류하기엔 나이가 많거나 늦은 감이 있다고 했다. 또 어떤 이들은 한국에서 육체노동을 하는 데 이미 익숙해져 있고, 정기적인 소득에도 만족하고 있었다. 하지만 이제 '코리안 드림'은 사그라들고 '차이나 드림'이 부상하고 있었다. 그리하여 '중국바람'이 다섯 번째 바람으로 연변을 휩쓸고 있었다.

결론

민족성에 따른 이동성의 차이와 한국바람이 연변에 야기한 전방위적이고 역동적인 영향에 주목하며, 이 장에서는 연변에서 등장하고 있는 국내 이주, 국제 이주, 그리고 송금 주도형 발전이 교차하는 지점을 검토하였다. 각 민족 집단은 서로 다른 이동 경로와 범위를 형성하면서, 그에 따라 상이한 삶의 선택지를 만들어냈다. 이러한 이동성의 차이는 민족 간 상호 연결성을 가져오며, 한국 돈의 영향 아래 송금 경제에 따른 상호 의존성을 심화시키기도 했다. 도시와 농촌, 소도시와 대도시, 서로 다른 국가 사이에서 일어나는 수많은 떠남과 머묾은 기존 호구제를 위협하며, 새로운 공간적 위계와 연결성을 바탕으로 다층적이고 복합적인 자아를 형성했다.

어느 더운 여름날, 중국의 경제 부상을 무척 자랑스럽게 여기던 한족 택시 기사는 내가 한국인이라는 사실을 알아차리자 자신감에 찬 어조로 말했다. "장담하는데, 앞으로 10년이면 중국이 세계에서 가장 크고 강한 나라가 됩니다. 미국도 넘어설 거고요. 내 예측이 맞을 겁니다. 10년 뒤엔 한국 사람들이 돈 벌러 중국에 올 겁니다. 우리가 한국에 돈 벌러 갔던 것처럼요. 중국이 부상하기만 하면 판이 완전히 뒤집힐 거예요." 나는 중국의 미래에 대해 한족들이 보이는 활기참과 자신감을 여러 차례 마주했다. 글로벌 금융 위기로 코리안 드림이 휘청거리면서, 이런 우쭐함은 더욱 빈번하고 뚜렷하게 그 모습을 드러냈다. 비록 한국 돈이 만들어낸 송금 경제는 여전히 활기를 띠고 있었지만, 나는 연변이 이제 '한국바람'에서 '중국 바람'으로 넘어가는 전환 국면에 들어섰음을 곳곳에서 목격할 수 있었다.

6장

이주의 고리를 끊어라!

2008년을 시작으로 18개월에 걸친 현지조사를 마친 뒤, 후속 연구를 위해 2011년, 2013년, 2016년에 연변을 다시 방문했다. 2011년 여름, 연길에 도착하자 가장 먼저 눈에 띈 것은 1년 반 사이 크게 달라진 도시의 모습이었다. 한층 정돈된 인상이었고, 고층 건물도 심심치 않게 들어서 있었다. 연길 외곽에 위치한 공항에서 도심으로 향하는 택시 창밖으로는 곳곳에서 진행 중인 공사 현장이 보였다. 새 도로가 포장되고 있었으며, 주요 간선도로는 확장 공사 중이었고, 도시 남북을 잇는 대교는 개보수 작업이 한창이었다. 공사 차량과 급증한 자가용은 교통 체증을 유발했다. 특히 연길역이 장춘長春(창춘)과 베이징을 잇는 고속철도망에 편입되면서(해당 노선은 2019년에 완공되었다) 인프라의 신설과 개보수, 확장은 도시와 농촌의 경관까지도 근본적으로 바꾸어놓았다. 고속열차 개통 이후 연길에서 장춘까지의 이동 시간은 기존의 일곱 시간 반에서 두 시간으로, 베이징까지는 스물세 시간에서 아홉 시간으로 크게 단축되었다. 오랜 시간 현장을 오가며 만난 조선족 이주자들은 이렇듯 연변의 급격한 변화에 혼란을 느낀다고 자주 털어놓았다.

이번 장에서는 중국의 세계적 부상 이후 연변 지역에서 회자되는 한국바람의 재평가에 주목하며, 그 이후 국면에서 드러나는 희망, 좌절, 불안, 후회의 정서를 기록하고자 한다. 일부 이주자들은 코리안 드림을 실현했다고 여기지만, '실패'했다고 느끼는 이들도 적지 않다. 어떤 이들은 여전히 그 꿈을 좇는 반면, 이제 더는 코리안 드림을 꿈꾸지 않는 이들도 있다. 한국에서 보낸 시간을 그리워하는 사람들도 있지만, "한국 쪽으로는 오줌도 누지 않겠다"는 한 농민의 반감 어린 말도 들을 수 있었다. 조선족 이주자들은 더는 10년 전처럼 한국 꿈을 예찬하지 않는다. 그들은 자신이 '해온' 일들과 '했더라면 혹은 하지 않았더라면 더 나았을' 일들, 그리고 지금부터 또는 앞으로 '하게 될' 일들에 대해 비판적으로 재평가하고 성찰하기 시작했다.

6.1 옛것과 새것이 공존하는 중국 연변 연길시(2009). 저자 촬영.

6.2 공사가 한창인 연길 시내 인도(2011). 저자 촬영.

6.3 연길에 들어선 아파트 단지(2016). 저자 촬영.

6.4 연길에서 진행 중인 재건축 현장(2016). 저자 촬영.

이러한 재평가와 함께 코리안 드림, 그리고 한국바람에 대한 새로운 서사가 등장했다. 한국에 가지 않은 이들, 즉 연변에 머무른 채 한국바람이 몰고 온 경기 호황의 수혜를 입은 공무원, 지식인, 사업가 등이 오히려 한국에 다녀온 이들보다 더 풍족하게 산다는 것이다. 이는 이동과 떠남을 결핍의 징후로 간주하는 반면 비이동(머묾)은 경제적 풍요와 사회적 안정을 나타내는 근거로 인식하는데, 이렇듯 새롭게 부상한 담론은 조선족에게 해외로 떠나기보다는 중국 내에 정착할 것을 말하는 사회적 권유를 담고 있다.[1] 현지 언론과 조선족 블로

그에서는 한국에 가지 않고도 사업에 성공한 이들의 이야기를 칭송하며, 이른바 연변에 자리 잡은 사업가들은 대중 강연이나 사교 모임에 참석해 자신의 성공담과 노하우를 공유한다. 지역 대학과 연계된 창업 프로그램도 마련되어 있어, 재학생과 졸업생이 사회적·직업적 네트워크와 연결될 수 있도록 돕는다. 특히 인기를 끄는 사례는 삶을 극적으로 바꾼 이들, 즉 농사를 짓던 고향을 떠나 식당, 노래방, 안마방, 의류 매장 등을 운영하게 된 이들의 이야기이다. 이들 사연은 신문의 한 코너에 실려 소개되기도 한다. 또한 한국에서 습득한 기술을 바탕으로 귀환 후 '따궁'(육체노동자)에서 '라오반'(사장님)으로 전환한 이들의 사연 역시 언론에서 비중 있게 다뤄진다. 한국 컨설팅 회사들도 연변 시장에 진출해, 창업을 열망하는 이들에게 코칭과 실무 요령, 사업 계획, 전략 등을 제공하고 있다. 이 전략들은 조선족이 한국 자본 아래에서 노동자로 일하던 관행을 그만두고 사업가나 사장이 되어서 자금과 사업체, 미래를 스스로 관리해야 한다고 강조한다. 연변에서 새롭게 부상한 이 사업가 담론은 수많은 강의와 사교 모임을 통해 자기계발 아이디어와 방법을 종합 프로그램처럼 엮어내며, 5장에서 언급한 매화 씨 같은 야심가들을 위한 일종의 자기 주체적 기업가 정신을 확산시키고 있다.

이렇듯 '사장님 자아'를 지향하도록 하는 사회적 권유는 내가 '포스트 한국바람'이라 부르는 국면의 중요한 특징 가운데 하나이다. '포스트 한국바람'은 한국바람 시대와 명확히 분리되는 일직선적 발전 단계라기보다는, 일종의 복합지대적 사회 풍경으로 이해할 수 있다. 이 장에서는 시간성이자 공간성을 모두 지닌 포스트 한국바람을 두 가지 지점에서 살펴보고자 한다. 첫째, 이번 장은 연변에서 관찰되는 이동의 의미가 변화하고 있음을 지적한다. 앞서 논의했듯이, 중국의 경제 개혁 이후로 대다수 조선족은 끊임없는 이동을 불가피한 삶의 조건으로 여겨왔다. 그러나 중국이 글로벌 경제 강국으로 부상함에 따라 연변에서는 비이동이 점차 '풍요'와 '안정'의 상징으로 인식되고 있으며, 이에 따라 이동에 대한 논쟁도 점점 더 다각화되고 있다. 둘째, 여는 글에서 소개한 선화 씨와 태봉 씨의 사례처럼 이미 이주를 경험한 조선족 대다수는 비이동에 대한 예찬이 늘어가는 상황에서도 여전히 중국과 한국 사이를 오가는 국제 이주 회로에서 쉽사리 벗어나지 못하고 있다. 즉, 지난 30여 년간 한국에서 일하며 노동자로 살아온 조선족 이주자들은 '생산 수단이라고는 몸 하나뿐인 육체노동'(3장 참조)이 중국보다 한국에서 더 높은 가치를 지닌다고 믿는 경향이 있다.

한국 돈의 유입과 중국의 경제 호황으로 나타난 연변의 변화와 사업가 정신 담론의 확산을 검토하면서, 나는 포스트 한국바람이 코리안 드림과 차이나 드림 사이에서 긴장을 고조시키는 중대한 전환점이라고 주장하고자 한다. 지난 10년 동안 조선족은 한국의 이주 제도 변화(3장 참조)와 함께 이동의 자유를 누리게 되었지만, 다른 한편으로는 한국 자본과 고용구조로부터의 해방을 갈망하기도 했다. 이 장에서는 이제 한국바람은 시대착오적 유행으로 재규정되기 시작하자 연변이라는 변경지역에서 등장하는 새로운 미래상을 포착한다. 아울러 '코리안 드림'과 '차이나 드림'이라는 경합하는 두 가지 꿈 사이에서 발생하는 긴장으로 일부 조선족 이주자 및 귀환자들이 겪는 우울감과 좌절감 또한 연변의 이주 풍경에서 핵심 요소로 자리 잡고 있음을 살펴본다.

사업가가 되자!

송금의 강력한 영향 아래 급격한 변화를 겪은 연변에서, 한국 이주노동으로 부를 이룬 조선족들은 귀환 초기에는 부러움과 관심의 대상이었다. 언론은 이들의 기술적 전문성과 문화적 세련됨, 개척 정신을 부각시켰다. 그러나 2000년대 후반 들어 중국 경제가 빠르게 성장하면서 귀환자들에 대한 새로운 사회적 해석이 등징하기 시작했다. 조신족 귀환자 내부분은 한국에서 단순 육체노동에 종사했기 때문에 연변으로 돌아와서도 시장성 있는 기술을 갖추지 못한 경우가 많았다. 이들은 중국 내 신규 노동시장에서 경쟁력을 갖추기 어려웠고, 취업이나 창업 역시 쉽지 않았다. 상당수는 중국 내 소속 직장이 없어서 국가가 제공하는 연금 혜택을 받을 수 없었다. 결국 한국에서 벌어온 돈이 바닥나면 많은 이들이 다시 '따궁'(육체노동자) 일을 위해 한국으로 돌아가야 했다. 이렇듯 한국과 연변을 오가는 반복적 이주는 연변에서 일반화된 삶의 방식으로 자리잡고 있었다.

이러한 국제 유동 인구는 상대적으로 경제 형편이 좋은 조선족들에게서 무시를 받곤 했다. 이들은 단순 육체노동을 하는 조선족 이주자들을 낮춰 보았고, 신문이나 조선족 지식인들 사이에서도 한국행이 "근시안적 판단"에 불과하다는 사회적 경고가 제기되기 시작했다. 수년간 한국에서 일하며 살다 보면 한국식 노동 방식에 익숙해지고, 중국 내 사회적 관계와 지위를 상실할 수 있다는 우려에서였다.[2] 조선족 이주자들이 한국 내 노동 집단으로 형성되면서 한국인 및 자본에 대한 종속성이 가속화되었고,[3] 이에 따라 조선족 대중매체와 오피니언 리더들은 한국 자본에 대한 의존을 끊어내고 새로운 길을 모색하자는 메시지를 내놓는 상황이다. "육체노동자 말고 사업가가 되어라!"로 요약되는 이 담론은 한국에서 습득한 신기술과 지식을 활용하는 한편, 각자가 가진 '문화 수준', 즉 문명화된 매너와 품격을 끌어올릴 것을 요구한다(Anagnost 2004; H. Yan 2008).[4] 더는 한국 자본에 착취당하지 말고, 중국의 도약에 발맞춰 현지 창업을 통해 시장성을 높이라는 것이다.[5]

포스트 사회주의 체제 아래 중국을 연구해온 학자들은 자기 책임성을 강조하는 신자유주의적 주체에 대한 분석을 심화해왔다.[6] 이들 연구에 따르면 주체에 대한 통치는 구체적이면서도 점진적으로 이루어지는데, 이는 국가 중심의 경직된 사회주의를 장시간 체화한 몸에 시장 논리와 자본주의적 태도를 각인시키는 데 목적이 있다. 궁극적으로는 세계 자본주의의 급격한 변화와 접촉하면서 생겨난 새로운 인간형을 창조하는 과정으로 이해된다(Dunn 2004; Hoffman 2010). 특히 중국에 대한 인류학적 연구에서는 당-국가-시장 복합체와 긴밀히 연결된 일종의 "중국식 신자유주의"를 탐색해왔다(Harvey 2005; H. Wang 2006; Rofel 2007 참조). 이 복합체는 외부 권력을 통해서뿐 아니라 자기 관리를 통해서도 자율적 통치 주체를 만들어낸다. 이 과정에서 '사람의 소질'은 중국이 '세계의 공장' 역할을 다하기 위해 새롭게 구성된 노동하는 몸을 검토하는 데 핵심 논점으로 부상한다. 시장은 기계의 요구에 맞춰 '몸의 개별화'를 요구하고, 이는 공장에서의 효율적인 생산을 가능케 한다. 노동자의 몸은 새로운 노동 습관과 시간 감각을 체화해야 하고, 그렇게 일상생활 전반이 제도화된다. 이러한 통제 논리는 훈육되지 않고 게으른 몸을 값싸고 유순한 몸으로 재구성하는 한편, 노동자들에게 전반적인 '수준' 향상을 요구한다(H. Yan 2008). 자기 통치는 자기 개선과 경제 발전이라는 아이디어를 시장 주체가 내면화하고 체화해야 할 하나의 윤리적 프로젝트로 받아들이게 한다.

나는 조선족들과 나눈 대화 가운데 사업가 정신을 강조하는 대목에서 '사람의 수준'이라는 개념이 자주 등장하는 것을 목격하곤 했다. 이때 '사업가'란 시장성 있는 주체가 갖추어야 할 필수적 속성의 집합체일 뿐 아니라, 윤리적 열망의 저장소로서도 기능한다. 즉, 자기 책임성에 기반한 인간형을 만들어가는 과정에서 지식을 향상시키고 매너를 습득함으로써 '문명화되고 교양 있는' 주체로 거듭나야 하는 지위로 인식되는 것이다. 여기서 나는 이렇듯 자기 주체적 사업가 정신이라는 새로운 담론에 대응하여 '수준'이라는 개념이 어떻게 형성되고 재편되는지 살펴보며, 이 과정에서 한국바람이 어떤 역할을 해왔는지에 주목하고자 한다. 한국에 다녀온 이들과 그렇지 않은 이들은, 훌륭한 '수준'이나 '인격적 자질'을 갖춘다는 것이 의미하는 바에 대해 서로 다르게 이해하는 경향을 보인다. 전자는 국제 이주노동을 세련된 매너를 습득하게 하는 세계시민적 또는 대도시적 경험으로 강조하는 반면, 후자는 그것을 하층 계급의 지위와 매너를 견고하게 하는 일생일대의 선택으로서 이해한다. 나는 연변에서 자기계발을 요구하는 사회적 명령과 사업가 정신에 대한 찬사가 충돌하는 지점을 목도하면서, 코리안 드림에 관한 새로운 해석이 부상하고 있음을 제안하고자 한다. 이 새로운 해석은 자유, 특히 이동의 자유와 한국 자본으로부터의 자유를 강조하며 조선족 이주자들이 이주라는 순환 고리를 스스로 끊어낼 수 있는 주체로 거듭날 것을 촉구한다.

코리안 드림 이후
긴 여정

2008년 8월 어느 무더운 여름날, 나는 연변뿐 아니라 북한에서 발행된 책으로 가득한 연길의 헌책방을 찾았다. 안으로 들어서자 30대 중반쯤 되어 보이는 서점 주인 국 사장이 컴퓨터 창 하나로는 주식 시세를 확인하고, 다른 하나로는 웹캠을 통해 어떤 여성과 채팅을 하는 동시에 감시카메라로는 도둑이 들지 않는지 살피고 있었다. 내가 '한국 손님'임을 알아차린 국 사장은 평소보다 비싼 값에 희귀 도서를 팔 기회로 여겼는지, 서가 뒤편에서 책들을 꺼내오기 시작했다. 책을 함께 살펴보던 그는 부모님과 함께 10년간 한국에서 일하다가 몇 달 전 연변으로 돌아왔다고 이야기했다. 그러면서 떠나 있던 10년 사이 중국의 경제 상황이 크게 나아져, 귀국 후 다른 중국 사람들을 경제적으로 '따라잡기'가 쉽지 않다는 말도 덧붙였다. 하지만 국 사장은 자신이 키워가고 있는 헌책방 사업에 대해 긍정적이고 열정적인 태도를 보였다. "이 책들은 연변에서 정말 보기 드물고 귀중하다는 거 아셔야 돼요. 저는 한국에서 번 돈을 거의 다 이 고서들을 사들이는 데 썼어요. 이런 책들을 찾기 위해서라면 어디든 직접 찾아다니죠." 국 사장은 명함을 내게 건네며, 특히 한국 사람들에게 자신의 서점을 소문내 달라고 당부했다. 이어서 바로 옆집에서 어머니가 운영하는 점집 명함도 건네며 말했다. "우리 어머니가 사주를 아주 잘 보세요. 혹시 힌번 보고 가실래요?" 나는 그러겠다고 응했다.

국 사장의 가족은 1990년대 초, 흑룡강성의 외딴 농촌 마을에서 연길로 이주해왔다. 어머니와 아버지는 조선족 소수민족지구에서 자라 초등학교 교육만 받았고 중국어가 서툴렀다. 두 사람이 '한족 세상'인 고향을 떠나 연변으로 온 이유는 조선족이 더 많은 곳에서 편안하게 살고 싶었기 때문이다. 그러나 연변은 그들의 기대와는 사뭇 달랐다. 연길 사람들과 조선족이라는 민족성을 공유했지만, 국 사장의 어머니는 이방인 또는 외지인 취급을 받으며 소외감을 느끼곤 했다. 새로 정착한 연길에는 지인도 친인척도 없었다. 고향 흑룡강성에서 조선족 공동체는 한족들 세상에 사는 소수민족으로서 서로를 돌보고 지지했지만, 연변에서는 어디를 가나 조선족이 있었고 그들은 서로 경쟁했다. 국 사장의 어머니는 연변 사람들이 지나치게 약삭빠르고 이기적이어서 쉽게 친해지기 어렵다고 느꼈다. 그럼에도 자신의 미용 기술을 살려 미용실을 차리기에는 연변이 더 낫다고 생각했다.

1990년대 초반 연길에 문을 연 미용실이 자리를 잡아가던 무렵, 국 사장 어머니는 조선족들이 친척 방문차 한국에 다녀오면서 한약을 가져다 팔아 단기간에 꽤 괜찮은 수익을 올린다는 소문을 들었다. 자신도 언젠가 한국에 가고 싶다는 마음을 갖게 되었다. 1990년대 후반, 이른바 코리안 드림이 절정에 달하자 수많은 조선족이 중국 내 대도시뿐 아니라 한국으로도 이주하기 시작했다. 그렇게 생겨난 이주 물결로, 주 고객층을 이루던 조선족 인구가 급격히 줄어들었다. 그러던 어느 날, 한국행을 주선하는 알선업자 한 명이 미용실을 방문했고 그 순간 국 사장 어머니는 한국에 가고 싶다는 열망에 더욱 사로잡혔다.

물론, 그 모든 게 불법이라는 건 알고 있었죠. 그 사람이 나한테 자기랑 같이 일하겠느냐고 묻더라고요. 우리 가게에 오는 손님들이 많았으니까, 알선업자에게 소개해줄 수 있잖아요. 사실 그렇게 하면서 돈도 꽤 벌었어요. 한편으로는 미용실을 운영하고, 다른 한편으로는 그 알선업자와 함께 일한 거죠. 저는 소위 '새끼 브로커'였던 셈인데, 서로 다른 단계 사이에서 밀거래를 중개하는 사람이었어요. 그러던 어느 날, 스스로에게 물었죠. '내가 직

6.5 연길에 있는 국 사장의 헌책방(2009). 저자 촬영.

접 가면 안 되나?'라고요. 우선은 남편과 아들을 위해 한국행을 준비했어요. 일신입자가 도와준 덕분에 일이 수월하게 신행냈죠. 남편과 아들이 무사히 한국에 도착하고 난 다음, 나도 1년 안에 미용실을 접고 두 사람을 따라갔어요. 알선업자와 친분이 있었으니까 다른 사람들만큼 많은 돈을 내지 않아도 됐죠. 그 사람을 만난 게 살면서 가장 운이 좋았던 일이었던 것 같아요. 지금 생각해도 그때 저는 참 대담하고 용감했어요.

한국에 도착한 뒤 처음 몇 년 동안 국 사장의 어머니는 다른 중년의 조선족 여성들이 으레 그러하듯 서빙 일을 했다. 노동 강도는 상당히 높았지만, 연변에서 미용실을 운영하던 때보다 훨씬 많은 돈을 벌 수 있었다. 남편은 손재주가 좋아서 한국에서 일자리를 찾는 데 어려움이 없었고, 아들 역시 한국인 사장들에게 인기가 많아 다른 조선족 노동자들보다 더 높은 임금을 받았다. 이들 가족에게 코리안 드림은 눈앞에서 실현되고 있었다. 국 사장 어머니는 "한국은 몹시 경쟁적이고 피곤한 곳이지만, 열심히 일한 만큼 더 많이 벌 수 있다"는 약속이 존재하는 곳이라고 믿었다. 실제로 국 사장의 어머니는 중국보다 한국에서 고향 같은 편안함을 느꼈다. 한국의 생활 방식에도 잘 적응했고, 주변 사람들과 한국어로 자유롭게 말하는 게 즐거웠다. 한국, 특히 서울은 중국보다 깨끗하고 정돈되어 있었으며 훨씬 편리한 곳으로 보였다. 한국 사람들이 중국 사람들보다 예의 바르고 문명화되어 있다는 생각도 들었다. 고된 노동과 피로한 삶의 방식조차 너그러이 받아들일 수 있을 만큼, 한국에서의 삶은 만족스러웠다. 무엇보다 점차 물질적 풍요를 누리게 되면서, 가족 모두가 미등록 외국인 신분임에도 한국에 계속 머무르고 싶은 마음이 커졌다. 모든 일이 순조롭게 풀리는 듯했지만, 어느 날 국 사장 어머니는 허리를 다쳐서 더는 몸에 힘든 일을 감당할 수 없게 되었다. 그는 사주팔자 보는 법을 배우는 수업을 듣기 시작했고, 이를 통해 새로운 직업으로 나아가는 길을 열 수 있었다.

맨 처음에는 부천 지하철역 앞 길거리에서 사주를 보기 시작했어요. 많은 사람들이 저를 찾아와서 인생 고민을 털어놨는데, 또 젊은 한국 사람들은 재미 삼아 들르는 경우도 많았죠. 장사가 아주 잘 됐고 돈도 많이 벌었어요. 그런데 2008년 금융 위기가 한국 경제를 덮치면서 상황이 달라졌어요. 한국 돈 가치도 하락했고요.

위안화에 비해 절반 가까이 평가절하되었거든요. 그래서 우리 가족은 갑작스럽게 한국을 떠나기로 결정했어요. 이대로 머물다가는 더 많은 돈을 잃을까 봐 두려웠죠. 결정하자마자 바로 짐을 싸서 중국으로 돌아왔어요.

중국으로 돌아가야 한다고 가장 강하게 주장한 사람은 아들 국 사장이었다. 그는 한국 사장 밑에서 막노동을 하는 데 진절머리가 나 있었고, 나이는 들어가는데 결혼할 길은 보이지 않아 걱정이 많았다. 한국 여성은 조선족 남성과 결혼하려 들지 않을 것이고, 조선족 여성을 찾는 것도 쉽지 않다고 생각했다. 여러 가지 이유로 그는 중국에서 새로운 삶을 시작하고 젊은 조선족 신부도 찾고 싶어 했다. 국 사장과 그의 부모는 10년간의 한국 생활을 만족스럽게 여겼다. 자신들이 코리안 드림을 이루었다는 믿음도 있었다. 한국을 떠나는 순간, 체류 기간 초과를 이유로 여권에 '검은 도장'이 찍혔는데, 이는 앞으로 수년간 한국 재입국이 어렵다는 뜻이었다. 그들은 중국으로 돌아가, 차이나 드림에 동참하기로 했다.

정착: 사장이 되자!

2009년 어느 날, 국 사장 가족은 음력 설날을 맞아 새로 수리한 아파트로 나를 초대했다. 우리는 함께 먹을 만두를 빚으며 이런저런 이야기를 나누었는데, 국 사장 어머니는 중국에 돌아왔을 당시를 이렇게 회상했다.

정말이지, 난 중국으로 돌아오고 싶지 않았어요. 그래도 한국에 계속 머물렀다면, 아마 평생 식당에서 서빙을 하거나 모텔 청소를 하거나, 길거리에서 점을 보고 있었겠죠. 그렇게는 못 살죠. 게다가 한국에서 번 돈으로는 노후를 제대로 보낼 수도 없었을 거예요. 하지만 한국에서 번 돈이면 중국에서 장사를 시작하고 기본적인 생계는 유지할 수 있잖아요. 이제는 우리도 사장이 될 수 있고, 더는 한국 사람들 밑에서 일하지 않아도 돼요. 한국에서 돌아온 뒤로 우리는 집을 세 채나 샀고, 인테리어도 전부 새로 했어요. 아들과 나, 둘 다 각자 사업도 시작했고요. 내 인생은 지난 수십 년 동안 지독하게 가난했고, 내내 옮겨 다니면서 고생했어요. 그런데 그 모든 일을 겪고 나니, 이제야 정말 행복하다는 생각이 들어요. 내 이 창고 같은 작은 사무실이 나한테는 천국이에요.

그는 '제대로 돈을 벌려면, 자신을 위해 스스로 무언가를 해야 한다'고 믿고 있었다. 이들 가족은 한국에서 번 돈을 대부분 쓰며, 사업가 정신을 예찬하는 새로운 흐름을 따랐다. 서점을 열기에 적당한 위치를 물색했고, 거주용 아파트도 새로 구입했다. 국 사장 부모는 새집에 대해 들뜬 감정을 감추지 못했다. 그전까지는 한 번도 깨끗하고 현대적인 아파트에서 살아본 적이 없었는데, 새로 부를 쌓은 덕분에 이제는 대형 삼성 TV, 새 가구, 새 컴퓨터, 새 세탁기로 집을 꾸밀 수 있게 되었다. 농촌 '호구'를 보유한 이주자 신분임에도, 국 사장 가족은 연길이라는 도시에서 물질적 풍요를 누리게 되었다. 이는 지난 10년간 한국에서 이룬 고달픈 노동의 결실이었다.

6.6 국 사장 가족이 연길에 마련해 새롭게 단장한 집(2009). 저자 촬영.

국 사장 어머니의 복잡한 여정은 새 아파트와 현대적인 생활 방식 속에서 안정되어 가는 듯했다. 가족이 소유한 물건 대부분은 연변에서 새 삶을 시작한 이후에 구입한 것이었다. 인정 많고 친절하며 따뜻한 성격 덕분에 국 사장 어머니는 이미 점집 사업을 위한 단골손님을 여러 명 확보해둔 상태였다. 그는 "중국이 부흥하니까, 연변도 부흥하고 있다"면서 이렇게 말했다.

> 중국이 막 발전하니까, 요즘엔 가게를 열려는 사람이 많아요. 그럴 때는 개업하려는 사장들이 저한테 운세를 물으러 오죠. 또 개업 당일에는 저를 불러서 복을 비는 의식도 해달라고 하고요. 돈 있는 사람들이 나더러 '선생님, 선생님'이라고 부릅니다. 나는 시골에서 초등학교밖에 안 나온 사람인데, 살면서 '선생님'이라는

호칭을 듣는 날이 올 줄은 상상도 못 했어요.

그는 크게 웃으며 만족한 표정을 지었다. "살면서 겪어온 일들을 생각하면, 지금이 인생에서 가장 행복한 때"라고 여러 차례 강조했다. 국 사장 어머니가 말하는 '행복'에는 두 가지 의미가 담겨 있는 듯했다. 하나는 더는 이동할 필요가 없이 가족이 마침내 안정적으로 정착했다는 사실에서 오는 안도감이었고, 다른 하나는 스스로 점집을 운영하는 '사장님'이 되어 '선생님'이라 불릴 정도가 인정받았다는 데서 오는 자부심이었다. 그의 사업과 삶은 모두 "사장이 되어라"는 사회적 명령을 반영한다. 국 사장 어머니는 코리안 드림 이후, 완전히 새로운 삶을 성공적으로 설계해낸 것이었다.

국 사장 또한 귀국 후 새로운 중국에 적응하고자 부단히 노력했다. 그는 자신의 서점을 중국, 북한, 한국, 연변에서 출판된 수많은 책들로 채워 나갔다. 한국에서 10년간 저축한 돈 덕분에, 불과 몇 달 만에 방대한 양의 도서를 확보할 수 있었다. 한국에 가기 전, 중고 책 노점상을 했던 경험도 큰 도움이 되었다.

여윳돈이 생길 때마다 중고 책을 파는 개인 판매자나 새벽 시장, 노점상을 찾아다녀요. 한국에 가기 전부터 오래되고 희귀한 책들의 가치를 나는 알고 있었어요. 오래된 것들, 이를테면 헌책, 옛날 사진, 옛 화폐 같은 것들이 나중엔 다 굉장한 역사적 가치를 지니게 될 거라고 믿습니다. 저는 이런 희귀하고 오래된 물건을 팔아서 큰돈을 벌 수 있다고 생각해요. 제게는 책의 가격과 가치를 알아보는 눈이 있죠. 그리고 누가 이런 책들에 관심을 보이는지도 알고 있고요. 한번 맞춰보실래요? 북한이나 연변에서 나온 희귀 서적을 수집하는 한국 사람들, 바로 손님 같은 분들이에요. 그런 분들은 책이 아무리 비싸도 삽니다. 제 꿈이 뭔지 아세요? 3년 안에 연변에 있는 헌책방을 다 인수하는 겁니다. 제 서점이 연변 최고의 중고 서점이 되는 거죠.

이 야심 찬 계획을 실현하기 위해, 국 사장은 주 7일 근무도 마다하지 않았다. 그의 머릿속은 어떤 중고 서적을 구입해야 할지, 어떻게 하면 더 많이 팔 수 있을지에 대한 생각으로 가득 차 있었다. 게다가 아침 9시부터 오후 4시까지 서점을 운영하는 내내 컴퓨터 앞에 앉아 주식 거래에도 열중했다. 주식 투자로 얻은 부수입은 더 많은 책을 사들이는 데 도움이 될 것이고, 그만큼 더 빨리 목표에 도달할 수 있으리라 믿었다. 또한 북한과 연변에서 나온 책을 찾는 한국 고객을 겨냥해 온라인 중고 서점도 준비 중이었다. 이런 책들은 대부분 한국에서는 구할 수 없기 때문에, 더 높은 가격에 판매할 수 있으리라는 확신이 있었다.

국 사장 가족의 이야기는 코리안 드림이 어떻게 가난한 농촌 가정으로 하여금 자기 혁신과 문화 '수준' 향상을 추구하며 사업가로서의 새로운 삶을 모색하게 했는지를 보여준다. 국 사장 어머니는 가난한 농민에서 미용사, 이주 알선업자, 식당 노동자, 그리고 점술가에 이르기까지, 개혁개방과 맞물린

긴 여정에서 끊임없이 자신을 변화시켜왔다. 그는 단순히 고객의 운세를 점쳐주는 데 그치지 않고, 자신의 운명을 새롭게 만들어가며 스스로를 바꾸고자 했다. 본인이 직접 말했듯, 고단한 삶을 타고났지만 상황을 개선하려는 노력을 멈추지 않았다. 그렇게 국 사장 어머니는 마침내 현대식 아파트에 새 가전과 가구를 들여놓고 즐기면서 살아가게 되었다. 내가 점집을 방문할 때마다 그는 언제나 이렇게 말했다. "이 비좁고 보잘것없는 창고 같은 사무실이 나에게는 천국이나 다름없어요." 국 사장 또한 자신의 꿈을 향해 나아가고 있었다. 함께 술자리를 하거나 식사를 할 때면, "3년 안에 연변 중고 서점을 다 먹어버릴 것"이라는 포부를 거듭 밝혔다.

이들은 조선족 대다수에게 근대성과 경제 발전의 원천으로 인식되던 한국에서 10년간 미등록 체류자 신분으로 일했다. 귀국 후에는 연변에 만연하던 사업가 정신을 체화하고 실천하며, 떠오르는 중국 경제에서 자신들의 위치를 새롭게 정립하고자 애썼다. 한편 이들은 여전히 한국 드라마를 시청하고 한국 제품을 사용하는 등 한국식 생활 방식을 유지했고, 다른 한편으로는 중국 내에서 새로운 사업 기술과 연결망을 구축해 나가는 모습이었다. 이처럼 한국에서 돌아온 조선족들의 일상은 다양하고 복합적인 근대성의 상징들로 가득 차 있다. 나는 이들이 보여주는 사업가 정신과 문화 '수준' 향상을 향한 부단한 노력이, 실질적인 사회 안전망이 미비한 상황에서 불안한 미래로부터 자신을 보호하려는 일련의 몸짓으로 이해했다. 포스트 한국바람의 시대에 접어들며, 한국으로 떠나지 않고 중국에 머무는 것이 더 부유하고 안정적인 삶으로 가는 길이라는 믿음이 퍼지고 있었다. 비이동성에 대한 일종의 예찬이 확산되고 있었다.

결핍의 표시: '한국 가기'

귀환자들의 이야기는 저마다 다른 궤적을 따라 펼쳐진다. 국 사장의 가족처럼 코리안 드림 이후 중국에서의 안정적 정착에 만족하는 이들도 있지만, 이 책의 도입부에서 소개한 선화 씨와 태봉 씨처럼 한국과 연변을 오가며 여전히 예측 불가능한 사업 환경 속에서 불안을 느끼는 이들도 있다. 태봉 씨의 친구 정일 씨는 한국에서 10년간 요리사로 일한 뒤 연변으로 돌아와 그 기술을 바탕으로 식당 사업을 확장하는 데 성공했다. 정일 씨는 연길 시내의 위치 좋은 곳에 한국식 짜장면 식당을 개업한 후 새로운 지점을 연이어 열었고, 2016년 내가 연변을 다시 방문했을 때는 연길에서만 다섯 개의 식당을 운영하고 있었다. 또 다른 귀환자들 중에서는 한국에서 번 돈으로 아파트를 구입하고, 그 임대 수익으로 생활하는 이들도 있었다. 그러나 이러한 경제적 성취에도 불구하고, 귀환자들의 위상은 시간이 지날수록 예전 같지 않았다. 국 사장이 말했듯, 한국에 가지 않고도 부자가 된 이들을 '따라잡기' 힘들다는 좌절감은 그 변화의 단면을 보여준다.

중국의 고위 공산당 간부들이나 자국 경제의 부흥과 함께 성공한 이들 중에는 코리안 드림을 좇았던 이들을 비판하거나 무시하는 시선을 보내는 경우도 있었다. 중국의 경제 호황은 관료뿐만 아니라 지식인, 사업가, 농민들의 생활 수준을 전반적으로 끌어올렸다. 정부 관료와 대학 교수들의 급여도 올랐으며, 정부로부터의 연구비 지원도 늘었다. 사업가들은 연변을 넘어 중국 전역과 해외로 사업을 확장했다. 농민들 역시 정부 지원금을 받아 주택을 고치거나 실내 화장실을 설치하는 한편, 2005년부터는 농업세 면제 혜택을 받고 있다. 연변의 어느 농촌 지역을 방문했을 당시, 나는 중국공산당이 농민과 농촌에 우호적인 정책을 펴는 데 대한 만족감이 커지고 있음을 체감했다. 도농 간 가시적인 격차는 여전히 존재했지만, 연변 곳곳에서 성공적인 경제 발전에 대한 자부심과 자신감이 감지되었다.

이러한 변화 속에서 연변의 지식인과 정부 관료들은 이제 한국에 갈 필요가 없다고 주장하는 경우가 많다. 그들은 한국을 '일밖에 모르는' 삶에 종속된 곳으로 보며, 조선족 이주자들은 한국 사람들 '밑에서' 일하는 사회 계층에 속한다고 본다. 어느 날 나는 연길 시내에 위치한 북한 식당에서 조선족의 한국행을 가리켜 "유행병"에 비유하는 조선족 정부 관료인 용 국장과 식사를 하게 되었다. 그는 "한국에 간 사람들은 중국에서 특별히 할 일도, 뚫고 나갈 능력도 없는 사람들"이라고 단언했다. 그러면서 자신이 왜 한국행을 고민할 필요가 없었는지를 주택 구매 이력을 예로 들며 설명했다.

1980년대 말, 연변에서 주택 사유화가 막 시작됐을 무렵 우리 부부는 작업 단위(연변 주정부)에서 엄청나게 저렴한 가격으로 새 아파트를 분양받았어요. 처음에 내가 배정받은 집을 산 다음, 아내가 배정받은 두 번째 집도 샀죠. 우리 돈은 거의 들지 않았어요. 그리고 나는 설날이나 특별한 날에 선물도 받고 보너스도 나와요. 우리와는 다르게, 한국에 간 사람들은 모든 걸 스스로 부담해야 하잖아요. 집도 제값을 다 주고 사야 하고요. 작업 단위에 속하지 않으니 아무런 혜택도 없는 데다, '뒷돈' 같은 건 말할 것도 없죠. 내 삶이 훨씬 낫다고 생각해요. 현금 흐름은 덜할지라도요. 나는 중국 안에서도 얼마든지 먹고살 수 있었어요. 그래서 한 번도 한국에 가고 싶다는 생각을 해본 적이 없어요. 왜 가야 하죠?

당시 50대 후반이었던 용 국장은 고등학생 아들을 둔 아버지였고, 아내 역시 정부에서 일하고 있었다. 그는 1978년 대학에 입학해 4년 후 졸업한 뒤 곧바로 성부 일자리에 배성되었고 연변 주정부의 고위직까지 승진했다. 이처럼 공직에서 잔뼈가 굵은 관료로서, 용 국장은 한국에서 이주노동자가 된 사람들에 대한 무시를 노골적으로 드러냈다.

고등학교 친구 스무 명 중 열다섯은 한국에서 일했어요. 동창회가 열리면, 여기서 오는 사람보다 서울에서 오는 사람이 더 많죠. 아파트와 차를 사고, 한국 사람처럼 옷도 잘 입고, 겉보기엔 경제적으로 안정된 삶을 사는 것 같죠. 하지만 자세히 들여다보면 문제도 많고 걱정거리도 넘쳐요. 이혼한 사람들도 많고, 아이들은 길을 잘못 들기도 하고요. 고된 노동을 하느라 병이 들거나 다치기도 했죠. 또 한국 사장 밑에서 10년 넘게 단순 육체노동만 하다 보니 머저리가 다 됐어요. 중국에 돌아와서 장사를 하거나 새로운 삶을 시작할 능력이 없는 거죠. 뭐, 돈이야 벌었겠죠. 하지만 제값으로 아파트 한 채를 사고 나면 남는 게 없어요. 그러면 또다시 한국으로 돌아가야 해요. 결국 남는 건 쓸모도 없는 한국식 말투뿐이죠. 그런 걸 성공한 좋은 삶이라고 할 수 있어요?

용 국장이 언급했듯, '한국식 말투' 또는 '서울말 흉내'는 귀환자들이 소위 '한국물', 즉 한국적 생활 방식을 얼마나 체화했는지 평가하는 하나의 기준이 되었다. 예컨대 연변 사람들은 서울 말투를 흉내 내는 조선족 이주자들이 '어색하게' 연변 말투와 섞어 말한다고 조롱하곤 했다. 나는 이러한 귀환자들을 달갑지 않게 여기는 연변의 조선족들을 자주 만났다. 한국에서 돌아와 연변에서 식료품점을 운영하는 40대 초반의 조선족 옥란 씨는 이렇게 말했다. "한국에서 돌아온 후로는 연변 말투를 더 세게 쓰려고 노력하고 있어요. 뒤에서 말들이 많거든요. 내가 조금이라도 서울 말투를 섞어 쓰면 손가락질을 하고요. 사람들은 말투에 민감하죠. 한국에 다녀온 게 예전만큼 자랑거리가 아니에요. 다들 '한국물'을 한 번쯤은 먹어봤고, 거기서 돈도 벌어봤으니까요. 이제 한국에 가는 건 더는 특별한 일이 아닌 거죠." 한국이 여전히 송금, 세련된 생활 방식, 패션, 근대 문화의 원천으로서 강력한 매력을 지니고 있음에도 불구하고 '한국 가기'는 이제 연변에서 높은 사회적 지위를 나타내지 못한다. 오히려 한국식 말투와 옷차림은 결핍의 표시, 즉 중국의 새로운 시장경제에서 자리 잡지 못하는 사람의 증거로서 해석되고 있다.

반면 용 국장의 관점은 단지 돈을 벌고자 한국에 간 사람들과 자신을 구별함으로써 중국 내 자신의 지위를 확고히 수립했다는 자신감을 나타낸다.[7] 동시에, 서점 주인 국 사장도 이야기했듯이 장기간 중국을 떠나 있던 사람들은 최근 급변한 중국 사회에 적응하는 데 어려움을 겪고 있다. 귀환자들은 특권을 가진 작업 단위에 속한 사람들, 그리고 자신이 없는 동안 경제적으로 성공한 사람들로부터 위축감을 느끼고 있었다. "한국에 안 간 사람들이 훨씬 더 잘살게 되었다"라는 자부심 어린 발언은 이러한 전환의 흐름을 보여준다. 이렇듯 수십 년간 급속한 경제적 성취를 견인했던 '한국바람'은 문화적 자본과 물질적 힘을 점차 상실해 가면서 그 의미 또한 새롭게 해석되고 있다.

타고난 사업가

2008~2009년 무렵, 나는 한국에서 안정적인 일자리를 구하지 못한 데다 환율까지 불리해지면서 연변으로 귀환한 조선족들이 마주한 급박한 현실을 목격했다.[8] 그러나 동시에, 차이나 드림을 좇던 이들에게는 이러한 위기가 새로운 기회를 가져다주었다. 위안화 강세에 힘입어, 일부 조선족 상인들은 한국에서 물품을 싼값에 대량 구매해 중국에서 판매하며 큰 수익을 올렸다. 그 수익률은 2008년 이전, 원화가 강세를 보인 시절보다 훨씬 높았다. 나아가 환율 덕분에 한국을 찾는 조선족의 구매력도 커졌다. 이러한 가운데 조선족들이 사업

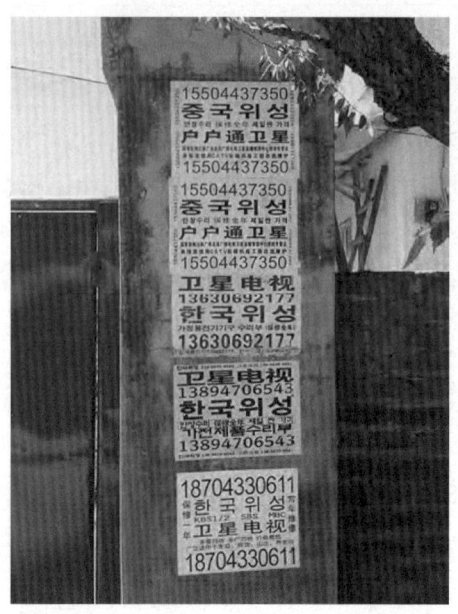

6.7 연길의 한국산 위성 안테나 광고(2016). 해당 기기는 불법이지만, 조선족들은 한국 TV 프로그램을 시청하기 위해 설치하곤 한다. 저자 촬영.

이나 관광 등의 목적으로 한국행을 택하는 새로운 흐름이 서서히 등장하게 되었다.

    최근 몇 년 사이 중국인 관광객들은 한국의 고급 백화점에서 고가 제품을 구매하는 이른바 '큰손' 고객층으로 주목받고 있다.[9] 한국 언론에서는 중국인 고객들이 매장을 다녀간 후 진열대가 텅 비었다는 보도를 하기도 한다. 이렇듯 씀씀이가 큰 중국인에 대한 이야기가 반드시 조선족에만 국한되는 것은 아니지만, 연변에서 만난 조선족 상인들은 서울의 관광명소로 꼽히는 롯데백화점에서 품질 좋고 가격도 합리적인 고급 제품에 열광하는 모습이었다. 나는 연변에서 이름난 약국을 운영하던 40대 후반의 여성 사업가, 당 사장을 통해 이러한 소비 문화를 접할 수 있었다.

> 연변에서 사업하는 친구들이랑 같이 서울에 갔어요. 거기서 일주일 동안 한 일이라고는 먹고 쇼핑하고, 또 먹고 쇼핑하고…. 그게 전부였죠. 한국 해산물은 중국보다 훨씬 저렴하고 품질도 월등히 좋았어요. 먹다 지칠 정도였죠. 연변은 물론이고, 베이징과 비교해도 한국 물가가 정말 싸더라고요. 위안화를 원화로 환전했기 때문이겠죠. 우리 셋이서 롯데백화점 모피 코트 매장에서만 3,000만 원 넘게 썼어요. 계속해서 코트를 바꿔 입어봤죠. 점원들은 우리가 조선족인 걸 알고는 비싼 물건을 못 살 거라고 생각했는지, 한국이나 일본 고객 대하듯 친절하지는 않더라고요. 그래도 물건이 좋아서 안 살 수가 없었죠.

당 사장 정도의 소비 능력은 연변에서 드물었지만, '조선족 부자'에 대한 이야기는 점점 더 자주 들려오고 있었다. 인구 유출과 송금액 유입에 크게 의존하는 연변의 모습을 주로 경험해온 나로서는 당 사장과의 만남이 3장에서 논의한 공간적 분리, 즉 한국은 노동과 스트레스로 가득한 공간, 중국은 휴식과 소비와 재충전의 공간이라는 분리에 대해 다시 생각해보는 계기가 되었다. 새롭게 떠오른 부유한 조선족 상인의 시각에서 보면, 이 분리는 오히려 반대가 된다. 한국은 소비와 휴식의 장소가 되고, 연변은 노동과 수익 창출의 공간인 것이다.

나는 연변대학교의 이란 교수로부터 당 사장을 소개받았

다. 두 사람은 고등학교 시절부터 친구 사이였다고 한다. 이란 교수에 따르면, 당 사장은 연변에서 가장 부유한 사람 중 한 명이자 가장 성공한 여성 사업가 중 한 명이었다. 우리는 연길 도심에 위치한 당 사장의 사무실에서 몇 시간 동안 이야기를 나누었는데, 나는 그의 몸에 밴 차분하고 친근한 태도 너머에서 타고난 상인의 기질을 엿볼 수 있었다. 당 사장이 살아온 삶의 이력은 몇 가지 면에서 독특했다. 그는 연변의 소도시 출신으로, 초등학교부터 대학교까지 모두 한족 학교를 다녔다. 그래서 한국어보다 중국어에 훨씬 능숙했고, 조선족보다는 한족과 있을 때 더 편안함을 느낀다고 했다. 이는 같은 세대의 연변 조선족들 사이에서는 이례적인 일이었다. 당 사장은 어릴 때부터 '어떻게 하면 돈을 더 많이 벌 수 있을지'를 고민했다. 그는 사천성에서 대학을 다녔는데, 연변에서 사천까지는 기차로 이틀 넘게 걸리는 먼 거리였다. 방학마다 집에 돌아올 때면 사천에서 물건을 가져와 연변에서 팔았고, 다시 학교로 돌아갈 때는 연변에서 가져간 물건을 사천에서 팔았다. 무거운 짐을 들고 왕복하면서 스트레스와 피로에 시달렸지만, 거래를 통해 이윤을 남기는 일 자체에 재미를 느꼈다고 한다. 큰 수익을 올리지는 못했어도 혼자 힘으로 대학을 다니기에는 충분한 돈을 벌 수 있었다.

대학을 졸업한 뒤, 당 사장은 정부 배정에 따라 길림시에 위치한 한 화학 공장에서 근무하게 되었다. 꽤 괜찮은 직장이었지만, 기대한 만큼 돈을 벌지는 못했다. 게다가 결혼 후에는 회사에서 배정받은 아파트를 사려고 했지만, 혼자서는 감당할 수가 없어 돈을 빌려야 했다. 당시에는 좋은 거래라고 생각했지만, 빚을 지는 것 자체가 내키지 않았다. 결국 당 사장은 돈을 더 벌 수 있는 방법을 찾아, 다니던 직장을 그만두기로 결심했다. 그렇게 안정적인 직장을 뒤로한 채 새로운 기회를 찾아 창업의 길을 택했다. 회사를 이미 떠난 상황임에도 당 사장은 그곳에서 쌓은 인맥을 활용해 1990년대 초부터 중약(한약) 판매를 시작했다. 낮에는 일하고, 밤에는 의사인 남편의 의학 서적을 공부하며 새로운 사업을 제대로 이해하기 위해 노력했다.

1990년대 초반, 당 사장의 사업은 성장 궤도에 올랐다. 연변에서 중약에 대한 수요는 상당히 높았는데, 조선족들이 한국을 방문할 때 친지에게 줄 전통적이고 품격 있는 선물로 중약을 신호했기 때문이다. 당시 한중 간에는 상업 서래가 거의 없었기 때문에, 한국 내에서 중국산 한약은 그 희귀성과 높은 가치를 인정받았다. 점점 더 많은 조선족들이 이 가치를 인식하면서, 중약은 단순한 선물을 넘어 수익성 있는 상품으로 변모했다. 그러나 시간이 지나며 중국산 한약이 한국 시장에 넘쳐나자, 한국 정부는 '가짜 한약'을 걸러내기 위한 규제를 강화했다. '정품이 아닌' 제품들은 시장에서 퇴출되며 폐기되었고, 그 결과 중약을 대량으로 사들였던 조선족들은 갑작스러운 파산에 이르고 말았다. 투자가 전액 손실로 돌아간 것이다.

그럼에도 1990년대 중반 이후 중약의 인기는 여전했는데, 이는 조선족들이 한국으로 갈 때 상비약이나 응급약으로 반드시 중약을 챙겨가야 한다는 믿음 때문이었다. 이들은 서양

의약품보다 중약에 익숙한 데다, 한국의 약제비와 치료비가 지나치게 비싸다고 생각했다. 점점 더 많은 사람들이 한국으로 이동함에 따라, 중약에 대한 수요가 다시 증가했다. 당 사장은 직접 한국에 가서 일하지는 않았지만, 그의 사업은 한국 바람과 함께 확장되었다. 송금에 의존해 소득을 올린 마사지사 '5번'처럼(5장 참조), 연변에 머물던 당 사장 역시 조선족의 이주 흐름에 의존해 물질적 풍요를 누렸다. 송금은 연변의 국제 이주 경제에 기여하고, 그로부터 혜택을 누리는 다양한 주체들을 연결하는 중요한 연결망과도 같았다.

이후 당 사장은 훠궈 식당을 개업하며 새로운 사업에도 성공적으로 진출했다. 성공 비결이 무엇인지 묻는 나의 질문에 당 사장은 다음과 같이 답했다.

난 그냥 돈 버는 게 좋아요. 돈 쓰는 것도 좋아하고요. 그리고 가난한 사람들, 때로는 직원들에게 돈을 나눠주는 것도 좋아해요. 한때는 한국에 갈 생각도 해봤어요. 하지만 그러면 서빙이나 아이 돌보는 것처럼 단순한 일밖에 못 하잖아요. 난 그런 일을 하고 싶지 않고, 한국 사장 밑에서 일하는 것도 싫어요. 한국에서 일하는 조선족들은 머리를 쓰지 않아요. 그저 '몸'만 쓰죠. 그거 아세요? 나는 한국에서 돌아온 친구들이랑 대화가 안 통해요. 다들 한국에서 10년씩 일하다가 머저리가 되어버렸어요. 하지만 나는 여기서 어떻게 하면 사업을 계속 키울지 고민하지요.

당 사장의 이러한 발언은 코리안 드림이 쇠퇴해가는 양상을 단적으로 대변한다. 연변 사람들이 하는 말을 그대로 빌리자면, 조선족 이주노동자들이 한국에 가서 단순하고 따분한 일을 반복하다 보니 결국 '머저리'가 되고 말았다는 것이다. 이러한 관점에서 볼 때, 조선족 이주자들은 중국의 발전에 조응하는 연변에서 성공한 조선족들보다 '수준'이 모자란 이들로 간주된다. 당 사장과의 대화는 연변에서 새로운 부유층이 등장하며 귀환자들이 뒤처진 기분을 느끼고, 이로 인해 경제적·사회적 차별화가 급속히 진행되는 상황을 명확히 보여준다.

자랑스럽게 머물기

용 국장과 당 사장의 증언은 연변에서 한국바람과 이동성을 바라보는 인식이 변화하고 있다는 점을 보여준다. 이제 국경을 자유롭게 넘나드는 삶은 더는 부러움의 대상이 아니라,

6.8 이주의 악순환을 끊어내고 사장이 된 연길 시내 와인바 주인(2016). 저자 촬영.

오히려 경쟁력 부족, 다시 말해 결핍을 드러내는 표시로 간주된다. 당 사장을 비롯해 연변의 조선족 부유층이 이동성을 이해하는 방식은 기존의 초국적 이주 연구에서 관찰한 양상과는 상당히 다른 결을 보인다. 예컨대, 1990년대 세계화의 부상 속에 등장한 아이화 옹(Aihwa Ong, 1999)의 주장에 따르면, 유연한 시민권은 자본주의의 문화 논리의 일부이며 초국적 주체들로 하여금 자본을 축적하고 사회적 위신을 획득하는 더욱 유동적인 수단을 갖추도록 해준다. 급변하는 초국적 환경에서, 이동하는 중국인 디아스포라는 복수의 여권을 취득하여 국가-시민이라는 고정적인 관계를 새롭게 이해하고자 한다. 여기서 옹의 논지는 국가의 통제가 약화되었다라기보다는 국민-국가와 이동 주체가 자본주의와 결합하는 새로운 방식을 찾아 나가고 있음을 의미한다. 이 시대에 이동성은 이동 주체들이 자본 축적을 추구하며 국가 및 시장과 협상할 수 있는 경제적 능력과 정치적 권력의 상징으로 작용한다. 한편 2000년대 중국인의 이주에 초점을 맞춘 연구에서 줄리 추 Julie Chu는 더 나은 삶을 찾아 미국으로 밀입국을 시도한 용암시龍岩市(룽옌시) 출신 중국인들의 경험을 다루면서, 여러 차례 실패를 거듭하며 갖게 되는 절박함에 대해 서술한다. 그에 따르면 "포스트 마오 시대의 비이동성은 신체적·사회적·경제적인 측면에서 근대적인 세계와 괴리되어 있는 상태를 의미한다"고 한다(Chu 2010, 259). 추는 이동성을 가리켜 용암 출신 중국인 대부분이 추구하거나 희망했던 일반적인 선택이자, 주변화한 주체들이 '농촌'이라는 한계 속에 '시골 출신'으로서의 고정된 위치를 극복하게 해주는 근대성의 필수 조건으로 보았다.

두 연구는 글로벌 경제 질서 속 중국인의 이주를 탐구하고 있지만, 유연하게 이동하는 주체가 되어 자신만의 꿈을 추구한다는 점에서 조선족 이주자들의 경험도 이들 국외 체류 중국인이나 용암 출신 '시골 출신'의 경험과 다르지 않을 것이다. 그러나 당 사장과 롱 씨의 증언에 초점을 맞추면, 일부 조선족 집단이 경제적 불안정성을 드러내는 이동성에 조롱을 표하기 시작한 데서 보듯 이동성을 둘러싼 새로운 서사가 부상하고 있음을 알 수 있다. 이들은 '비이동성', 즉 연변에 머무르며 사업을 확장하는 것이야말로 지역 정치 및 경제에 뿌리를 둔 경제적 안정성과 상류 계층의 상징이라고 믿는다. 반복직 이동은 사회적 연결망으로부터의 배세와 성상하는 중국 경제 흐름에서의 낙오를 뜻하게 되었고, 훌륭한 삶의 선택지로서 예전만큼 칭송받지 못한다. 용암시 연구에서 '비이동성;(Chu 2010, 11)이 세계 자본주의 질서에서 자리를 찾지 못하고 뒤처진 선택으로 간주되었다면, 연변에서의 '비이동성'은 비이주자들이 중국 경제 호황기에 스스로의 자리를 찾고 경제적 성공을 이루어낸 근거로 이해된다.

그들만의 리그

한국에 다녀온 사람들과 그렇지 않은 사람들 사이에 암묵적으로 내재된 사회적 구별을 관찰하는 동안, 나는 두 집단 간의 실제 역학 관계와 감정에 대한 궁금증을 갖게 되었다.

그러던 중, 2009년 당시 30대 후반으로 여전히 한국과 중국을 오가던 귀환자 박성철 씨를 만났다. 성철 씨는 연변으로 돌아온 경험과 한국에서의 노동 경험이 자신에게 어떤 의미였는지를 이야기하며, 연변 사회에 뿌리내린 사회적 구분과 차별로 인해 느끼는 불안과 답답함을 토로했다.

> 요즘은 한국에서 일하는 게 부끄러워요. 친구들에게 또 한국에 간다고 하면, '아직도 한국에 가?', '왜?'라는 반응이 돌아오거든요. 무시당하는 느낌이죠. 그래서 요새는 그냥 중국 남부, 선전이나 광둥에 가서 사업한다고 말해요. 한국에서 정확히 무슨 일을 하는지 말하고 싶지 않거든요. 말하자면 비밀스럽게 왔다 갔다 하는 거죠. 나는 학교도 많이 못 다녔고 특별한 기술도 없어요. 몸뚱이 하나가 전부예요. 그러니까 조선족인 내가 한국에서 할 수 있는 건 단순한 육체노동뿐이죠. 일은 열심히 했는데, 그만큼 돈도 많이 썼어요. 벌면 바로 써버리는 터라, 솔직히 저축은 얼마 안 돼요. 그냥 한국에서 계속 일하면 또 벌겠지 하고 사는 거죠. 이건 대부분의 조선족이 다 그래요. 하지만 일은 지겹고 늘 똑같기만 해요. 상황이 정말 힘들 때면, 이렇게 평생 살 수는 없겠구나 싶은 생각도 들어요. 그런데 연변에 돌아와도 방법이 없어요. 돈이 떨어지면 다시 한국에 가야죠. 아내와 아들도 먹여 살려야 하고…. 연변에서 벌 수 있는 돈에는 한계가 있거든요. 여기서는 뭘 해서 돈을 벌어야 할지 모르겠어요. 장사를 할 만한 인맥도 없고요. 여기 사람들은 먹고 마시는 데 돈을 많이 써요. 그 생활을 따라가다 보면 금방 거덜 나죠. 도대체 어디서 그렇게 돈이 나는지

모르겠어요. 나보다 못살다가 지금은 부자가 된 친구들을 만나면 이제는 그냥 대화가 안 통해요. 그들끼리는 뭔가 공통점이 있는 것 같은데, 난 그게 뭔지 모르겠어요. 내가 '뭔가' 놓치고 있다는 느낌이 들어요. 대화에 낄 수가 없어요. 나는 그 판 안에 못 들어갔다는 생각이 들고, 연변과 중국에서 벌어지는 일들에도 뒤처진 느낌이에요.

용 국장과 당 사장이 국제 이주자들을 "머저리"라고 표현하며 폄하하는 시각은 성철 씨가 느끼는 상실감과도 겹쳐진다. 성철 씨는 연변에 돌아온 후 갖게 된 부끄러움을 내보였고, 예전처럼 온전히 적응할 수 없을 거라고 생각했다. 이처럼 집으로 돌아와 느끼게 된 불편함은 그동안 좇았던 코리안 드림이 가져다준 득과 실을 재평가하게 만들었다.

성철 씨의 코리안 드림은 1990년대 말, 이주 광풍이 연변을 휩쓸던 시기에 시작되었다. 한국행을 결심한 성철 씨는 알선업자를 찾아 위조 서류를 만들었다. 당시에는 꿈에 부풀어 "한국만 가면 길거리에서 달러를 긁어모으느라 허리가 휠 것"이라는 말을 믿었다. 물론 그 소문은 과장이었지만, 그는 한국에서 나름 즐겁고도 보람이 있는 시간을 보냈다. 지하철과 대중교통, 깨끗한 거리와 매너 좋은 시민들이 사는 대도시의 삶이 만족스러웠다. 무엇보다도 그는 연변에서 새 아파트를 사고 멋진 옷을 입을 수 있는 '송금의 힘'을 실감했다. 성철 씨는 부모처럼 가난한 농민으로 살지 않겠다는 일념으로 누구보다 성실히 코리안 드림을 좇은 선구자 중 한 사람이었다.

하지만 최근 몇 년 사이 코리안 드림은 서서히 그 한계를 드러내기 시작했다. 성철 씨, 선화 씨, 태봉 씨, 국 사장 등 내가 만난 많은 귀환자들은 하나같이 국제 이주 생활에서 비롯된 불안과 고민, 좌절감을 드러냈고, 이는 다층적인 것으로 보였다. 첫째, 한중 간 소득 격차가 몇 년 전에 비해 훨씬 줄어들고 2008년 글로벌 금융 위기 이후 환율도 조선족 이주자에게 불리하게 작용하면서 송금의 실질 가치가 크게 감소했다. 둘째, 이주자의 가족이 송금을 투자하지 않고 하루하루 생활비로 써버리면 자산이 쌓이지 않는다. 신중한 관리와 재투자 없이는 송금이 부의 원천이 되지 못한다(4장에서 김호 씨가 강조한 내용 참조). 셋째, 비숙련 노동자에게 열려 있는 단순 서비스직으로는 더 나은 내일을 보장받지 못하며, 오히려 동일한 단순노동의 끝없는 반복을 초래한다. 결과적으로 두 나라를 오가는 국제 이주자들은 한편으로는 자유롭고 유연하게 이동하는 듯 보이지만, 실제로는 값싼 노동력의 원천으로서 국제 이주의 순환 경로에 갇혀 있는 셈이다(3장 참조). 태봉 씨, 국 사장, 그리고 사진 6.8에 등장한 와인바 주인은 모두 이 순환의 고리에 지쳤다고 토로했다. 이제 한국바람은 1990년대 초만큼 조선족에게 매력적인 선택지가 아니다. 무엇보다 연변을 오래 비움으로써 조선족들은 중국에서 사업을 하는 데 필수적인 사회적 관계망을 상실하고 말았다. 그로 인해 이들이 느끼는 이질감과 상실감은 정서적 차원을 넘어, 문화적이고 실제적인 것이 되었다. 성철 씨에 따르면, 그는 자신이 알아야 할 무언가를 놓친 기분이 든다고 했다. 이 '무언가'는 경제적·

사회적 성공을 위한 암묵적인 행동의 문법으로써 성철 씨가 처한 상황을 극복하는 열쇠가 될지도 모르지만, 이미 성공 궤도에 오른 사람들과 최근 귀국한 이들 사이의 격차는 점점 더 넓어져 갈 뿐이다.

그럼에도 성철 씨는 긍정적인 태도를 유지하려 애썼다. 우선 한국에서 하던 건설 노무직을 그만두고 중국에서 새로운 사업을 시작하고자 했다. 2009년 말에는 중국 내 여러 도시를 여행하며 음식점 사업 계획을 세웠다. 하지만 연길은 이미 식당과 각종 서비스 업종으로 포화 상태였고, 청도(칭다오), 연태烟台(옌타이), 위해威海(웨이하이)처럼 한국인과 조선족이 모여 사는 도시는 창업 및 사업 유지 비용이 너무 많이 들었다. 어느 날 내가 연길의 술집에서 친구들과 어울리는 자리에 함께했을 때, 성철 씨는 후회로 가득 차 있었다. "몇 년만 너 일찍 돌아올 걸 그랬어요. 호황기 전에요. 이제는 너무 늦은 것 같아서 겁이 나네요. 나보다 몇 년 먼저 온 친구는 벌써 돈을 많이 벌었거든요." 그러나 친구 두 명은 이에 동의하지 않았다. 그중 한 명은 이렇게 말했다. "우리는 그때 옳은 선택을 한 거예요. 나는 돈도 많이 벌었고 또 그만큼 많이 썼어요. 후회는 없죠. 한국에서 일하던 시절이 그립네요. 일도 하고 먹고 마시면서, 깨끗하게 발전된 도시를 두루 다녔으니까요. 에티켓도 배웠죠. 조용히 말하거나 신호등을 지키는 일은 한국에 안 갔으면 못 배웠을 거예요." 또 다른 친구는 약간의 향수를 담아 덧붙였다. "인천공항에 비행기가 착륙할 때는 너무 설레요. 한국에서 일하는 건 물론 힘들죠. 하지만 지역 문화센터에 가면 컴퓨터, 댄스, 운동 같은 다양한 프로그램이 있어요. 서울은 연변보다 삶의 질도 훨씬 좋고 활기찬 곳이죠."[10] 그로부터 2주 뒤 나는 시장 조사가 어떻게 되었는지 궁금해 성철 씨에게 전화를 걸었지만, 전화기는 꺼져 있었다. 성철 씨 친구가 전하기를, 그는 이틀 전에 한국으로 떠났으며 아내는 연변에 남아 10대 아들을 돌보기로 했다고 한다. 성철 씨는 그렇게 '1-3-2'라는 순환 경로에 다시 합류했다.

결론

개혁개방과 함께 중국인들은 다양한 직업을 넘나들며 적극적인 자기 변화를 통해 스스로를 새로운 주체로 만들어왔다(Liu 2002). 이 장에서는 연변에 몰아친 한국바람이, 중국의 급속한 사유화 추세에서 조선족을 어떻게 자기 책임적 주체로 재창조했는지를 분석했다. 2008~2009년 금융 위기와 겹쳤던 연변에서의 현지조사 기간에, 나는 포스트 한국바람이라는 이행기적 사회 지형이 출현하는 과정을 관찰할 수 있었다. 이 특정한 국면에서 조선족은 차이나 드림과 코리안 드림 사이를 오가며 이동성, 근대성, 미래성의 개념을 새롭게 해석했고 그 과정에서 새로운 논쟁의 지점을 드러내며 희망과 좌절, 그리고 한국바람에 대한 재평가를 확산시켰다.

연변 사회 내 새로이 형성되는 사회적 위계와 변화를 이 장에서 살펴보았지만, 나는 차이나 드림이 코리안 드림을 완전히 대체했다고 주장하려는 것은 아니다. 오히려 코리안 드림 이후의 삶이 초국적 이동성에 대한 새로운 해석을 어떻게 이끌어냈는지, 그리고 '훌륭한 자질'이라는 근대적 주체성의 개념이 새로운 기준과 평가 속에서 어떻게 재형성되고 있는지를 강조하고자 했다. 사회주의와 자본주의의 교차점이자 두 개의 꿈이 경합하는 변경지역인 연변을 지난 30년간 지배해온 욕망, 즉 '머무르기 위한 떠남'과 '떠나기 위한 머묾'은 이제 재검토와 재평가의 대상이 되고 있다. 여기에 이주노동자가 아닌 사장이 되어 "악순환을 끊어내라"는 사회적 호소가 더해지면서, 코리안 드림은 현재 위기에 직면해 있다.

닫는 글

코리안 드림 이후

지난 30년간 코리안 드림은 연변 조선족의 지배적인 꿈으로 자리 잡았으나, 새롭게 떠오른 차이나 드림과 경쟁하면서 그 강도가 서서히 약화되었다. 횡단하는 꿈들은 저마다 깊은 뿌리를 가지고 다양한 형태로 등장했다. 19세기 후반부터 국경을 넘나들던 한민족은 중국과 조선, 러시아와 일본 등이 지배권을 다투던 변경지역에서 쌀농사로 황무지를 개간하며 가난에서 벗어나기를 꿈꾸었다. 1940년대에는 한인 이주 농민 중 상당수가 중국 동북 지방의 공산주의 혁명에 적극적으로 참여했고, 그 결과 조선족은 중국공산당으로부터 중국 내 소수민족 집단으로 공인받아 정부, 교육, 언어, 미디어에 대한 자치권을 누리게 되었다. 공산주의 혁명은 한인들이 중국의 농지를 취득할 수 있게 해주었지만, 동시에 이들의 삶은 연변이라는 자치주 변경지역 안에 제한되기도 했다. 그러나 1980년대 중국의 개혁개방 정책 이후, 조선족은 중국 내 대도시를 시작으로 북한, 소련, 한국, 일본, 미국에까지 이르는 외부 세계와 연결되었고, 그 결과 여러 차례에 걸친 이주 바람을 경험하게 되었다. '더 나은 삶을 찾아 떠남'과 '이주를 통한 발전'이라는 꿈은 중국, 러시아, 북한과 접한 국경지대의 지리적 위치, 중국인과 조선인 사이의 민족 관계성, 사회주의와 자본주의가 교차하는 중첩된 이데올로기적 조건 속에서 끊임없이 협상하고 실현되었다. 이러한 꿈들은 실제로 수많은 조선족에게 경제적으로 더 나은 삶을 가져다주었으나, 어떤 이들은 이주와 발전, 사랑과 돈, 가정과 일 사이에서 지속적인 삶의 불안정성에 시달리거나 그 꿈에 배신당하기도 했다.

나는 10년 이상 연변을 방문하며 코리안 드림의 다차원성과 그 취약성을 관찰해왔다. 코리안 드림은 특히 법적 변화, 노동시장의 여건, 한중 관계, 글로벌 경제에 따라 달라지는 양상을 보였다. 후기 사회주의 국가로 사영화된 중국과 탈냉전 시대의 신자유주의 한국이 교차하는 지점에서, 한민족의 이름으로 한국의 노동시장에 호명된 조선족의 '노동하는 몸'은 다른 외국인 노동자들과는 구별되는 문화적 근접성과 언어적 유사성을 바탕으로 한국 사회 안에서 목소리를 내고 존재감을 키워가며 중요한 사회 구성원이 되었다. 이와 동시에 '한민족인 조선족'이라는 중첩된 정체성은 무시, 차별, 착취의 근거가 되어 배제되고 취약한 집단으로 표상되기도 했다.

이처럼 조선족을 환대하면서 냉대하고, 냉대하면서 환대하는 조국 한국에서 조선족 이주자들은 '한국 돈'이 가진 변혁적 힘을 통해 송금인과 수취인, 아내와 남편, 부모와 자식 간에 아슬아슬한 국제적 연결을 이루며 급속한 경제적 발전을 만들어냈다. 또한 조선족이 뒤로한 토지를 한족 농부들이 경작하게 됨에 따라, 한족과 조선족 사이에 송금으로 형성된 사업 관계는 새로운 민족 간 상호 의존성을 형성했다. 이 상호의존성은 이동성과 비이동성, 이주와 정주, 떠남과 머묾 같은 단순한 이분법에 복잡성을 더했다. 언뜻 상반되어 보이는 이 두 가지 존재 방식은 수많은 조선족이 두 세계를 오가며 "두 개의 집"(Zavella 2011)에서 살아가는 경계적 삶의 일상화로 이어졌다. 특히 한국의 비자 규제는 조선족의 경계성을 더욱 부각시켰다. 즉, 이주자들로 하여금 한국에서는 일하고 돈을 벌며 연변에서는 쉬고 돈을 쓰는 방식의 다중적 시간성이 포함된 리듬에 따라 구분된 삶을 살게 했다. 이렇듯 국경을 넘나드는 시간성은 결국 서로 다른 두 세계를 하나의 일상으로 엮어내며, 노동하는 몸이 두 가지 시간 모드를 번갈아 살아가도록 요구했다. 코리안 드림은 한민족인 조선족의 신체, 한국으로부터의 송금 흐름, 그리고 초국적 시간의 작동으로 유지되어 왔다. 한편, 새로운 세계 자본주의의 역학 관계와 물질적 조건이 등장하면서 코리안 드림 이후의 삶은 지금도 끊임없이 재편되고 재형성되고 있다.

진화하는 꿈

차이나 드림의 부상과 코리안 드림의 쇠퇴는 내가 본격적으로 현장 연구를 실시했던 시기(2008~2009년)와 이후 2016년까지의 후속 연구를 진행하는 내내 병치되어 나타났다. 코리안 드림의 추구는 중국 경제의 사유화 추세 속에서 조선족 이주자들이 빠른 속도로 경제적 번영을 이루게 하는, 하나의 필연적인 삶의 단계로 간주되었다. 그러나 동시에 한국에서의 노동 소득보다는 중국 내에서 더 빠른 경제적 성공을 약속하는 차이나 드림을 좇는 이들도 급증했다. "앞으로는 한국 사람들이 중국에 일하러 올 것이고, 10년이면 우리 중국이 미국을 넘어설 것"이라던 한족 택시 기사의 예언은 현실이 되어가고 있다. 나는 연변 곳곳에서 국가 발전의 구체적 사례와 결합된 국가적 자부심, 그리고 개인의 경제적 성공에 대한 무용담들을 반복해서 들을 수 있었다.

이전 장들에서 포스트 코리안 드림을 포착하는 시대 구분으로 '차이나 드림'이라는 용어를 사용했지만, 2013년 내가 연변을 다시 찾기 전까지만 해도 이 말은 공공 분야나 일상 대화에서는 통용되지 않았다. 실제로 차이나 드림이라는 개념은 2012년 시진핑 집권 당시 중국공산당이 "중국적 특색을 더한 사회주의" 발전을 위해 공식적으로 내세운 "강령"이자 "정치 선언"으로 등장했고 이후 장려되기 시작했다(Peters 2017; Mahoney 2014; Z. Wang 2014). 그 이전까지 중국의 급격한 세계적 부상으로 촉발된 광범위한 열망과 고조된 흥분을 특정 용어로 포착해낸 개념어는 없었다. 그러나 차이나 드림이라는 용어가 언론과 대중 담론에서 점차 자리를 잡으면서, 연변 내에 중국공산당의 경제적 성취와 소수민족 정책에 대한 자부심과 자신감이 곳곳에서 표출되는 모습을 나는 관찰할 수 있었다. 학계에서도 차이나 드림이라는 개념에 주목하기 시작했는데, 〈중국정치과학저널Journal of Chinese Political Science, 中國政治科學期刊〉은 2014년 이를 주제로 한 특별호를 발행하기도 했다. 정 왕(Zheng Wang, 2014)은 이 특별호에 기고한 글에서 중국의 국가적 부흥이라는 아이디어에 초점을 맞추어 차이나 드림의 개념과 맥락을 소개했다. 그의 주장에 따르면, '부흥 서사'는 과거 서구 세력에 패배하며 생겨난 굴욕 담론에 대응한 것으로, 집단 정체성과 국가적 단결을 고취하기 위해 사용되었다. 중국 지도자들은 이러한 부흥을 정치적 방침으로 강조했으며, 특히 시진핑은 전례 없는 부와 권력을 얻는 길로써 차이나 드림에 글로벌한 성격을 부여했다.[1]

이 결론에서 나는 '차이나 드림'이라는 용어를 포스트 코리안 드림의 상황과 함께 재고하고자 한다. 여기에서 '코리안 드림'이나 '차이나 드림'과 같은 국가화된 형태의 꿈은, 세계의 정치경제적 변화 속에서 특정한 꿈을 좇는 집단적 움직임을 통해 꿈이 실현되는 장소(한국 또는 중국) 및 그곳과 연결된 열망과 관련되어 있다. 그러나 지금 이 결론을 쓰는 시점, 즉 2020년 초 중국에서 시작된 팬데믹이 전 세계로 확산된 이후, 중국의 세계적 영향력은 미국의 글로벌 패권에 도전할 만큼 훨씬 강력해졌다.[2] 중국의 위대한 국가적 부흥에 관한 시진핑의 연설에서 상상 속의 모호한 정치적 방침으로 등장했던 차이나 드림은, 이제 일대일로─带─路 구상 아래 도로나 댐 같은 세계적 규모의 인프라 구축과 에너지 자원 개발로 구체화되고 있다. 차이나 드림은 중국 내 다양한 국가 구성원을 통합하는 정치적 구호이자, 중국이 전 세계적으로 경제 투자와 인프라 개발에 참여함으로써 글로벌 리더가 되도록 하는 경제적 동력이기도 하다. 2012년 이전에 내가 중국의 급속한 부상을 일상에서 체감하며 느낀 고유한 흥분의 분위기를 가리켜 '차이나 드림'이라 칭했던 것과는 달리, 시진핑이 강령으로 장려한 차이나 드림은 이제 중국의 영토를 넘어선 개념이다. 요컨대 글로벌화된 국가주의와 국가화된 글로벌리즘을 통해 중국이 가진 세계적 영향력을 구축해 나가는 동력이다.

이처럼 여전히 진화를 거듭하는 차이나 드림의 맥락에서, 이 책은 코리안 드림의 생애사—탄생, 성장, 병듦, 죽음, 그리고 심지어 다시 태어나기까지 자체적인 삶의 주기—를 비판적으로 분석한다. 나는 이 책 전반에 걸쳐 코리안 드림의 정서적·물질적·감각적·정치적 차원을 풀어내며, 여러 가지 꿈들이 제각기 고유한 형태의 시간성을 갖추고 있다는 점을 발견했다. 이 꿈들은 이동하고 변화하며 때로는 교착 상태에 빠지기도 했다. 횡단하는 꿈들은 열망과 좌절, 환희와 피로, 연결과 단절, 이동과 고착을 모두 아우르며 나름의 변형을 겪고 있다.

새로운 꿈들

2011년과 2013년, 그리고 2016년 연변을 방문하면서 나는 연변 전역에서 차이나 드림에 대한 예찬이 점차 보편화되는 모습을 목격했다. 2013년 연변작가협회 소속 작가들과의 만남은 이를 잘 보여준다. 조선족 작가들은 따뜻하게 나를 맞이하며, 내가 부재하던 동안 놓친 여러 가지 소식을 상세히 전해주었다. 대화는 주로 중국 경제의 호황, 협회에 배정된 예산의 증가, 그리고 그 덕에 일부 작가들이 한국을 더 자주 여행하게 되었다는 이야기를 중심으로 이루어졌다. 10년 전만 해도 문화적·경제적 자본이 부족하다는 이유로 한국 작가들에게 무시당했던(혹은 그렇게 느꼈던) 경험이 있었던 조선족 작가들은 넉넉한 중국 정부의 재정 지원을 받으면서 비로소 한국 작가들과 동등해진 기분이 든다고 했다. 연변 작가인 진 선생은 이렇게 설명했다. "이제 우리는 더는 한국 사람들에게 주눅 들지 않아도 돼요. 지갑이 두둑해지니까 마음이 든든해졌다고 할까요? 전처럼 늘 저자세를 취하거나 후원을 부탁해야 했던 시대는 지났습니다."

이처럼 연변의 조선족은 다른 단계로의 경제적 전환을 이루었고, 한국 사람들과 동등한 거래 관계를 구축할 수 있게 되었다. 이후 내가 만난 교수, 기자, 사업가들도 조선족의 정체성을 새롭게 정립하려는 흐름 속에서 차이나 드림이 지닌 강력한 잠재력에 대해 역설했다. 그러나 작가들과의 저녁 식사 자리에서 들은 진 선생의 이야기는 조선속으로서 변경시대에 살아가며 여전히 느끼는 복잡한 감정과 얽히고설킨 경제적·정치적 상황을 고스란히 드러내고 있었다.

진 선생은 다양한 수상 경력에 빛나는 저명한 조선족 소설가이다. 진 선생과 아내 모두 작은 변경도시 출신인데, 그들의 고향은 다른 국경 소도시들과 마찬가지로 급격한 인구 감소를 겪었다. 1990년대 초반부터 특히 조선족 여성들 상당수가 한국바람을 타고 연변을 떠났는데, 이들은 대체로 한국어와 중국어 모두에 능통한 노동자를 필요로 하는 회사에서 일하다가 한국인 남성과 결혼했다. 이러한 여성 인구의 감소는 조선족 민족 공동체 내에서 저출생 문제의 주요 원인으로 지목되었고, 이들은 귀환하여 가정을 꾸리는 대신 돈을 좇아 떠난 이들로 간주되어 도덕적인 면에서도 비난을 받고 있다(Noh 2011). 이러한 상황에서, 1990년대 중반과 2000년대 중반 북한의 식량 위기 시기에 두만강을 건너온 탈북 여성들이 그 빈자리를 점차 채워 나갔다. 정확한 숫자는 알 수 없지만, 많은 북한 여성들이 연변의 변경 소도시나 농촌에 정착해 조선족 또는 한족 남성과 사실혼 관계를 맺었다.

현지조사 중, 이른바 '북한 신부들'에 대한 이야기를 들었으나 이들의 신원이 밝혀지면 강제 송환될 수 있기에 그 행방은 비밀에 부쳤다. 또한 중국 사람(조선족 포함)과 북한 사람 사이에서 출생한 자녀는 생모가 중국에서 공식적인 법적 신분을 갖고 있지 않았기 때문에 중국 호적 등록이 불가능했다. 이처럼 법률상의 복잡성과 보안상의 우려로 북한 출신 여성들의 삶은 감춰져 있지만, 이들이 변경지역 공동체에서 사회적 구성원임은 암암리에 묵인되었다. 대체로 이들은 조선족 및 한족과 잘 융합되는 것으로 보였지만 중국인 남편으로부터 신체적·성적 학대나 노동력 착취를 당하는 경우도 있었는데, 일부는 이를 피해 난민 자격으로 한국에 정착하기도 했다.

진 선생의 처남 또한 조선족 여성을 만나지 못하다가 북한 여성과 사실혼 관계를 맺었다. 이들 사이에서 태어난 쌍둥이 자매는 혼인 신고가 되지 않아 호구 등록을 할 수 없었다. 이들을 돕기 위해 진 선생 부부는 쌍둥이를 자신들의 호적에 등록했다. 이후 처남의 사실혼 배우자가 한국으로 건너가 난민 자격으로 정착하면서 상황은 더 복잡해졌다. 3년 뒤 시민권을 취득하고 남편을 한국으로 초청했지만, 막상 도착하고 보니 아내는 다른 조선족 남성과 함께 살고 있었다. 진 선생이 말하길, 그럼에도 처남은 중국으로 돌아가면 혼자서 쌍둥이를 부양할 수 없기에 한국에 남아 일하기를 원한다고 했다. 진 선생은 눈물을 글썽이며 토로했다. "쌍둥이를 볼 때마다 마음이 아파요. 친부모처럼 아이들을 제대로 키울 수 있을지 걱정이에요."

이는 연변이 이룩한 경제적 번영과 글로벌 강국으로 부상한 중국의 장밋빛 현실과 대조를 이룬다. 실제로 작가들은 넉넉한 살림을 한껏 자랑하고 난 뒤, 우울한 어조로 조용히 이러한 사연을 덧붙였다. 동시에 이 이야기는 동시다발적 월경이 지속되며 연변이 위태로운 변경지역에 놓여 있음을 보여준다. 일부 북한 사람들이 몰래 강을 건너 물질적으로 풍요롭고 지리적으로 인접한 연변에 정착하고, 결국 난민 자격으로 한국에 이르게 되는 또 다른 이주의 흐름 또한 이 속에 포함된다.

일부 북한 사람들은 연변과 북한 정부 간 계약에 따라 식당 일을 하러 연변에 오기도 한다. 특히 연변의 북한 식당에서 이들은 북한식 한복을 입고 북한 노래를 부르며 악기를 연주하는 이국적 타자로 소비되지만, 동시에 조선족이 한국으로 떠나기 전까지 맡았던 역할을 대신할 수 있을 만큼 한국어에 능통한 노동자이기도 하다. 앞서 논의한 바와 같이, 한족 또한 한국 자본으로 생겨난 새로운 경제 기회를 찾아 연변으로 몰려들고 있다. 이들은 조선족이 살던 농촌과 소도시를 빠르게 채우며 그들이 남기고 간 땅을 인수하거나 건설 분야에서 이주노동자로 일한다. 게다가 경제적·정치적·종교적 이유로 한국인을 비롯한 외국인 또한 연변의 '변경'이라는 입지를 활용해 북한과 연결되는 접점으로 삼아왔다(J. Han 2013; J. Jung 2015).[3] 한국인들 중에는 중국의 세계적 부상에 발맞추어 자녀 교육을 위해 연변으로 이주하는 경우도 있다. 이처럼 연변은 사람, 상품, 돈이 흐르는 통로로서, 강력하면서도 상충하는 다양한 꿈들이 교차하는 소수민족 변경지역으로서 진화를 거듭해왔다.

다양해진 꿈들

박사논문을 위한 초기 현지조사 이후 연변을 다시 방문하면서, 나는 코리안 드림 이후 조선족들의 국제 이주 경로와 거주지가 다양해지고 있음을 관찰할 수 있었다. 조선족의 이주 목적지는 이제 한국과 중국 대도시에 국한되지 않고 도쿄, 뉴욕, 로스앤젤레스, 런던, 시드니 등 세계 각지로 확장되고 있다. 여는 글에서 언급한 선화 씨와 태봉 씨 부부는 연변과 서울을 오가며 차이나 드림과 코리안 드림을 동시에 추구하면서, 삶의 기회를 다양화하고 위험을 최소화했다. 2장에 등장한 나의 친구 지란은 중국, 한국, 미국 간 무역을 중개하는 사업에 집중하기 위해 연변의 한 도시에서 안정적인 공무원 일자리를 그만두었다. 지란의 부모님도 아버지가 한국의 건설업에서 안정적인 소득을 확보하게 되자, 어머니 또한 연변 농촌을 떠나 서울로 이주했다. 그들의 고향 집은 마을의 다른 집들과 마찬가지로 빈집이 되었다.

나는 지란의 가족처럼 세계 각지에 흩어져 여러 가구 형태를 유지하는 조선족의 사례를 다수 접할 수 있었다. 예를 들어 2016년 후속 연구를 진행할 당시, 도미니카공화국에서 부모와 함께 섬유 공장을 운영하는 30대 중반의 여성이 소유한 빈 아파트를 임대했다. 그는 연길에만 아파트를 세 채 가지고 있었는데, 이는 임대를 통해 수익을 올리거나 부모님과 연변을 방문할 때 머무르기 위한 용도였다. 이러한 '빈집'들은 송금으로 이루어진 연변 도시 풍경의 한 모습이었는데, 언젠가 돌아올 계획이 있지만 정확한 시점을 알 수 없는 이주자들과 연변 간의 연결고리 역할을 하는 듯했다. 물론 이러한 공실 상태는 한국바람으로 연변 인구가 감소하면서 나타난 조선족의 민족 위기로 해석되기도 하지만, 동시에 새로운 한족 이주자들이 유입되어 연변의 민족 구성이 재편되고 연변 안팎의 이주 흐름이 재조정되고 있다고 이해할 수도 있다. 결국 이 빈집들은 연변 사람들의 다양해진 꿈이 연변 밖 어딘가에서 실현되고 있음을 짐작하게 한다.[4]

이 책은 코리안 드림의 과거와 현재를 다양한 모습으로 조명하지만, 연변에서 빠르게 변화하는 '꿈'의 모든 면모를 담아내지는 못했다. 지난 30년간 한국에 체류한 조선족 이주노동자들은 경제적 성취, 사회적 지위 향상, 정치 참여 등에서 뚜렷한 세대 차이를 드러냈다. 젊은 조선족 세대는 육체노동에서 화이트칼라 전문직, 창업에 이르기까지 직업군을 다양화하며 부모 세대와는 다른 물질적 현실을 만들어내고 있다. 대중매체는 조선족을 궁핍한 노동자 계층이자 범죄자로 묘사하는 고정관념을 재생산하곤 하지만, 이러한 고정관념은 날이 갈수록 도전받고 있다. 이 책에서 중점적으로 다룬 세대와 달리, 새로운 조선족 세대는 학위 취득과 전문성 확보를 목표로 유학생, 사무직 종사자, 전문직 종사자 신분으로 한국을 찾으며 때로는 창업을 꿈꾸기도 한다.[5] 이들은 한국에 뿌리를 내리고, 대학 교수, 변호사, 컨설턴트, 화이트칼라 사무직 등으로 활동하며 부모 세대와는 다른 삶을 살아간다. 또한 조선족을 향한 지속적인 차별과 '노동자 계층'이라는 낡은 이미지에 대해 비판적인 목소리를 내고 있다. 아울러 한국 영주권이나 시민권을 취득하는 이들이 점차 증가하면서 더 오랜 기간 한국에 머무르게 되었다.[6] 이제 일시적 이주노동자가 아닌 영주권자로서, 정치적 시민권과 함께 국경을 넘나드는 경제적 권한도 갖추게 된 것이다.[7] 지난 30년간 형성된 초국적 조선족 이주자 집단의 노동 궤적을 고려하지 않고서는 코리안 드림을 제대로 이해할 수 없지만, 최근에는 그 양상 자체가 변화하고 있다. 새로운 형태의 코리안 드림이 조선족의 정체성과 한국과의 관계성을 근본적으로 변화시키고 있는 것이다.

여러 형태의 이주 '바람' 경로에서 살펴보았듯, 새로운 민족, 젠더, 국가, 계급 관계가 등장하면서 이동성의 의미와 가치도 재규정되고 있다. 연변은 조선족의 신체와 한국 돈의 흐름, 초국적 시간이 교차하면서 변화가 이루어지는 장소이다. 복잡한 경로의 국제 이주가 일어나는 이 변경지역을 오랫동안 지배해온 코리안 드림 역시 스스로 변화하고 있다. 코리안 드림 이후의 삶에서는 새로운 형태의 꿈이 횡단하고, 새로운 비전과 행동이 요구되며, 새로운 열망이 교차하고 확산되고 있다.

감사의 글

이 책은 오랜 이동의 여정 가운데 얻게 된 수많은 가르침을 기록하고 담아낸 결과물이다. 그동안 친구와 가족, 동료들을 비롯해 현장과 그 너머에서 도움을 주신 많은 분들께 진심으로 감사의 마음을 전하고 싶다. 따뜻한 환대로 연구에 동참한 조선족 이주노동자들과 그 가족들, 그리고 일상의 빠듯함 속에서도 낯선 연구자와 중요한 현장에 함께해준 동행자들 덕분에, 나는 연변조선족자치주의 역사와 조선족의 일상을 더욱 깊이 이해할 수 있었다. 이 책은 그들과 함께 시간을 보내면서 배우게 된 연변의 역사와 그 의미를 세상과 공유하고자 했던 열정과 희망의 공동 작업물이다. 내가 만난 이들 모두가 나의 스승이었고, 연변의 곳곳은 언제나 생동감 넘치는 인류학의 배움터였다.

고故 리운학 선생님께 특별한 감사를 전하고 싶다. 박사논문 현지조사 초기부터 후속 연구에 이르기까지, 선생님은 용정 시내 곳곳을 함께 다니며 연변 역사에 대한 깊이 있는 지식을 나누어 주셨고 주민들과 친근하게 이야기 나눌 수 있도록 세심하게 배려해 주셨다. 선생님의 진심 어린 지지에 직접 뵙고 보답할 수 없게 되어 안타까울 따름이다. 따뜻하고 다정한 연변의 작가 고故 류연산 선생님께도 깊은 감사를 드린다. 선생님은 당신의 연구와 삶의 여정, 귀중한 자료와 사진을 아낌없이 나누어 주셨다. 2009년 말, 선생님의 병세가 악화되는 모습을 뒤로한 채 연변을 떠났는데 결국 다시 뵙지 못했다. 두 분 선생님은 연변에 대한 이 책이 영어로 출판되어 '세상'에 널리 읽히고 알려지기를 간절히 원하셨다. 두 분의 가르침과 이야기는 이 책 곳곳에 깊이 새겨져 있고, 집필에 큰 동력이 되었다. 두 선생님과 함께 연변을 누렸던 시간과 그분들의 지지와 응원은 앞으로도 내게 큰 힘이 될 것이다.

2009년 연변에 머무는 동안, 매주 영어 수업에서 만났던 경란, 웅, 앵무새, 고故 김견, 복순, 범수 등 여러 소선족 친구들과 함께한 일상 덕분에 나는 보다 충실한 연구를 이어갈 수 있었다. 그러나 김견은 연변에서 곧 다시 만나자는 약속이 무색하게도 갑자기 세상을 떠났다. 그는 내가 연변 출신 조선족 미술계와 조선족 미술사를 접하는 데 도움을 주었다. 이들과 나눈 우정과 환대, 정서적 지지 속에서 나는 연변의 새로운 지평에 눈을 뜰 수 있었다. 또한 익명을 원한 조선족 공산당원들에게도 감사의 마음을 전한다. 그들은 내게 값진 역사 강의를 들려주었고, 그들의 인생 이야기는 내 영감의 원천이 되었다. 함께 산행을 했던 동료들, 특히 백산과 소나무 등 등산 멤버들은 지리적·문화적으로 귀한 가르침을 주었다. 영어 수업 공간을 기꺼이 허락해준 신 사장님께도 고마움을 전한다.

연변대학교 교수님들과 연변과학기술대학교 관계자들에게도 감사의 마음을 전한다. 그리고 연변의 조선족 작가 및 언론인들에게도 감사드린다. 그들은 적절한 조사 장소를 알려주었고, 현지조사를 확장하고 심화하는 데 도움이 되는 인연을 소개해 주었다.

한국에서의 초기 연구에 아낌없는 지지를 보내준 임광빈 목사님께 깊은 감사를 전한다. 임 목사님은 나에게 디아스포라 문제와 사회 현안에 대한 통찰을 나누어 주셨다. 급변하는 한국 조선족 사회의 최전선에서 아낌없이 도움을 주신 김용필 국장에게도 진심으로 감사드린다. 두 분은 한국 사회에서의 조선족 문제를 이해하는 데 큰 도움을 주셨다. 본문 곳곳에 등장하는 조선족동포총연합회 회원들의 이야기 역시 이 책의 피와 살이 되었으며, 그들과 나눈 끈끈한 우정은 이 책에 생명을 불어넣어 주었다.

수년간 이어진 연구와 취업의 과정에서, 훌륭한 스승과 멘토들을 만나는 행운을 누렸다. 듀크대학교의 앤 앨리슨 교수와 랠프 리찡거 교수에게 특별한 감사를 전한다. 앤이 보여준 비판적 통찰과 지지 덕분에 나는 더 깊이 생각하고 더 치밀하게 글을 쓰도록 훈련받을 수 있었다. 또한 앤은 내 연구를 다양한 인류학적 논의의 흐름과 연결시켜 주었다. 랄프의 탁월한 현지조사 감각과 폭넓은 이론적 지식은 내가 "에스노그라퍼(문화인류학자)"라는 정체성을 잊지 않으면서도 이론적으로 정교해질 수 있도록 자극을 주었다. 레오 칭은 내 글을 비판적으로 읽어주고 격려해 준 고마운 스승이자, 나의 성장을 이끌어준 훌륭한 토론 상대였다. 레오는 내가 다양한 학문과 지역 간의 연결과 얽힘을 이해할 수 있는 동아시아 연구자로 성장하는 데 중요한 길잡이가 되어 주었다. 특히 대학원 과정 초기에 분석적 기법을 연마하는 데 큰 도움을 주었던 오린 스탠, 비교 인류학 관점에서 이주 연구에 대한 혜안을 공유해 준 찰리 피오에게도 감사를 전한다. 일리노이대학교 어바나-샴페인의 고故 낸시 에이블만은 이 책의 여러 장을 읽고 날카로운 비판과 함께 따뜻한 격려를 아끼지 않았다.

박사과정을 마치고 피츠버그대학교에서 박사후 연구원으로 있는 동안, 진심으로 나를 응원하고 지지한 니콜 콘스터블에게 깊이 감사드린다. 니콜은 현지조사와 집필을 사랑하는 모범적인 문화인류학자이자 최고의 멘토였다. 피츠버그에 있는 동안 가브리엘라 루카치는 소탈하면서도 날카롭게 나와 재미있는 아이디어와 우정을 나눴던 친구이기도 하다. 내가 뉴욕대학교에서 박사후 펠로우로 있는 동안 토마스 루서는 따뜻한 우정에 기반한 실질적인 멘토십을 보여주었다. 캘리포니아주립대학교 새크라멘토의 아시아프로그램 교수진은 환대와 지지로 나를 맞이해 주었다. 특히 패타라톤 치라프라바티, 조은미, 제프리 딤, 그렉 김-주, 라구 트리처에게 감사를 전한다. 특히 제임스 래는 내가 새로운 직책에 정착할 수 있도록 각별히 애쓰는 한편, 프로그램을 함께 발전시켜 나가는 동지였다. 제임스의 끊임없는 격려는 이 책을 완성하는 데 큰 밑거름이 되었다.

어설프게 열정 가득했던 어린 나를 지지해 주신 한국 대학에서의 선생님과 동지들에게도 깊은 감사를 전한다. 조혜정 선생님은 시대를 앞서간 혁신적 관점으로 내가 인류학에 눈 뜨는 데 큰 도움을 주셨다. 또한 김은실 선생님의 여성주의적 비판을 통해, 나는 지역적·세계적 권력의 역학을 이해할 수 있었다. 이론과 실천의 동행을 보여주셨던 고故 정병호 선생님은 내가 다양한 국가의 한인 디아스포라를 연구하는 데 대한 관심을 갖도록 해주셨다. 특히 김현미 선생님은 내가 문화인류학자의 길을 가는 데 첫 길잡이가 되어주신 분이다. 현장 안팎에서 언제나 모범적인 인류학자의 모습과 인간적 따듯함을 보여주신 김현미 선생님은 내게 지적 영감과 든든한 마음의 후원을 주신 최고의 멘토이셨다. 킨의 배덕호 국장은 내가 코리안 디아스포라의 권리를 이해하고 실천하는 데 눈을 뜨게 해주었다.

이 책은 여러 기관의 연구비 지원을 통해 세상에 나올 수 있었다. 듀크대학교 문화인류학과의 지원금은 현지조사를 수행하는 기반이 되었다. 듀크대학교의 이반 프렌켈 펠로우십은 내가 박사논문 집필에 전념할 수 있도록 도와주었다. 피츠버그대학교 인류학과와 뉴욕대학교 동아시아 학과의 박사후 펠로우십은 박사논문을 발전시켜 책의 완성도를 높이는 데 도움을 주었다. 서울대학교 규장각한국학연구원의 해외출판 지원그랜트는 이 책의 원고를 완성하는 데 큰 도움이 되었다. 이 책의 홍보는 한국학중앙연구원의 2023년 해외한국학지원사업(AKS-2023-P-009) 지원을 받아 이루어졌다.

이 책의 많은 부분은 다양한 기관에서 발표하고 다듬으면서 정교화되었다. 펜실베이니아대학교 제임스 주-진 김 한국학센터, 오하이오주립대학교 여성·젠더·섹슈얼리티학과, 대만중앙연구원 민족학연구소, 싱가포르국립대학교 아시아연구소, 존스홉킨스대학교 인류학과, 스탠포드대학교 인류학과, 독일 막스플랑크센터, 토론토대학교 인류학과, 포덤대학교 사회학·인류학과, 미시시피대학교 사회학·인류학과, 킹스 칼리지 런던 유럽·국제학과, 럿거스대학교 언어·문화학과, 프린스턴대학교 데이비스센터, 툴레인대학교 인류학과, 인디애나대학교 한국학연구소, 하와이대학교 한국학센터, 캘리포니아대학교 버클리한국학센터, 연세대학교 글로벌한국학연구소 등이 도움을 주었다. 무엇보다도 사회과학연구협의회SSRC의 한국학 논문 워크숍, SSRC 한국학 신진 교수 워크숍, 그리고 미시간대학교 한국학 남센터의 신진 교수 원고 워크숍은 내 원고를 수정하고 다듬는 데 귀중한 피드백을 제공했다. 특히 고故 낸시 에이블만, 문승숙, 니콜 콘스터블, 니콜라스 하크니스, 엘레나 김, 장 리의 견고하고 도전적인 의견에 감사드린다. 그들의 제안 덕분에 이 책의 일관성과 가독성을 한층 높일 수 있었다. 듀크대학교 출판부의 켄 위소커 편집장은 무한한 지지와 격려로 저자인 나를 존중해 주었고, 이 책의 주장에 일관성을 유지하며 논거를 명확히 다듬도록 도와준 학술 편집자의 모범이었다. 라이언 켄달은 책의 신속한 제작을 위해 편집 과정에 도움을 주었다. 프로젝트 에디터인 리비아 텐저는 출판 과정 전반을 전문적이고도 원활하게 이끌어 주었다. 그들은 진정 최고의 편집팀이다.

글쓰기 여정에서 수많은 친구들을 만날 수 있었다. 내가 속했던 라이팅 그룹들은 아이디어를 정교화하고 글쓰기를 발전시키고 수정하는 데 매우 중요한 도움을 주었다. 듀크대학교 프랭클린인문학센터 라이팅그룹(에릭 브랜든, 크리스티나 치아, 조영미, 패트릭 알렉산더, 리즈 셰스코, 셰럴리 타린)과 듀크대학교 문화인류학과 라이팅그룹(카티야 웨솔로스키, 로리엔 올리브, 재틴 두아, 에린 패리쉬, 심주형)에게도 감사를 전한다. 나의 친구, 안루 리는 날카로운 비판과 따뜻한 격려로 훌륭한 글쓰기 파트너가 되어주었다. 또한 내 원고 일부를 읽고 비판을 건넨 통찰력 있는 친구들, 아리안 도벌, 브라이언 골드스톤, 공이동, 케빈 소벨-리드, 아드라 레인, 알렉스 러치, 에릭 카흐머, 존 조, 김해영, 김치형, 민자영, 양명지, 박서영, 김난, 크리스티나 김, 김성조, 조슈아 하워드, 앤지 허, 우효경, 신승환, 유원지, 오혜리, 김정민, 오민주, 제시 샘버스, 클라라 리, 이주희, 조영천, 마이클 워커, 송제숙, 캐런 프리먼에게 고마움을 전한다. 편집에 유익한 조언을 해준 개리 애쉬월과 셰릴 니키타에게도 감사드린다. 한국 측 아카이브에 접근할 수 있도록 도와준 구미리 선생님 덕분에 나는 지리적 장벽을 극복할 수 있었다. 또한 지도 제작과 관련한 로레타 김의 지원은 책을 마무리하는 데 큰 도움이 되었다. 일상적인 대화 속에 통찰을 나누고 잠시나마 여유를 찾도록 해준 조현서, 최은자, 정자연, 앤 프라실라, 이순이, 김춘미, 샤인 신, 토마스 호펙은 변함없는 응원을 통해 내가 계속해서 앞으로 나아갈 수 있게 해주었다. 내게 건강과 활력을 되찾아준 고故 정기홍과

채송아, 김승현과 김용현, 그리고 조니안 제네트 역시 고마운 분들이다. 또한 지난 수십 년간 내가 아무리 먼 곳으로 향하더라도 가장 친한 친구로서 늘 곁을 지키며 함께 해준 김보연에게 특별한 감사를 전한다. 뉴욕 진보주의자 모임과 새크라멘토 '양배추' 모임에서 만난 친구들은 맛있는 음식과 따뜻한 마음으로 나를 맞아주며 지지를 아끼지 않았고, 그들의 존재는 나에게 건강과 즐거움을 얻는 또 다른 원천이 되었다. 정성과 사랑이 가득한, 전미숙의 맛있는 음식은 내게 큰 힘이 되었다.

마지막으로 내 가족에게 고마움을 전하고 싶다. 교육에 대한 열정이 남다르셨던 고故 김금선 할머니께서 내가 오랫동안 공들인 이 책이 세상에 나오는 모습을 보셨다면 진심으로 기뻐하셨을 것이다. 내 동생 권소혜와 권준엽은 언제나 든든한 지지를 아끼지 않았다. 그리고 무엇보다도 이 책은 나의 부모님, 권택성과 심인숙 님 덕분에 세상의 빛을 볼 수 있었다. 두 분이 보여주신 깊은 신뢰가 있었기에, 나는 멀고도 긴 여정을 든든한 마음으로 이어갈 수 있었다. 오랜 기다림과 깊은 사랑을 나누어 주신 부모님께 이 책을 바친다.

주

여는 글: 이주의 바람

1. 특별한 언급이 없는 한, 본문에 등장하는 중국어 및 한국어 인용문은 모두 나의 번역임을 밝힌다

2. 다른 연구에서 나는 "금지된 조국forbidden homeland"이라는 용어를 사용한 바 있다(J. Kwon 2019a 참조). 냉전 시기 조선족에게는 자본주의 적국인 한국과의 어떤 연결도 허용되지 않았다. 퇴직한 조선족 중국공산당원을 다룬 선행 연구에서는 그들이 문화대혁명 시기 한국을 향해 느낀 두려움과 망설임을 분석했다.

3. 변경지역인 만주는 중국, 일본, 한반도(조선왕조), 러시아가 오랜 기간 영토 분쟁을 벌여온 지역이다. 앙드레 슈미드(Andre Schmid 1997)는 신채호가 도입한 담론을 중심으로 "잃어버린 땅" 만주를 수복하고자 했던 한민족의 복잡한 영토적 열망을 설명한다. 만주에서는 청일전쟁, 러일전쟁, 제1차 세계대전 시기에도 영토를 둘러싼 치열한 각축전이 벌어졌다(N. Song 2018 참조). 만주는 러시아, 중국, 일본이 주권 실험을 시도한 권역이기도 하다(A. Park 2019 참조).

4. 중국의 소수민족 정책은 "다원적 단일성"(Mullaney 2011)을 바탕으로 하는데, 이는 한족 중심의 정부의 민족 정책을 강조하면서도 다양성을 인정하는 개념이다.

5. 내가 만난 연변 지역의 퇴직한 공산당원들은 냉전 시기를 회고하며, 자본주의를 "악마" 혹은 공산주의의 "적"으로 묘사했다.

6. 포스트 사회주의 맥락에서 시장의 부상은 구소련 지역학 분야의 연구자들을 중심으로 논의되어 왔다(Mandel and Humphry 2002; Rivkin-Fish 2009 참조).

7. 실제로 내가 만난 상인들 중 대부분은 여성이었으며, 연길서시장에서도 여성 상점주가 압도적으로 많다. 연변에서는 "조선족이 못 가는 데가 없다"거나

"최초의 보따리장수는 한족 소굴(한족이 거주하는 중국 내 도시 대부분을 지칭)에 김치를 팔러 간 사람들"이라는 말에서 암시하듯 조선족 여성들은 개혁개방 초기부터 활발히 전국을 오가며 사업을 확장했다. 이들 여성 상인은 초기에는 중국어를 거의 하지 못하거나 전혀 하지 못하는 경우가 많았다. 장사는 언어뿐 아니라 중국식 거래 방식도 하나하나 새로 배워가는 과정이었다. 관련 논의는 노고운(Gowoon Noh 2011) 참조.

8   여러 조선족의 증언에 따르면, 일본에서 북한으로 귀국한 재일조선인들이 북한의 "선진" 문화를 형성하는 데 영향을 주었다고 한다. 테사 모리스-스즈키(Tessa Morris-Suzuki 2007)는 재일조선인의 북한 귀환 방식을 다룬 바 있다. 재일조선인 "귀국사업"은 북한과 재일조선인 간 유대 강화를 목적으로 추진되었으며, 근대적인 "선진" 문물을 북한으로 전파하는 일종의 물길 역할을 했다. 이 과정에서 일본산 제품이 조선족 상인을 통해 중국에 유통되기도 했다. 이에 따라 연변은 컬러 TV, 오디오, 비디오 플레이어 등 일제 가전제품을 중국에서 가장 먼저 접한 지역 중 하나가 되었다고 한 퇴직 공산당원은 회고했다.

9   연변에서는 "러시아"와 "소련"이라는 표현이 혼용되며, 같은 의미로 사용된다. 본문에서는 조선족이 주로 활동하던 지역이 현재의 러시아 영토에 해당하므로 "러시아"라는 표현을 사용한다. 다만 "소련바람"이라는 표현은 예외로 한다.

10 연변에서는 러시아 상인이나 관광객이 쇼핑하는 모습이 눈에 띄는데, 그중에서도 중국, 북한, 러시아 극동 지방과 국경을 맞댄 훈춘시에서는 이러한 광경을 흔히 볼 수 있다.

11 1992년을 기점으로 한국 기업들이 새로운 사업 기회를 찾아 중국, 특히 산동성 등지로 진출하면서 중국어와 한국어에 모두 능통한 젊은 조선족 청년들이 통역이나 중개인 역할을 하며 대도시로 이주했다. 자세한 내용은 김재석의 《한국 공장에서 일하는 중국인 Chinese Labor in a Korean Factory》(2013) 참조.

12 연변 외 지역(길림성, 흑룡강성, 요령성)에 거주하는 조선족은 주로 일제강점기 한반도 남부(현 대한민국)에서 이주한 이들의 후손이다. 따라서 한국과의 가족 관계 증명이 비교적 수월했기에, 연변 지역 조선족보다 한국 노동시장에 더 일찍 진입할 수 있었다.

13 사기 알선업자로 인해 피해를 본 조선족들은 1996년 '중국 조선족 한국 초청 사기 피해 협회'를 조직해 피해 상황을 알리는 한편, 피해자들이 빚을 갚을 수 있도록 이들을 받아들여 달라고 한국 정부에 요청했다(1996년 11월 30일 자 〈동아일보〉 참조). 나는 협회장 이영숙과의 면담을 통해 피해자들의 절박한 상황과 채무 변제를 위한 협회의 활동을 자세히 들을 수 있었다.

14 김재은(Jaeeun Kim 2016)은 일제강점기 한인의 월경을 일종의 "초국경 성원권"의 실천이었다고 설명한다. 박현귀(Hyun Gwi Park 2018)는 소련의 민

주

족정치 아래에서 민족 연결망보다 친족 연결망의 중요성이 부각되었다는 점을 들어, 재러한인의 복잡한 정체성을 논한 바 있다. 알리사 박(Alyssa Park 2019)은 중국, 러시아, 일본, 조선이 한민족에게 적용했던 다양한 관할권 관행을 논하며, 이를 "주권 실험"이라 칭했다.

15 한홍구(Hongkoo Han 2013)는 스탈린이 선포한 "일국일당 정책" 아래에서 중국공산당 내 한인 당원들이 소수 집단으로서 겪은 억압을 민생단 사건 중심으로 상세히 기술하였다. 재일조선인 학자 윤근차(Keun-Cha Yoon 2016)는 조선공산당과 일본공산당 간의 밀접한 연결 관계를 조명했는데, 이러한 관계는 소수민족으로서 일본뿐 아니라 자본주의로 착취당하던 재일조선인에게 큰 힘이 되었으나 동시에 일본공산당 내 민족 간 긴장을 고조시키기도 했음을 보여준다. 소냐 량(Sonia Ryang 1997)은 조총련을 중심으로 한 재일조선인의 복잡한 디아스포라 정체성을 다루었다.

16 테사 모리스-스즈키(Tessa Moris-Suzuki 2007)는 1959년부터 재일조선인 약 9만 명이 북한 이주를 택했으며, 이는 일본 적십자사가 북한, 일본, 소련, 미국과의 협력 아래 추진한 인도주의적 조치의 일환이었다고 설명한다. 그러나 일본에서의 차별과 착취를 피해 자발적으로 북한으로 "귀환"한 이들은 빈곤과 정치적 제약 등 예상과는 전혀 다른 현실을 마주했다.

17 문화대혁명을 거치며 조선족은 민족적·국민적 정체성에 대해 습관적으로 침묵하게 되었고, 금지된 조국으로 여겨진 한국과의 관계에 있어서는 더욱 그러했다(Kwon 2019a). 또한 고령의 조선족을 대상으로 실시한 면담에 따르면, 1960년대 북중 간 정치적 분열로 인해 조선족은 북한 친척과의 접촉이 허용되지 않았고 특히 문화대혁명 시기에는 "북한 특수공작원"으로 몰리는 경우도 있었다. 그러나 중국공산혁명을 위해 훈련받고 혁명에 기여한 조선족들은 한국전쟁에 참전해 중국의 공산주의 동맹인 북한 편에서 싸우기도 했었다(Cumings 2010; Kissinger 2011).

18 재일동포는 북한과 밀접한 관계를 맺는 민족 조직을 지지한 탓에 종종 간첩으로 몰렸다(Hong 2020). 송두율 교수는 방북 경험 및 북한과의 정치적 연계 가능성으로 인해 한국 입국이 금지되기도 했다(D. Song 2017 참조).

19 재외동포에 대한 허위 간첩 혐의와 관련해 지금까지 국가를 상대로 한 여러 건의 소송이 제기되었다. 피해자들은 수십 년이 지나서야 마침내 무죄를 입증받을 수 있었다. 권위주의 정권이 일본, 독일, 미국 거주 재외동포를 간첩으로 몰았던 여러 사례에 관해서는 홍지연(JY Hong 2020)의 논문 참조.

20 2005년 한국에서는 국가폭력을 조사하고 권위주의 정권이 장기간 은폐한 진실을 규명해 국가의 과오로 인한 피해를 보상하기 위해 '진실·화해를 위한 과거사정리위원회'를 설립했다.

21 《한국민족문화대백과사전》에 따르면, 1982년 중국 정부가 한국 방문을 허

용하면서 조선족의 친척 방문이 가능해졌고, 1988년 서울올림픽 이후 고향 방문, 노동 이주, 유학 등을 목적으로 한 이동이 더욱 활발해졌다. https://encykorea.aks.ac.kr/Article/E0068435 참조.

22 앤드류 킵니스(Andrew Kipnis 2007)는 "신자유주의 체제", "신자유주의적 세계 질서", "신자유주의적 자본주의"라는 표현에서 보듯, 학술 담론에서 신자유주의 개념을 과도하게 남용해 왔다고 비판한다. 그는 신자유주의 연구 방법을 (1)신자유주의적 세계 자본주의에 대한 마르크스주의적 접근, (2)레이건·대처 시기 정책을 토대로 한 자유시장형 개인주의, (3)이념과 정책으로서의 신자유주의, (4)자율적 개인의 활동에 필수적인 건강, 주거, 교육, 고용을 누리는 사람들을 생산함으로써 경제 정책과 문화 효과를 연결하는 신자유주의 등으로 구분할 필요성을 제기한다. 일반적이고 광범위하게 접근하기보다는 "저자가 정확히 어떤 정책, 사상 전통 혹은 담론 행위를 '신자유주의'로 정의하는지 구체적으로 밝히라"는 것이다(Kipnis 2007, 388). 이를 바탕으로 나는 조선족 이주자들이 한국형 신자유주의와 중국형 신자유주의를 어떻게 체감하고 인식해 왔는지를 분석했다.

23 정민우(Minwoo Jung 2017)는 도시 불평등을 논하며 옥탑방, 반지하, 고시원 이렇게 세 종류의 불안정한 주거 형태를 소개한다. 위태로울 정도의 주거 불평등 속에서 조선족 등 이주노동자 대부분은 가격이 저렴하고 접근이 용이하다는 이유로 앞서 언급한 공간에 거주해 왔고, 그 결과 화재나 위생 문제, 보안 문제에 취약성을 보이게 되었다.

24 "이주" 과정에서 이주자는 비참함과 위태로움을 경험하며, 여러 이주학자들은 다음과 같이 다양한 렌즈를 통해 이를 설명해 왔다. 탈장소성(Ameeriar 2017; Constable 2014; Mathews 2011), 취약성 및 추방(Cabot 2014; De Genova 2010), 초국적 친밀성(Brennan 2004, 2014; Cheng 2013; Faier 2009; Freeman 2011), 국가 폭력과 비자발적 이주(Coutin 2016), 생사가 달린 위험(Andersson 2014; De León 2015; Lucht 2011), 극심한 노동 착취(Holmes 2013), 심층적 전이성/원하는 지위를 얻기 위한 기나긴 기다림(Fassin 2011; Ticktin 2011).

25 기존 이주 연구는 주로 문화 적응, 정체성 형성, 자본 축적에 의문을 제기했지만(Basch, Schiller, Blanc 1993; Clifford 1997; Gilroy 1993; Hall 1966; Ong 1999; Ong and Nonini 1996), 최근 학계에서는 전쟁과 빈곤에 시달리는 고국을 떠날 수밖에 없었던 이들의 극단적 주변화에 주목하는 논의가 증가하고 있다(Andersson 2014; De León 2015; Fassin 2011; Lucht 2011; Ticktin 2011).

26 스티븐 콜리어Stephen Collier는 《포스트 소비에트 사회: 신자유주의, 사회적 근대성, 생명정치 *Post-Soviet Social: Neoliberalism, Social Modernity, Biopolitics*》에서 포스트 소비에트 경제 개혁의 특징 중 하나로, "욕구의 주체

가 아닌, 개인별 선호에 따라 계산적으로 선택하는 주권적 소비자"로서의 시민에 "책임을 부과"하는 데 그 목적이 있었다고 지적한다(2011, 8). 이처럼 책임감을 각인시키는 방식은 "중국적 특색을 더한 신자유주의"와도 맞닿아 있다.

27 내 관점은 민족적 특성이 "가치 생산"(Comaroff and Comaroff 2009, 4)과 "문화자본"(Cattelino 2008)을 생산할 수 있다는 논의를 바탕으로 한다. 최근 연구들은 민족성을 "민족 기업"(Comaroff and Comaroff 2009), "민족 기업체"(Cattelino 2008), "생득적 경제 집단"(Dirlik 2000, 129), "민족 사업가"(DeHart 2007, 2010) 등으로 개념화하며, 민족적 차이가 시장 영역에서 어떻게 활용되는지를 다각도로 조명하고 있다. 아메리카 원주민 사례에서 보듯, 민족 문화가 창출하는 경제적 가치는 민족 집단의 정치적 주권을 확보하는 데에도 기여할 수 있다(Cattelino 2008).

28 호미 바바Homi K. Bhabha는 자크 라캉Jacques Lacan의 "모방" 개념이 식민지 권력과 지식 생산의 효과적인 전략 중 하나로서, "비슷하지만 같지 않은 타자에 대한 욕망"이라고 설명한다(Bhabha 1994, 122). 그러나 식민지 시대의 모방은 단순한 동일화에 그치지 않는다. 오히려 뚜렷한 욕망의 대상을 두지 않으면서도 식민지 주민에 대한 변칙적 표상을 만들어내는 '전략적 목적'을 지닌다. 물론 조선족의 초국적 이주가 식민지 인도의 사례와는 다르고 조선족이 한국인을 '모방'하거나 '한국인화'하려는 것은 아니지만, "비슷하지만 같지 않다"는 개념은 조선족이 민족적 틈새와 관계성을 활용하여 초국적 노동시장에 진입하는 특정한 방식을 설명하는 데 유용하다. "거의 한국인almost Korean"은 2007년 미국인류학협회 연례회의에서 내가 참여한 패널의 명칭이기도 했다.

29 여기에서는 젠더 정체성과 관련해 자연과 문화, 생물학과 사회학, 결정론과 주의주의를 사이에 두고 이분법적이고 고정화된 이해를 극복하고자 주디스 버틀러Judith Butler가 《젠더 트러블Gender Trouble》(1990)과 《의미를 체현하는 육체Bodies That Matter》(1993)에서 발전시킨 "수행성" 개념을 차용하고자 한다. 《젠더 트러블》에서 버틀러는 성별은 자연화한 규범으로 정립되는 반면, 젠더는 이성애적 규범성을 강제함으로써 형성된 규범성 제약의 결과로 본다. 이어서 《의미를 체현하는 육체》에서는 이 주장을 더욱 발전시켜 "수행성은 언제나 하나 이상의 규범을 반복하는 것이기 때문에 단일 행위가 아니며, 현재의 행위에 준하는 지위를 획득하는 정도에 따라 그 반복적 관례를 은폐하거나 다양화한다"고 설명한다(Butler 1993, xxi). 젠더 정체성은 선험적 본질이나 까다로운 구조물이 아니라, 젠더 규범을 강제적으로 반복한 결과라는 점이 이 주장에서 핵심이다(Weeks 1998, 125-134).

1장 소수민족 변경지역

1   이 시에서 묘사하는 움직이는 존재는 연변 사람들만이 아니라, 이주노동자들과 함께 서울, 베이징, 상하이 등지로 옮겨지는 연변 자체를 의미한다.
2   서울 및 인근 지역에는 조선족이 밀집해 거주하고 일하는 구역들이 형성되어 있다.
3   "조선"은 여러 가지 의미를 내포하는 단어이다. 본래는 근대 한국 이전에 존재했던 왕조를 가리키지만, '조선인'이라는 표현에서 보듯 한민족의 민족 정체성을 암시하기도 하며 경우에 따라서는 '북한'을 의미하기도 한다.
4   조선족 이주의 역사를 다룬 소설로는 《눈물 젖은 두만강》(최홍일 1994), 《북간도》(안수길 1995; 1959~1967년 〈사상계〉 연재분을 모아 출간한 단행본), 《간도 전설》(최국철 1999), 《광복의 후예들》(최국철 2017) 등이 있다.
5   이러한 "낯섦"은 사랑하는 이를 잃고도 제대로 슬퍼할 수조차 없는 상실감에서 비롯된 우울감의 형태를 띠기도 한다(Butler 1997; Eng and Han 2003; Navaro-Yashin 2012; Zavella 2011). 나는 이러한 우울감을 유용한 분석 렌즈로 삼아, 연변을 지배하는 감정 구조인 기대와 기다림, 즉 "모두 한국바람에 떠났다"는 속설에 반영된 정서를 고찰했다. "끝나지 않은 슬픔의 과정"(Butler 1997)으로 지속되는 이러한 우울감은 연변의 일상생활 일부를 이루고 있다.
6   관련된 조선족 역사서로는 《중국조선족력사상식》(김철수, 강룡범, 김철환 공저 1998), 《중국조선민족발자취총서》(중국조선민족역사족적 편집위원회 1991), 《조선족백년사화》(현룡순, 리정문, 허룡구 공저 1982), 《길림조선족》(길림성 정협 문사자료위원회 1993) 등이 있으며, 연길시, 용정시, 동문시, 흑룡시, 왕청시, 혼춘시 등의 향토 사학자들이 편찬한 지역별 역사서도 있다. 중국조선민족역사족적 편집위원회가 1996년에 발행한 역사서도 참조할 수 있다. 상기 서적은 모두 한국어판이며, 연변에서 출판되었다.
7   청나라 조정은 오늘날의 동북 지역을 중국인이 거주하지 못하는 곳으로 제한했는데, 그 이유는 해당 지역이 청 왕조의 발상지이자 '성지'였기 때문이다. 19세기 말엽 러시아가 만주를 향해 공격적으로 남하하자, 한인들은 두만강을 넘어 몰래 농사를 짓기 시작했다. 1880년경 청 조정은 기존 봉금령을 해제하고 중국 농민의 동북 지역 진출을 허용했으며 농지를 저가에 분배하고 세제 혜택도 제공했다.
8   《북간도》(2004)에서 안수길은 국경을 넘어 중국 동북 지역에 정착한 조선족 농민들의 이야기를 다룬다. 이 소설은 중국을 조선(한반도)보다 더 번영한 땅으로 묘사하지만, 조선족은 문화적 동화와 민족 차별이라는 문제에 직면해야 했다(H. O. Park 2005 참조).
9   이 전쟁은 조선 왕조와 초기 청 왕조 사이에 벌어졌다(1636~1637). 전쟁에서 승리한 청은 왕자, 관료, 관련 인물 등 다수의 조선인을 인질로 잡아갔다.

10 19세기 후반까지 청과 조선은 간도(연변의 예전 지명)를 두고 영유권 분쟁을 벌였다. 청일전쟁에서 청이 패하자, 일본은 남만주 철도 부설권을 얻는 대신 간도 영토를 청에 할양했다. 1909년 간도협약을 통해 간도는 공식적으로 중국 영토에 편입되었다(G. Lim 2005; H. O. Park 2005; N. Song 2017).

11 1910년 일본이 조선을 점령하면서 조선은 주권과 외교권을 박탈당하고 일본의 지배 아래 놓이게 되었다. 일본은 조선인을 완전한 시민으로 인정하지 않았고 "조선"이라는 표기를 덧붙여 식민지민임을 명확히 구분했다. 특히 만주에서는 조선인의 시민권 지위가 매우 모호했으며, 이는 1945년 해방 이후에도 지속된 문제였다. 식민지 시대 한인들의 초국경 성원권을 다룬 김재은 Jaeeun Kim의 연구를 참조(J. Kim 2009, 2016).

12 조선족 사학자 손춘일Chunri Sun은 해방 이후 조선족 사회의 상황을 설명하며, 특히 동북 지역 조선족에 대한 국민당과 중국공산당의 상반된 태도를 지적했다. 국민당은 조선족을 한반도로 이주시킬 계획을 세운 반면, 중국공산당은 조선족을 중국 소수민족으로 수용하며 중국 시민권 신청을 장려했다(Sun 2008).

13 민생단은 만주에서 활동한 친일 조선인 조직으로, 중국공산당 내에서 중국인과 한인 간 결속을 약화시키려는 의도를 지녔다. 민생단이 친일 공작 혐의를 받아 기소되자, 중국공산당은 당내 민생단 소속 한인들을 대거 숙청했다. 한홍구는 이를 중국인, 일본인, 한인 간 갈등이 낳은 민족 박해의 한 형태로 보았다(H. Han 2013).

14 북한 정권을 수립한 김일성은 조선공산당 당원이었으며 이후 중국공산당에서도 활동했다. 연변은 일본 제국주의 아래에서 김일성이 사회주의 혁명 활동을 벌인 주요 무대였다. 1952년 연변이 자치주로 지정되자, 북한은 교사 교류 및 교과서 공급을 통해 조선족 교육의 주요 후원자로 나섰다. 이러한 사회주의적 호혜 관계는 김일성이 마오쩌둥의 사회주의를 "수정주의"라 비판하기 전까지 계속되었다. 이로 인해 문화대혁명 시기 조선족은 상당한 정치적 탄압을 받았다(G. Lim 2005).

15 인류학자들은 또한 "문화에 대항하여 글쓰기", 즉 문화를 고정되고 경직된 실체로 보지 않아야 한다는 접근을 논의해 왔다(Abu-Lughod 1997).

16 연변조선족자치주에서는 2000년대 들어 위성 TV로 한국 미디어를 접하기 전까지, 평양말이 표준어로 간주되었다. 그러나 한국바람 이후 연변에서 TV나 라디오로 접하는 한국어는 평양이나 서울의 억양과 완전히 같지 않다.

17 조선족들 사이에서 민족 교육은 정체성 유지를 위한 기본 선택으로 여겨졌지만, 최근에는 자녀가 유창한 중국어를 익히고 중국 사회에 적응하도록 한족 학교에 보내는 부모들이 늘고 있다.

18 소수민족 자치지역의 지위를 유지하려면 해당 지역 내 소수민족 비율이 전체

인구의 30퍼센트 이상을 차지해야 한다는 비공식적 "정책"이 존재한다.
19 연변에서는 이러한 고정관념이 흔히 통용된다. 조선족 남성은 가부장적이고 가사에 소극적이며 여성에 대한 존중이 부족한 반면, 조선족 여성은 가정적이고 헌신적이며 남편과 가족을 섬긴다고 여겨진다. 한족은 조선족보다 검소하고 부지런하다는 인식이 일반적이다. 한족 남성은 가정적이고 여성을 존중하는 반면, 한족 여성은 조선족 여성과 달리 강하고 주도적인 성격을 지녔다고 인식된다. 이러한 민족적 고정 관념은 사회적 관계 및 결혼 관계를 구성하는 데 영향을 미친다.
20 연변 이외 지역의 조선족은 중국어를 사용하는 한족과 자주 교류해야 하는 반면, 연변 조선족은 꼭 그렇지는 않다. 연변에서는 조선족의 문화와 언어가 공식적인 지위를 갖기 때문이다. 사실 타 지역 조선족들은 연변을 '작은 연못'이라고 바라보지만, 연변은 북한 및 러시아와 활발히 교류해 왔다. 특히 1959년 이후 일본에서 이주해온 재일동포들이 일본으로부터 물자를 받으면서 연변은 일본산 '서구' 물자가 유입되는 통로 역할을 했다(Morris-Suzuki 2007 참조).
21 샤러드 차리Sharad Chari와 캐서린 버더리Katherine Verdery는 포스트 식민주의를 비롯해 다양한 "포스트" 상황의 교차점에 대해 논의했다(2009).
22 박현옥Hyun Ok Park은 조선족이 "자본주의적 현재와 문화대혁명 시대를 병치시킨다"고 하면서 (H. O. Park 2015, 148), 조선족이 지금 경험하는 자본주의의 안티테제로 문화대혁명을 해석했던 방식에 주목했다.

2장 냉대 또는 환대하는 조국

1 2010년 장률Zhang Liu 감독이 연출한 영화 〈두만강Tumen River, Dooman River, La Rivière Tumen〉은 연변의 국경 인근 소도시에서 촬영되었으며, 조선족과 북한 주민 사이의 모호한 관계를 극적으로 보여준다. 영화는 북한 주민을 도움이 절실한 가난한 이웃으로 바라보면서, 식량을 찾아 강을 건너는 북한 소년과 조선족 소년 사이의 우정을 묘사한다. 다른 한편으로는 탈북자들이 범죄를 저지르는 외부인이라는 시각도 드러내는데, 예컨대 북한 남성이 자신에게 음식을 준 조선족 소녀를 강간하는 장면도 등장한다.
2 한국바람이 시작될 무렵, 조선족은 "혈연"이라는 은유를 사용해 가족 상봉에 대한 설렘을 표현하는 경향을 보였다. 데이비드 슈나이더David M. Schneider는 "피는 물보다 진하다"는 말을 인용하며 "친척"을 생물유전학적 혈연관계로 정의하였다(Schneider 1980; Carsten 2004 참조). 그러나 여기에 언급한 사례에서도 알 수 있듯이, 조선족과 한국인의 친족 간 유대는 빠르게 약화되었다.
3 2007년 이후 가장 일반적인 비자 유형 중 하나는 H-2 비자로, 지정 업종(주로

육체노동 및 서비스업)에서 최대 5년간 일할 수 있게끔 자유로운 입국을 보장한다. H-2 비자를 취득하려면 한국어 능력과 한국 법과 사회에 관한 기본 지식을 평가하는 시험에 응시해야 한다. 시험에서 60점 이상을 받으면 추첨 참가 자격이 주어지고, 추첨에 당첨되어야 한국에 갈 수 있다. 지란 씨 본인과 어머니는 모두 시험에 합격하고 추첨에도 당첨되었다.

4 "서류상 친족"과 관련해, 미국의 〈중국인배제법 Chinese Exclusion Act〉에서도 "서류상 아들"이라는 개념이 등장한다. 2018년 PBS에서 방영한 다큐멘터리 〈Chinese Exclusion Act〉 참조.

5 마셜 살린스Marshal Sahlins의 주장을 옮기면 다음과 같다. "관계성은 출산으로 형성된 친족 관계와 달리 확장된 시간성을 조건으로 하는데, 이는 문제의 관계성이 부모의 돌봄이라는 누적된 과정을 필요로 하기 때문이다. 확장된 시간성은 여러 형태의 수행적 친족 관계에도 어느 정도 해당되는 조건이다(Sahlins 2012, 8)." 자넷 카스텐Janet Carsten과 캐스 웨스턴Kath Weston도 공동체적 정서와 사회성은 연속성과 장기적 시간성을 바탕으로 형성된다고 본다(Carsten 2000, 2004; Weston 1997). 사라 프랭클린Sarah Franklin은 새로운 생물학에 따른 새로운 친족 관행을 논하고(Franklin 2002), 엘레나 킴Eleana Kim은 초국적 입양이라는 맥락에서 친족 관계를 분석한다(E. Kim 2010).

6 수전 맥키넌Susan McKinnon은 친족 관계의 경제학에 대한 논의를 통해, 부계와 사유 재산 출현 사이의 관계를 살펴보았다. 그는 친족 관계가 경제적 이유로 부계를 "사업화"하고 이를 재창출 및 활용함으로써 가부장적 계보를 영속화하는 원인이 된다고 분석한다(McKinnon 2001, 284).

7 2013년부터 조선족은 '자격 요건'을 충족하고 경제적 잠재력과 전과가 없음을 입증하면 한국에서 영주권을 신청할 수 있게 되었다.

8 일부 사회 비평가와 시민단체 활동가들은 재외동포에 대한 차별적 대우가 한민족의 민족주의와 "일체감" 및 동질성을 위협한다고 지적한다(Shin 2006 참조). '재외동포법'에서 한민족은 조국에 대한 정서적 소속과 정치적 연계를 잇는 가교이자 "실제로 불평등과 착취가 만연한지 여부와는 무관"하게 수평적 동지애로 상정한 "상상된 공동체"로서 표현된다(Anderson 2006, 7). 민족 성원권은 베버 식으로 말하면 "정치적 인위성"이자 "민족적 허구"(Sollors 1995, 55; Weber 1997)에 해당하는 민족적 상상을 통해 글로벌 코리아를 구성하는 집단들의 형성을 촉진하며, 이는 재외동포에게 F-4 비자와 같이 일종의 준準시민권을 부여하는 방식으로 이루어진다.

9 실제로 한국 정부는 항일 독립운동에 참여했던 인물들의 후손을 인정하기 시작했다. 후손임을 증명한 이들은 정부로부터 금전적 보상을 받을 자격과 함께 한국 국적을 취득할 수 있는 권리를 부여받았다. 이러한 자격을 증명하려면 신청자의 개인사 및 가족사에 대해 증언해야 했고, DNA 증거 제출을 요구받

는 경우도 있었다.

10 미등록 조선족 노동자들이 목소리를 내는 데 있어 한국 교회의 역할은 핵심적이다. 임광빈 목사를 포함해 1980년대 민주화운동 세대 출신의 목회자들은 인권 문제로 관심을 넓혀갔고, 한때는 노동력을 송출하는 나라였던 한국에 들어온 조선족과 다른 이주노동자들의 문제를 적극적으로 다루는 활동가들로 자리 잡았다. 이들은 이주노동자 센터와 관련 단체를 설립해 법률 지원, 정서적 공동체, 쉼터 등을 제공하는 동시에 노동자들에게 예배 참석을 독려했다. 한국에서 기독교는 인권 문제와 긴밀하게 연계되어 있는데, 일부 교회는 이주민 인권에 반하는 정책에 대해 정부에 변화를 촉구하는 압력을 가하기도 한다. 조선족 대다수는 기독교인이 아니지만, 교회는 이들의 초기 정착에 도움을 주기도 했다. 나는 서울과 인근 지역에 위치한 조선족 교회 몇 곳을 알게 되었는데, 그중에서도 임 목사는 조선족 노동자들이 자발적으로 결성하고 유지해온 공동체인 '조선족동포연합회'와 긴밀히 협력하며 1년간 시위를 이끌었다.

11 조르조 아감벤Giorgio Agamben의 표현을 빌리면, "벌거벗은 생명은 예외라는 형태, 다시 말해 배제를 통해서 정치에 포함"된다(Agamben 1998, 11). 벌거벗은 생명은 배제를 통해 정치에 포섭되지만, 배제적 포섭과 포섭적 배제라는 전이 상태에서 어떤 예외도 존재하지 않는 경우에는 결국 배제되고 만다.

12 한국 정부의 통계에 따르면 2012년 8월 기준 총 외국인 수는 1,409,577명이다. 이 중 조선족은 570,158명(40퍼센트)이며, 그중 68,012명이 한국 시민권을 취득했다. 한국에서 일하는 외국인 수는 총 588,944명이었다. H-2 비자를 소지한 조선족은 295,604명으로, 외국인 노동자의 절반 이상을 차지했다.

13 조선족의 이주는 이제 인구 문제로 간주되며, 이주자들은 인구의 생명정치(Foucault 2007; Lemke 2002)와 "인간과 사물의 올바른 배열"(Foucault 1991, 93)을 통해 부호나 번호로 존재한다. 미셸 푸코Michel Foucault는 인구에 대한 통치가 개별 주체성을 제거한다고 지적한다. "인구는 주권 의지와 개별적 또는 집합적 관계를 이루는 법적 주체들의 모임이 아니다. 인구는 우연 속에서도 일정한 상수와 규칙성에 주목하며, 모두의 이익을 정기적으로 산출해내는 욕망을 반영하고, 인구를 변수로 식별하게 하는 요소들의 집합이다."(Foucault 2007, 74).

14 루이 알튀세르Louis Althusser는 국가 기구의 재생산과 특정한 주체 형성을 통해 자본주의가 어떻게 필연적으로 재생산되어 왔는지를 다음과 같이 설명한다. "모든 이데올로기는 주체라는 범주를 만들어 가며, 구체적 개인들을 구체적 주체로서 호출하고 호명한다. (중략) 나는 모든 주체를 '형성'하거나 그 개체들을 주체로 '변형'하는 '행위', 즉 내가 '호명'이라고 부르는 그 작업에 대해 논하고자 한다. 이러한 작업은 '이봐, 거기 당신!'처럼 일상에서 흔히 접하는

경찰의 호출과 유사한 방식으로 상상할 수 있다(2001, 117-18)". 한국 정부가 조선족을 '이주노동자'라는 집단적 주체로 구별하여 범주화하는 방식은, 한국 노동시장이 조선족으로 구성된 값싼 노동력 풀에 의존할 수 있게 한다. 이로 인해 민족적·종족적 위계가 강화되고 노동 비용이 낮게 유지된다.

15 로빈 매걸릿 로드리게스(Robyn Magalit Rodriguez 2010)는 필리핀 정부가 자국민을 이주노동자로 호명하고, 이를 전 세계에 조직적으로 중개해온 방식을 분석한다. 필리핀의 경우, 정부가 이주 통제 및 송출에서 주도적인 역할을 하는 반면, 중국과 한국 정부는 이주 과정에 적극적으로 관여하지 않는다. 이들 국가 간의 노동 이주는 한동안 친족 관계, 결혼 관계, 취업 비자를 조작하는 불법 알선업자를 통해 확장되어 왔다.

3장 자유 이동의 리듬

이 장은 내 선행 논문 〈'자유' 이동의 리듬: 한국 비자 제도 아래에서 이주자의 몸과 시간Rhythms of 'Free' Movement: Migrants' Bodies and Time under South Korean Vis Regimes〉을 바탕으로 작성하였다. 게재 권호: Journal of Ethnic and Migration Studies 45, no. 15 (June 2018): 2953-2970.

1 H-2 비자 규정에 따르면, 조선족은 호텔 및 요식업, 건설, 자동차 정비, 노약자 간병, 가사 노동 등 총 38개 직종에서 합법적으로 일할 수 있다. 한국어 능력시험을 통과한 후 연 1회 추첨에 참여해서 H-2 비자를 받을 수 있는데, 이 제도는 2007년에 도입되었다. 비자 추첨은 한국 정부가 설정한 이주노동자 쿼터에 따라 운영된다(Y. Yoon 2013).

2 이주자들이 놓인 국가 내 '존재하지 않음'의 영역과 관련해, 이주 연구자들은 "국경 스펙터클" 개념을 통해 여러 가지 사례를 분석했다. 이는 미등록 이주자들을 시각적으로 드러내면서 그들에 대한 배제와 폭력을 가시적으로 집행하는 방식을 가리킨다(De Genova 2013). 결국 이주자들의 법적 지위는 "존재 없음"으로 수렴되며(Coutin 2007), 이러한 법적 공백 상태는 난민 신청자에게 일회적 또는 임시 신분을 부여하는 '핑크 카드' 사례를 통해 단적으로 드러난다(Cabot 2014).

3 시간을 다루는 인류학은 인간과 자연 주기 사이의 상호 작용 및 반복적인 종교 의례에 주목하며, 리듬이 물리적·생태적·사회적 영역을 연결하는 실이자(Evans-Prichard 1969) 사회적 사건과 의례를 조율하는 수단이라고 이해해 왔다(Malinowski 2002). 해당 논의에서 리듬은 집합적 삶 속에 내재된 규칙성과 상징 질서를 재확인하는 데 반드시 필요한 사회적 범주로서의 '시간'으로 작동한다(Durkheim 1965). 리듬을 통해 질서와 반복을 인식하면 미래를 예상하고 대비할 수 있다(You 1994). 캐서린 버더리가 논한 "시간의 국유화" 개념에 따르면, 국가는 과거 종교에 기반한 "정상적" 리듬이나 의례에서 벗어

나 공산당이 조직한 규칙적이고 예측 가능한 시간성 속에서 "사회주의적 인간 만들기"를 추구하였다.(Verdery 1996).

4 나는 자본주의 체제 안에서 사회를 조율하는 원리이자 교란하는 권력으로서의 리듬을 강조하며, 낸시 먼Nancy Munn이 제시한 "시간화"라는 개념에 주목한다. 먼은 시간을 "일상 속 실천을 통해 끊임없이 생성되는 상징적 과정"으로 이해하고, 이 과정에는 암묵적 앎과 몸의 기억이 뒤따른다고 말한다(Munn 1992, 16쪽). 또한 피에르 부르디외(Pierre Bourdieu 107-8)의 논의와 함께 미셸 푸코가 말한 "행위의 시간적 정교화"(111)에 착안하여, 리듬을 "신체화 과정에서 분산적 통제를 행사하는 매개체"로 정의하고(112) 시간이 몸의 활동 및 공간에 밀접하게 연결되어 있음을 지적한다. 먼은 몸의 활동과 움직임은 그 수행 공간을 만들어내지만, 반대로 공간 또한 몸의 활동과 움직임을 만들어낸다고 본다. 이처럼 몸은 문화적 의미가 부여되고 시간으로 이루어진 관계들이 스며든 장소다. 몸은 공간-시간 단위로 나뉘는데, 그와 동시에 이러한 단위들은 미리 계획된 리듬 속으로 몸의 움직임을 통합한다. 먼에게 몸은 암묵적 시간화의 핵심 수단이면서 동시에 자기와 세계를 이어주는 통로이기도 하다. 그렇게 몸은 세계를 구성하고, 세계는 다시 몸의 시간을 재구성한다(112).

5 다케유키 츠다Takeyuki Tsuda는 브라질에서 귀국한 일본인 이주자들이 귀국한 고향을 낯선 장소처럼 느낀다고 설명한다(Tsuda 2003).

6 최근 인류학계에는 이동성을 규범적인 것으로, 장소에 대한 애착을 예외적인 것으로 간주하는 경향이 있다(Salazar and Smart 2011). 그러나 조선족의 이주는 이동성과 비이동성, 정착과 비자발적 이주, 머무름과 떠남이 언제나 명확하게 양분되는 것은 아니라는 점을 보여준다.

7 조선족 입장에서 한국에 대해 느끼는 양가감정은 연변에서 드문 일이 아니다. 예컨대 일하러 간다고 하면 무시당하지만, 여행 간다고 하면 자랑거리로 여겨지기도 한다.

8 사회적 삶에서 호혜성은 중요한 요소다(Y. Yan 1996 참조).

9 회사로 번역한 "단위"는 한때 중국 노동자들이 공동으로 거주하며 일하던 복합적인 장소를 가리킨다. 그러나 민영화 이후 국가의 지원을 받던 단위는 시장에서 경쟁력을 잃었고 결국 대다수 폐쇄되었다. 그러나 연변 사람들은 여전히 관공서와 민간 기업 모두를 "단위"라고 부르는 경우가 많다. 이 문장에서는 정부 관련 일자리를 의미하며, 연금과 수당이 보장되고 상여금이 수여되기에 안정적 직장으로 여겨진다.

10 데이비드 하비David Harvey는 소비와 생산이 동시에 구성된다고 보았는데, 생산 행위는 원자재, 노동 수단, 노동력에 대한 소비를 동반하고 소비 행위는 인간의 욕망을 촉진함으로써 생산 동기를 부여하기 때문이다. 하비는 이러한

"생산적 소비"와 "소비적 생산"이 재생산이라는 사회적 과정으로 이어지는 방식을 지적한다(Harvey 1999, 80). 이러한 관점에서 생산과 소비는 대개 같은 장소에서 같은 시간에 발생하는 것으로 상정된다.

11 테오도어 아도르노Theodor W. Adorno는 자본주의 사회의 징후 중 하나로 "자유 시간" 개념을 논하며 다음과 같이 말한다. "자유 시간은 단순히 노동과 정반대 관계에 있는 것이 아니다. 완전 고용 자체를 이상향으로 삼는 체제에서, 자유 시간은 연속적인 노동의 잔영에 지나지 않는다"(Adorno 2009, 168). 이렇듯 자유 시간은 노동의 연장선상에서 인식되기 때문에, 나는 노동하지 않고 자유 시간을 보내는 이들이 진정한 의미에서 자유 시간을 누리는 건 아니라고 본다.

12 김현미Hyun Mee Kim도 연변에서의 시간은 주로 "돈을 잃는 시간" 또는 "일할 만한 몸을 만드는 시간"으로 여겨진다고 분석하며, 조선족 귀환자들이 느끼는 불안감을 조명한 바 있다(H. Kim 2008, 51). 가사 노동(Joo Y. Lee 2004)과 민족 정체성 형성(H.-E. Lee 2005; M. Lee 2008; S. Lim 2004; Noh 2001)에 초점을 맞춘 조선족 연구들도 참고할 수 있다.

13 2009년 기준 전기공 및 목수의 일당은 미화로 100~150달러, 월 소득은 2,500~3,500달러 수준이었다. 2010년 한국의 1인당 GDP는 25,910달러였으며, 연간 노동시간은 세계 최고 수준인 2,255.8시간에 달했다.

14 택시 기사와 우연히 나눈 대화에서 나는 일부 한국인이 조선족 이주자에 대해 느끼는 감정의 깊이를 실감했다. 2008년 여름, 서울의 "조선족 타운"으로 불리는 가리봉동에서 택시를 잡았다. 택시 기사는 먼저 나에게 말을 걸더니, 규칙을 무시하고 문제를 일으키는 조선족이 사회 질서를 어지럽힌다고 주장하며 분노를 표출했다. 또한 조선족이 한국인의 일자리를 빼앗고 중국으로 돈을 빼돌린다고 말했다. 그러나 한국노동연구원이 실시한 조사(D. Cho 2010)에 따르면, 한국인 노동자와 조선족 노동자의 노동시장은 실제로 겹치지 않는다. 같은 일자리를 놓고 경쟁하지 않는다는 뜻이다. 따라서 이러한 긴장은 실제 갈등을 반영하기보다는 감정적이고 담론적인 측면이 강하다.

15 2022년 조선족 노동자들의 증언에 따르면, 여성 식당 노동자의 일당은 미화로 약 100달러였다. 성별을 불문하고 건설 노동자의 일당은 경력, 숙련도, 근무 태도에 따라 120~240달러 수준이었다. 그러나 코로나19로 외국인 노동자의 입국이 막히자 인건비가 오르면서, 외국인 노동력을 필요로 하는 많은 고용주들이 심각한 인력난에 시달렸다. 관련 기사: "빈 일자리 17만개 … '구직자가 없다' 소개소는 줄폐업"(2022년 7월 30일 자 〈조선일보〉)

16 《감시와 처벌》(1995, 152)에서 미셸 푸코가 설명한 바에 따르면, 리듬은 몸에 새겨지는 것이다. 한편 에드워드 파머 톰슨E. P. Thompson은 〈시간, 노동-규율 그리고 산업자본주의Time, Work-Discipline and Industrial Capitalism〉에

서 산업화 이전 사회에서의 시간 경험이 구체적이고 순환적이며 과업 지향적이었던 반면, 산업 사회에서는 시간성이 추상적이고 동질적이며 분절적으로 변했다고 분석한다(Thompson 1967).

17 로렌 벌란트Lauren Berlant는 신자유주의적 자본주의 체제에서 상향 이동에는 한계가 있고 "좋은 삶"이라는 환상도 점차 마모된다는 논의를 통해, 실현될 수 없는 희망에 매달릴수록 오히려 개인의 삶을 옥죄는 역설적인 상태를 보이는 '잔인한 낙관주의'가 어떻게 현재의 상황에 대한 방어 기제로 작동하는지를 설명한다(Berlant 2011).

18 "살아 숨 쉬며 형태를 부여하는 불꽃"인 노동은 존재의 역사적 운동을 이끄는 기본적인 원동력이다(Weeks 1998, 122).

4장 기다림의 노동

이 장은 내 선행 논문 〈기다림의 노동: 조선족의 초국적 이주에서 사랑과 돈 The Work of Waiting: Love and Money in Korean Chinese Transnational Migration〉을 바탕으로 작성하였다. 게재 권호: Cultural Anthropology 30, no. 3 (2015): 477-500.

1 감정 노동affective labor과 관련하여 내가 생각하는 감정affect이란, 자기 자신과 타인의 "행위에 영향을 주는 소통 행위"이자 "감응을 받는 능력", 즉 상호주체적 관계를 순환시키는 매개체를 말한다(Deleuze 1988; Richard and Rudnuckyj 2009; Spinoza 1994). 감정 노동은 친밀한 노동(Boris and Prennas 2010)이면서 비물질적 노동(Lazzarato 1996)이며, 때로는 소통과 정보를 거래 대상으로 삼는다. 개인 맞춤형 서비스나 돌봄 서비스에서 보듯, 감정 노동은 편안함과 행복감 조성을 목표로 삼는 경우가 많다(Hardt and Negri 2000).

2 단위(單位, 단웨이)는 중국에서 노동자가 생계를 유지하고 고용 안정을 이루는 기본적인 체계를 의미한다(C. Lee 2007). 일부 학자들은 이를 "조직적 의존"(Walder 1986)이나 "단위 복지 사회주의"(Gu 2002)라고 부르기도 한다.

3 하강(下崗, 샤강)은 "직위에서 물러남"을 뜻하지만, 실제로는 고용이 종료되어도 사업체(단웨이)와 계약 관계를 일정 기간 유지하며 복지 혜택을 계속 받는 상태를 말한다(Hung and Chiu 2003, 205).

4 2004년 사면 조치 이전까지 조선족 노동자는 대부분 미등록 상태였기 때문에, 정부 통계만으로는 이들의 실제 수를 파악하기 어렵다.

5 조선족이 한국 국적을 회복하면 가족 전체가 영구적으로 한국에 이주할 수도 있다. 최근 재외동포재단이 실시한 조사에 따르면, 약 10만 명의 조선족이 이

같은 방식으로 한국 국적을 취득한 것으로 나타났다(OKF 2016). 그러나 조선족 이주노동자들 중 대다수는 자녀 교육 문제와 중국에서 점차 증가하는 경제적 기회를 이유로 중국 내 삶의 기반을 유지하는 경우가 많다.

6 2017년 12월, 영화 〈청년경찰〉이 조선족을 범죄자 집단 등 악의적으로 묘사했다는 이유로 조선족 62명이 소송을 제기했다. 원고들은 영화의 상영 중단과 정신적 피해에 대한 보상으로 미화 약 10만 달러 상당의 위자료 지급을 요구했다. 1심에서는 소송이 기각되었으나, 2심 법원은 영화 속 묘사로 인한 불쾌감과 소외감을 불러일으켰다는 점에 대해 사과하고 향후 유사한 모욕적 표현을 삼가 줄 것을 제작진에게 요청했다(2020년 6월 18일 자 〈동아일보〉 참조).

7 비공식 통계에 따르면 연변 경제의 33퍼센트는 "한국 돈"에 의해 움직인다고 한다. 관련 기사: 〈'조선족 1% 시대' ⑤흔들리는 연변자치주〉 (2010년 7월 8일 자 〈연합뉴스〉)

8 나는 조선족 중년 여성들의 "위장 결혼" 사례를 수차례 목격했다. 이들은 원래 남편과 이혼한 뒤 서류상으로만 다른 남성과 혼인 관계를 맺곤 한다. 2009년, 서울과 연변을 오가며 마주친 조선족 이주 이야기를 "권준희의 연변일기"라는 시리즈로 〈중국동포신문〉에 연재했다. 조선족 사회에서 광범위하게 관찰되는 도덕적·성적 불안, 즉 '사랑의 위기'는 사랑과 돌봄을 "새로운 황금"으로 상품화하는 데 대한 논의와 밀접하게 맞물려 있다(Constable 2009; Parrenas 2001, 2004; Sassen 2000, 2004; Hochschild 2004). 사랑의 상품화는 초국적 환경에서 발전한 국제 "결혼 시장"(Constable 2003, 2005; Freeman 2005, 2011)과 온라인 소개팅 사이트(Constable 2007; Tyner 2009)를 발판 삼아 큰 성장을 이루었다. 사랑은 인간 관계를 형성하는 힘(Fromm 2006)일 뿐만 아니라 시장에서 유통 가능한 가치를 생산해내는 수단이기도 하다. 니콜 콘스터블Nicole Constable은 글로벌 무대에서 이루어지는 사랑의 "상품화"에 대한 고찰을 통해, 친밀감 혹은 친밀한 관계가 글로벌 자본주의에 따른 상품 흐름의 일부로서 매매되는 방식을 설명한다(Constable 2009).

9 한나 아렌트Hannah Arendt는 《공화국의 위기》에서 약속이란 예측 가능성과 신뢰성을 만들어냄으로써 미래에 질서를 부여하는 인간 고유의 방식이라고 주장한다(1972, 102; Ahmed 2010, 29 재인용).

10 조선족이 H-2 비자 발급을 신뢰할 만큼 해당 제도가 안정화되기 전까지는, 조선족에 대한 한국 입국 비자 발급이 쉽지 않았다.

11 2005년경 복자 씨의 남편이 갑자기 사라졌을 당시, 조선족의 한국 입국은 여전히 제한적이었다. 나와 정기적으로 연락하고 지내는 지란 씨(복자 씨 조카)에 따르면, 복자 씨는 조선족에 대한 H-2 비자 발급이 폭넓게 허용된 후인 2012년이 되어서야 비자를 받아 한국에 입국해 남편과 재회할 수 있었다고 한다.

12 칼 마르크스Karl Marx는 돈이 지닌 잠재력이 무언가를 창조하거나 구속하는 데 있는 것만은 아니고 파괴적인 힘도 지닌다고 주장하며, 다음과 같이 말했다. "돈은 나를 인간적 삶과 사회와 자연에 묶어두는 힘을 가진다. 그러나 동시에 모든 인연을 끊어버릴 수도 있게 하고 또 연결 짓게도 하지 않은가. 그러니 돈은 관계를 파괴하는 주체가 아닌가. 돈은 파괴의 주체인 동시에 결속의 주체로서 사회에 보편적으로 내재하는 힘인 것이다"(Marx 1988, 138). 게오르그 짐멜Georg Simmel에게 돈은, 교환의 영역에서 주체적 욕망과 바람직한 객체 사이를 연결하는 매개체였다. 단순한 교환 가능성의 매개체인 돈(2004, 130)은 주체와 객체 사이의 비인격적 유대를 가능하게 한다.

13 사라 린 로페즈Sarah Lynn Lopez는 멕시코 농촌과 미국 도시 사이의 이주 흐름 속에서 형성된 송금 기반 공간을 탐구한다(Lopez 2015). 송금은 멕시코 농촌에 건설 경기 호황을 가져오는 한편, 이주자들과 고향 사이를 이어주는 구조적 연결고리 역할을 하면서 "이쪽"과 "저쪽" 사이에 새로운 동맹을 형성해낸다. 그러나 빈 집과 실제 송금인의 부재 또한 송금 경관을 이루는 핵심 부분이며, 이를 통해 "송금하기는 행위이자 현실을 미루어둠"이라는 사실을 알 수 있다(Lopez 2015, 253). 빈집은 이주자들이 고향과의 관계를 유지하고자 하는 물질적 증거이지만, 이들이 고향을 떠나 있는 한 그곳에서 현재의 삶을 공유할 수 없다. 다체 제노브스카(Dace Dzenovska 2018)는 라트비아의 포스트 소비에트 자본주의식 공허함을 다룬 글에서, 새로운 현실을 추구하며 발생한 인구 감소와 인프라 붕괴를 지적하면서 내부적·시간적 역학의 전환 상태이자 지속 상태 모두에 해당하는 "비어 있음"에 대해 논한다.

14 조반니 가스파리니(Giovanni Gasparini 1995)는 기다림을 "틈새 시간", "행위의 차단", "대체적 의미를 지닌 경험의 장"으로 설명한다. 또한 "무언가를 기대하며 정지하거나 가만히 있는 행위" 또는 "기대한 무언가가 벌어질 때까지 휴식하거나 무위의 상태로 있는 것"이라는 사전적 정의를 인용하면서, 기다림이 기대를 포용하고 불확실성을 통제하려는 미래 지향적 행동임을 강조한다(Gasparini 1995, 30). 기다림은 현재와 미래, 확실성과 불확실성 사이에 놓인 특별한 "교차로"이자, "현재적 미래"이기도 하다(St. Augustine; Gasparini 1995, 30 재인용). 전이적 시간성 안에서 기다림은 무력하고 연약한 기분을 자아내는 수동적 활동이라고 볼 수 있다(Crapanzano 1986). 한편, 기다림은 끊임없는 경계와 준비 상태를 요한다는 점에서 엄격하고 적극적인 활동으로도 볼 수 있다.

15 마르셀 모스Marcel Mauss가 바라보는 선물은 단순히 어떤 사람에게 속한 사물이 아니라, "영혼"과 깊이 연결된 전체성을 전제로 한다. 그는 "영혼이 사물에 섞이고, 사물이 영혼에 섞인다"(Mauss 1990, 20)고 표현하며, 이를 가리켜 "선물의 영혼"이라 칭한다. 자크 데리다Jacques Derrida는 《주어진 시간

Given Time)에서 선물 교환을 조건 짓는 시간적 경계와 시간성에 초점을 맞추며, 시간적 제한 내에서 상호 교환이 갖는 의미를 발전시켜 다음과 같이 말한다. "선물 자체로는 선물이 될 수 없다. 선물은 상대에게 시간을 주었을 때에만 선물이다. 선물과 다른 교환 행위와의 결정적 차이점은, 선물은 시간이 주어져야 한다는 점이다. 선물이 있는 곳에는 기다림의 시간이 존재한다. 선물은 기다림을 요구한다. 선물에 대한 보답은 받는 즉시 즉각적으로 이루어져서는 안 된다. 기다림의 시간이 주어져야 하고, 망각 없는 기다림이 있어야 한다(Derrida 1992, 41).

16 기다림에 대한 다양한 인류학적 연구가 진행되었다. 인도에서는 교육을 받았더라도 "허송세월"하는 청년들은 "낙오자"로 간주된다(Jeffrey 2010). 장기 실업의 수렁에 빠진 루마니아 사람들은 어떠한 사회 안전망도 없이 "잔혹한 무료함"에 시달리고 있다(O'Neil 2014, 9). 에티오피아의 젊은이들 또한 무계획적으로 남아도는 시간 때문에 삶의 진전을 이루는 데 어려움을 겪는다(Mains 2007).

17 바버라 아담Barbara Adam은 다음과 같이 말한다. "일상생활의 본질적 시간성은 인간이 단순히 시간이 지나가는 경험을 하는 것이 아니라, 어떤 시간적 과정이 완료될 때까지 기다려야만 다음 과정이 시작될 수 있다는 필연성도 함께 경험한다는 것을 의미한다. 모든 인간은 기다린다. 또한 '기다림'이라는 말에 담긴 진정한 의미를 고려하면, 오직 인간만이 기다림을 수행한다. 기다림은 사건과 인간의 욕망이 가진 시간 구조에 대한 해석과 이해를 바탕으로 한 경험이다."(Adam 1991, 121).

18 아르준 아파두라이(Arjun Appadurai 1986), 크리스토퍼 그레고리(Christopher Gregory 1982), 다니엘 밀러(Daniel Miller 2002)가 논했듯이, 선물과 상품은 딱 잘라 구분할 수 있는 범주가 아니다.

19 에른스트 블로흐Ernst Bloch는 "아직 의식하지 않는 상태"를 "다가올 것의 선행적 의식이자 새로움이 심리적으로 탄생하는 장소"라고 설명한다(Bloch 1995, 116). "아직 의식되지 않은 것"과 "아직 도래하지 않은 것"은 새로운 존재가 나타날 수 있는 구체적인 예감의 공간이다. 가능성 있는 미래들은 그 실체를 드러내지 않은 채 현재 속에 공존한다. 동시에, 일상생활의 본질적 시간성은 인간이 단순히 시간이 지나가는 경험을 하는 것이 아니라, 기다림이라는 필연성 역시 경험한다는 것을 의미한다. 이러한 조건 속에서 예견 체제는 미래를 현재 속에서 감각으로 파악하는 인식을 통해 형성된다. 마지막으로 이 체계는 불안, 희망, 구원, 불안정성과 같은 정서적 경제 안에서 주체들을 결속시키는 정서적 차원을 보이는데, 이는 해당 주체들이 현재 속에 이미 실현된 미래를 갈구하기 때문이다(Adams, Murphy, and Clarke 2009). 이러한 맥락에서 예견은 미래를 보다 인지 가능한 현재의 형태로 상상하는 활동일 뿐만

아니라, 미래의 불확실성을 관리하고 현재를 유지하기 위해 일정한 지식 가치를 생성해내는 정서적 상태이기도 하다.

5장 떠남과 머묾

1 송금과 개발 간의 밀접한 관계는 이주자들이 개발에 기여하는 긍정적 주체임을 강조한 유엔개발계획UNDP 보고서에서도 언급된 바 있다(UNDP 2009; Schiller and Faist 2010). 송금은 이주자들이 위험을 분산시키고 일종의 보험을 마련하는 "생계 전략"으로 간주되며, 이를 통해 복지가 향상되고 빈곤이 감소하며 경제 성장이 촉진된다(de Haas 2007). 송금을 통해 초국적 이주는 자본을 생산하는 자원이자 기업 활동 및 경제 확장을 견인하는 역동적인 힘이 될 수 있다(Messy and Parado 1998). 무엇보다 이주자들은 단지 돈을 전달하는 데 그치지 않고 '사회적 송금social remittances'을 함께 전파하며 인권과 젠더 평등, 민주주의 등에 대한 인식을 제고하는 데 일조한다(Faist 2010; Levitt 2001; Levitt and Lamba-Nieves 2011). 일각에서는 두뇌 유출, 경제 활동 감소, 생산 기반의 해체, 송출국 내 지역 불균형 심화 등 부정적 영향을 지적하기도 한다(Schiller and Faist 2010; Wise and Covarrubias 2010). 그럼에도 불구하고 송금은 송출국과 수용국을 막론하고 사회 변혁과 경제 발전에 필수적인 자금 이전의 역할을 하며, "이주-발전" 결합체의 실체를 보여준다. 발전 관련 문헌에서는 발전을 자명한 근대적 기준으로 간주하고(Ferguson 1990, 1999), 전체를 구성하는 제도, 실천, 체계화 간의 관계들로 파악한다(Escobar 1995).

2 현지조사를 진행하던 시기의 경제 상황에서 두드러졌던 특징 중 하나는 한국 원화 대비 중국 위안화의 환율 변화였다. 2008년 당시 10,000원의 가치는 약 40위안이었지만, 2011년에는 58.90위안에 달했다. 원화 가치의 상승은 연변 지역 내 소비 증가의 요인이 되었다("원화강세에 中조선족, 위안화 환전 러시", 2011년 4월 2일 자 〈연합뉴스〉 참조). 2021년 기준 10,000원의 가치는 59.24위안에 해당한다.

3 연길은 한민족의 정체성을 지켜온 민족적 중심지이면서, 동시에 소수민족 집거지로서 중국의 변경지역에서 부분적 자치를 실현한 공간이다.

4 도린 매시Doreen Massey는 데이비드 하비가 제안한 "시-공간 압축" 개념이 지나치게 포괄적이고 일반적이라고 비판하며, 대신 "시-공간 압축의 권력-기하학power-geometry"이라는 개념을 제안한다. 매시는 이동성을 어떻게 차별화할 수 있는지를 설명하며 다음과 같이 말한다. "서로 다른 사회 집단들과 개인들은 이러한 흐름과 상호 연결성에 대해 매우 뚜렷하게 구별된다. (중략) 각 사회 집단은 이처럼 차별화된 이동성과 다양한 관계를 맺는다. 어떤 집단은 다른 집단에 비해 이동성에 더 영향을 받는다. 흐름과 이동을 주도하는 집단

이 있는 반면, 그렇지 못한 집단도 있다. 어떤 집단은 이동성의 수혜자이지만, 또 어떤 집단은 오히려 그 이동성이 제한되기도 한다."(Massey 1993, 61).

5 레이 초우Rey Chow는 프레드릭 제임슨Fredric Jameson의 고정관념 논의를 다음과 같이 설명한다. "고정관념들이 서로 스치고 충돌하는 장면은 내면이 아닌 표면들 사이의 조우다."(Chow 2002, 57).

6 사라 린 로페즈는 "송금 경관remittance landscape"이라는 용어를 도입하여 "이주자들의 생애사와 정치, 사회, 경제, 역사의 거시적 힘들이 융합되어 이주 과정을 형성하는 사회적 경관"에 대해 설명한다(Lopez 2015, 8).

7 내가 현지조사를 진행했던 직업소개소에 따르면, 최근 몇 년 사이 한족의 한국 이주가 증가했다. 2021년 1월 6일 기준 한국 정부의 통계는 다음과 같다. 조선족 여성 334,066명, 조선족 남성 367,032명, 중국 국적의 비조선족 여성 228,460명, 중국 국적의 비조선족 남성 172,224명. 관련 링크: https://kosis.kr/statHtml/statHtml.do?orgId=rr&tblId=DT 1B040A6

8 아이셰 차알라르와 니나 글릭 쉴러(Ayşe Çağlar and Nina Glick Schiller 2011)는 이주자와 도시 간 관계를 재배치하기 위해, 도시를 글로벌 경제 속 자명한 공간 단위로 이해하기보다는 다른 장소들과 상호 구성을 이루면서 재구조화가 일어나는 영역으로 바라본다. 이들의 논의 덕분에 나는 옌길을 단순한 '도시'라는 공간 단위가 아니라, 도시와 농촌, 국가와 초국가, 소수민족 집거지와 신흥 소비 공간처럼 다양한 역학과 흐름이 교차하는 지점으로 사유할 수 있었다. 여기에 더해, 비아오 시앙Biao Xiang은 이주 연구를 위한 다중 스케일 민족지학에 대해 논의한 바 있다(Xiang 2013).

9 줄리 추(Julie Chu, 2009)는 "농민"이라는 용어가 사회적·경제적 제약을 내포한 국가적 신분 범주로 사용되며, 국가 발전과 구제 활동을 가로막는 주요 장애물로 간주되는 농촌 대중에게 "후진적"이고 "미신적"이며 "비생산적"이라는 낙인을 부여한다고 설명한다(Chu 2009, 63).

10 조문영Munyoung Cho은 이와 같은 "배제적 포섭" 개념에 더해, 농촌 출신의 빈곤층 이주자들이 농촌에서 토지권을 둘러싸고 갈등하는 상황과 도시 호구 보유자에게만 유리한 정책에 부딪혀 좌절되는 과정을 분석한다(Cho 2009, 53).

11 앤 아나그노스트(Ann Anagnost 2004)에 따르면, "소질"은 개인의 역량을 평가하는 개념으로, 개인이 자기 자신을 사업화하고 몸을 투자 대상으로 간주하는 방식과 연결된다. 자기 계발에 대한 열망은 의식의 변형과 주체성의 자본화를 통해 실현된다(H. Yan 2003). 마르크스주의적 관점에서 피에르 부르디외Pierre Bourdieu는 아비투스를 가리켜 "제2의 천성처럼 내면화되어 신체화된 역사이며 자연스러워 망각되는 것으로서 개인의 총체적 과거의 능동적 현존"이라고 정의한다(Bourdieu 1990, 56).

12 중국 내 도시로의 이주가 급증하면서 호구 제도의 적용에도 융통성이 생겼지

만, 이주자들은 여전히 교육, 의료 등 도시 자원과 국가 혜택의 접근에 있어 불평등을 경험하고 있다. 이러한 곤경을 해소하기 위해 상하이 등 일부 도시에서는 주택 구매나 일정액 이상의 투자를 조건으로 도시 호구 발급을 허용하고 있다(Mackenzie 2002). 그러나 이는 경제력을 기준으로 하기 때문에 대부분의 이주자에게는 여전히 높은 장벽이다. 도농 간 구별은 여전한 상황이다.

13 레이먼드 윌리엄스Raymond Williams는 '감정의 구조'가 의식과 인간 관계를 구성하는 정서적 요소들, 곧 "생각과 대립하는 감정이 아니라, 감정으로서의 생각이자 생각으로서의 감정"이라고 설명한다. 이 개념은 살아 있는 과정 속에 서로 연결되는 연속성을 통해, 지금 우리가 살아가는 방식 속에 드러나는 실천적 의식으로 이해할 수 있다(Williams 1977, 132-33).

14 이 소득 비교는 내가 란 씨를 면담한 2009년 당시를 기준으로 한다. 현재 한국에서 조선족의 월급은 미화로 약 2,000~2,500달러 수준이지만, 중국 내 생계비 역시 오른 상황이다.

15 여기서는 면담 참여자들의 이름을 가명으로 처리했는데, 이는 현지 간부들이 나를 환대하고 마을의 역사와 상황에 대해 기꺼이 이야기하면서도 지역명 공개는 원치 않았기 때문이다.

16 해당 관공서는 자체 식당을 운영하며, 직원들을 위한 전속 요리사도 따로 두고 있었다.

17 에바 헝과 스티븐 추(Eva Hung and Stephen Chiu 2003)는 북경의 하강 노동자들이 겪은 "잃어버린 세대"에 대하여 논한다. 문화대혁명 시기에는 교육의 부재 속에서 시골로 하방되었고, 이후 급속한 민영화 과정에서 일자리를 잃게 된 특정 연령대의 중국인들을 일각에서는 "잃어버린 세대"로 간주한다. 이들은 "문화적 영양실조 상태"에 처해 있어 다른 연령대보다 경제적 충격에 더욱 취약하다는 평가를 받는다(Hung and Chiu 2003).

18 단위는 중국에서 도시 노동자 계급이 생계를 유지하고 고용 안정을 이루는 기본적인 체계를 의미한다(C. Lee 2007). 단위 제도 아래에서는 마치 "폐쇄형 공동체"처럼 사람들의 이동과 접근을 통제한다(Anagnost 2004). 국유 기업을 통해 직업 안정성, 주거, 보육, 연금 등의 복지 혜택이 제공된다(Hung and Chiu 2003). 부모의 직장이 자녀에게 세습되는 경우도 흔한데, 이는 또 다른 형태의 직업 안정성으로 작용한다.

19 데이비드 피츠제럴드(David Fitzgerald 2009)는 멕시코인의 미국 이주가 초래하는 "문화적 대가"를 논하며, 스페인어 구사력을 잃거나 가톨릭에서 개신교로 개종하는 등 문화적 분화를 경험한 사례를 분석한다. 또한 멕시코인의 국외 이주는 세련된 "문화"와 근대적 노동 규율을 습득하는 방식으로 보며, 이는 멕시코 현지 문화의 근대화에 기여하는 힘으로 해석한다. 피츠제럴드는 이 이주를 "문화 변화의 위협적 통로"라고 부른다(Fitzgerald 2009, 135). 이러한 관

점을 이해하면서도, 나는 조선족의 국외 이주는 국가별 문화보다는 민족성과 국가성이 교차하는 접합 지점에서 형성된 문화와 더 깊은 관련이 있다는 점을 지적하고 싶다.

20 칼 마르크스는 필요노동과 잉여노동을 다음과 같이 구분한다. "나는 노동일 가운데 이 재생산에 필요한 부분을 필요노동시간이라 부르고, 그 시간 동안 소모되는 노동을 필요노동이라 부른다. 노동과정의 두 번째 단계, 즉 노동자가 더는 필요노동을 수행하지 않는 그 시간에도 그는 분명히 노동력을 소모하고 노동을 수행하지만, 그의 노동은 더는 자신에게 필요한 노동이 아니며 자신을 위해 어떤 가치도 창출하지 않는다. 그는 잉여가치를 창출하는데, 자본가에게 잉여가치는 마치 무에서 창조된 것처럼 매혹적인 존재다. 나는 노동일 가운데 이 부분을 잉여노동시간이라 부르고, 그 시간 동안 수행한 노동을 잉여노동이라 부른다."(Marx 1992, 324-25). 마르크스의 잉여노동 개념은 두 가지 측면에서 나에게 유용하다. 첫째, 나는 조 사장이 묘사한, 연변 노동시장에 적극적으로 참여하려 하지 않는 과잉 노동 인구를 지칭하기 위해 이 용어를 사용한다. 둘째, 나는 한국 노동시장에 참여할 의지가 있는 비취업 조선족들을 일종의 예비군, 즉 잉여가치를 지속적으로 생산해낼 수 있는 노동력으로 간주한다. 실제로 한국행을 간절히 원하는 조선족의 과잉 공급이 한국 내 조선족 노동자의 임금을 낮은 수준(2010년 기준 월 약 1,500~2,000달러)에 머물게 하며, 그로 인해 지속적인 노동 착취의 구조가 형성된다.

21 중국에서는 농민들이 30년 동안 토지사용권을 갖는다. 이 기간 동안 해당 권리는 계약 조건에 따라 다른 농민에게 임대하거나 이전할 수 있다. 그러나 토지소유권은 여전히 개인이 아니라 지방 정부에 귀속된다(Oi 1991).

22 미주 1번 참고.

6장 이주의 고리를 끊어라!

1 리 장Li Zhang은 중국 곤명시昆明市에서 등장한 신흥 중산층과 그들의 주거 및 소비 관행을 분석한다. 그는 주택 소유와 공간 재편이 계급 간 긴장이 드러나는 영역으로 부상하고 있음을 보여준다(Zhang 2010).

2 메이페어 메이후이 양(Mayfair Mei-hui Yang 1994)은 "관시關係"라는 용어를 통해 사물, 힘, 사람 사이에 형성되는 관계를 설명한다. 일단 두 사람 사이에 관시가 형성되면, 각 당사자는 언젠가 갚아야 할 빚이라는 기대를 전제로 상대에게 부탁을 할 수 있다.

3 많은 조선족 이주자들은 한국에서 겪는 심각한 차별에 대해 증언한다. 식당에서 일하는 한 조선족 여성 종업원은 이렇게 말했다. "왜 같은 한국 사람에게 이렇게 못되게 구는 걸까요? 그래도 참아야지 어쩌겠어요. 돈 버는 게 쉬운 일

은 아니잖아요." 이러한 차별은 코리안 드림의 불가피한 일부로 내면화되어 점차 자연스럽게 받아들여지고 있다.

4 앤드류 킵니스(Andrew Kipnis 2006)는 "소질素质"이라는 용어의 계보를 추적하며 그 의미를 해체한다. 이 용어는 문자 그대로 인간의 '타고난 성품'을 뜻한다. 19세기 말 근대 우생학의 도입과 함께 쓰이기 시작했으며, 인구를 사회주의 방식으로 규율하고 통제해야 할 대상으로 간주했던 마오 시대에 더욱 확산되었다. 시간이 지나면서 '타고난 성품'이라는 의미에 '후천적 요소'까지 포함하게 되었고, 특히 포스트 마오 시대의 한 자녀 정책 아래에서 이 용어는 교육 시스템과 취업 시장의 경쟁력을 설명하는 데 적용되었다(Kipnis 2006). 킵니스는 또 다른 논문(Kipnis 2007)을 통해 신자유주의라는 맥락에서 소질 담론의 부상을 분석하며, 이 용어가 "계급"이라는 단어를 직접적으로 사용하지 않으면서도 마오 시대의 담론과 일정한 거리를 두고 인간 사이의 위계와 경제적 계층을 암묵적으로 드러낸다고 주장한다.

5 서동진Dong-Jin Seo은 한국의 유연한 자본주의 체제에서 형성되는 신자유주의적 자기self에 대해 논의한다(Seo 2009). 특히 1990년대 말 한국이 급격한 신자유주의적 경제 재구조화를 겪은 이후 자기계발 서적 출판이 붐을 이룬 현상을 분석했다. 그는 이 시기에 두드러지게 나타난 핵심 개념으로 "자유와 자율성을 부여받은 기업가적 개인", 즉 자기실현을 추구하며 그 목표 달성을 위해 끊임없이 계산하는 능동적 시민으로서의 기업가상을 지목한다(Seo 2009, 85). 이러한 분석은 한국 사회가 개인에게 끊임없이 자기를 수정하고 개조하라는 사회적 명령을 부과하고 있음을 보여준다. 나는 이 개념을 연변에서 새롭게 대두되는 사업가적 주체 형성에 대한 사회적 요구를 이해하는 데 적용하고자 한다. 연변의 경우, 이 담론은 한국인 관리자 아래에서 수행하는 단순 육체노동이 아니라, '인격적 자질'(소질)을 달성하기 위한 자유와 자율성이 필요하다는 데 초점을 두고 있다는 점에서 주목할 만하다.

6 라오반(老板, 사업가)이라는 새로운 주체성의 부상은, 포스트 한국바람 시대에 등장한 자기 주체적 사업가 정신을 강력히 권장하는 흐름을 반영한다. 이러한 사고방식은 자기 이익을 끊임없이 추구하는 인물상을 강조한다. 미셸 푸코는 이와 같은 인물상을, 환경 변화에 체계적으로 반응하고 정부와 개인 간의 접점에서 자기실현적 사업가 정신을 상징하는 방식으로 개념화했다(Foucault 2008, 252-53). 여기서 "통치"는 단순히 타인을 지배하는 실천에 그치지 않고, 자기실천, 즉 개인이나 집단의 선택, 욕망, 열망, 욕구, 소망, 생활 양식 등을 형성하고 동원하는 실천까지 포함하는 개념이다(Dean 1999, 12). 푸코는 다음과 같이 말한다. "통치는 통치자가 원하는 바를 사람들에게 강제하기 위한 방식이 아니다. 항상 융통성 있는 균형 상태이며, 강제성을 납득시키는 기술과 자기가 스스로를 구성 및 수정하는 과정 사이에 보완과 충돌이 공존한다."(Foucault 1993, 203-4, 강조 인용) 푸코는 자율적이고 자기 규제적인 주체

형성 과정을 "자기 통치"의 핵심으로 보고, 이를 "자기 자신에 대한 행위"라고 설명한다(Dean 1999; Miller and Rose 1990, 26-28). 그는 자기 통치를 단순한 경제적 이익이나 보상을 위한 투자로 한정하지 않고 윤리적 문제로 확장한다. 기존의 행위 규범이나 존재 양식과의 관계 속에서, 자기 자신을 형성해 나가는 상태에 대해 분명히 자각하면서 행하는 실천이라는 것이다.

7 다른 조선족 공산당원들은 정치적·경제적 지위를 갖고 있기에 한국에 가는 데 별다른 관심을 보이지 않았다. 그러나 본인이 직접 가지는 않더라도, 아파트 구입이나 자녀의 교육 및 결혼 지원을 목적으로 아내가 한국에 가는 경우도 적지 않았다(J. Kwon 2019a).

8 2008년 글로벌 금융 위기의 여파로 원화 가치가 급격히 하락했다. 자세한 내용은 5장 참조.

9 2011년 대한상공회의소와 하나투어는 중국과 일본에서 온 쇼핑 관광객 300명을 대상으로 설문조사를 실시했다. 조사 결과는 중국 관광객의 소비력이 크게 증가하고 있음을 보여준다. 응답한 중국인 중 32.3퍼센트가 한국에서 미화 1,000달러 이상을 지출한 반면, 일본인 관광객 중 같은 금액을 지출한 비율은 4.2퍼센트에 불과했다. 500달러 미만을 지출한 비율은 중국인이 37.79퍼센트, 일본인이 81.5퍼센트로 나타났다. 관련 기사: "'싹쓸이' 쇼핑 中 관광객, 쏨쏨이 日 추월"(2021년 9월 8일 자 〈머니투데이〉)

10 《우리는 왜 이렇게 오래, 열심히 일하는가?*The Problem with Work*》에서 케이시 윅스Kathi Weeks는 노동을 단순한 경제 행위가 아니라, 개인이 사회적·정치적·가족적 협력 방식에 편입되는 주요한 수단으로 분석한다. 윅스는 또한 노동이 자유주의적 상상 속에서 개인을 독립적인 주체로 탈바꿈시키는 삶의 필수 요소이자, 시민으로서 지니는 기본적 의무로 이해된다고 지적한다(2011, 7-8). 그러나 근대 세계에서 노동이 삶을 지배하는 방식에 대해서는 비판적 입장을 견지한다.

닫는 글: 코리안 드림 이후

1 시진핑은 '두 개의 100년'이라는 비전을 중심으로, 2021년 중국공산당 창당 100주년까지 "샤오캉小康 사회"(부유한 단계로 가기 전의 사회)를 실현하고, 2049년 중화인민공화국 건국 100주년까지 "사회주의 현대화 강국" 건설을 목표로 삼고 있다(Peters 2017; Z. Wang 2014).

2 2022년 여름 서울에서 만난 조선족 이주노동자들에 따르면, 코로나19는 '차이나 드림'의 성격과 조선족의 귀국 계획에 극적인 변화를 초래했다. 중국 정부의 코로나19 방역은 과도하게 억압적이었으며, 언론에 대한 감시 또한 매우 강화되어 오랜 시간 한국에서 살아온 조선족들로서는 받아들이기 힘들었다고 한다.

3   정진헌(Jin Heon Jung 2015)은 한국 교회의 역할을 중심으로, 북중 변경지역에서 탈북 난민에 대한 인도주의적 지원과 관련된 복음주의 선교 활동을 분석했다. 특히 종교적 자유와 구원의 개념이 인도주의적, 그리고 성서적 "구원"의 논리 안에서 경합하는 방식에 주목하며 탈북 난민의 개종을 복잡한 문화적 프로젝트로 해석한다. 주디 한(Judy Han 2013) 또한 중국 내 분산된 지하 기독교 네트워크가 미등록 북한이탈주민을 어떻게 지원해 왔는지를 탐색한다. 구체적으로는 중국 내 기독교 선교사의 안전가옥을 사례로 제시하며, 취약 계층을 돌보고 통제하는 과정을 통해 "보호의 정치신학"을 실천하는 공간으로 묘사한다.

4   나는 사라 린 로페즈(Sarah Lynn Lopez 2015)의 연구를 통해 송금 경관의 중요한 특징으로서 "부재" 개념을 접하게 되었고, 다체 제노브스카(Dace Dzenovska 2020)의 연구를 통해서는 "비어 있음"을 새로운 미래로 나아가는 전환 상태로 이해하게 되었다.

5   한국에서 변호사, 교수, 과학자, 컨설턴트, 기업가 등으로 성장하며 새로운 코리안 드림을 꾸고 있는 조선족 3세들의 이야기를 담은 수기집으로 《조선족 3세들의 서울 이야기》(예동근 2011)를 참고할 수 있다. 또한 〈연합뉴스〉는 2017년 "조선족 성공시대"라는 기획 기사를 연재했다(https://www.yna.co.kr/view/AKR20170II3I28600371 참조). '3세'는 흔히 쓰이는 용어이지만, 가정마다 이주 역사와 경로가 다르기 때문에 세대 구분이 뚜렷하지 않은 경우도 많다.

6   재외동포재단이 2016년에 발간한 조선족 관련 보고서에 따르면, 2001년부터 2015년까지 한국 국적을 취득한 조선족은 총 87,258명으로 집계되었다. 또한 2018년부터 한국 정부가 영주권(F-5 비자) 제도를 시행하면서 조선족들의 비자 신청이 이루어지고 있으나, 현재까지 구체적인 자료는 공개되지 않았다.

7   박우(Woo Park, 2020)는 한국에서 음식점, 여행사, 무역회사 등 다양한 사업체를 운영하는 신흥 조선족 사업가들을 연구한다. 이들이 한국 사회에서 차별과 낙인에 직면하면서도, 평등한 권리를 주장하고 다양한 방식으로 주체적으로 대응해 나가는 모습을 조명한다.

참고문헌

Abu-Lughod, Lila. 1991. "Writing against Culture." In *Recapturing Anthropology: Working in the Present*, edited by Richard Fox, 137–62. Santa Fe, NM: School of American Research Press.

Adam, Barbara. 1991. *Time and Social Theory*. Philadelphia: Temple University Press.

Adams, Vincanne, Michelle Murphy, and Adele E. Clarke. 2009. "Anticipation: Technoscience, Life, Affect, Temporality." *Subjectivity* 28: 246–65.

Adorno, Teodor. 2009 [1991]. *The Culture Industry: Selected Essays on Mass Culture*. Edited by J. M. Bernstein. London: Routledge.

Agamben, Giorgio. 1998. *Homo Sacer: Sovereign Power and Bare Life*. Stanford, CA: Stanford University Press.

Ahmed, Sara. 2010. *The Promise of Happiness*. Durham, NC: Duke University Press.

Allison, Anne. 2015. *Precarious Japan*. Durham, NC: Duke University Press.

Althusser, Louis. 2001 [1971]. "Ideology and Ideological State Apparatuses." In *Lenin and Philosophy, and Other Essays*, translated by Ben Brewster, 85–126. New York: Monthly Review Press.

Ameeriar, Lalaie. 2017. *Downwardly Global: Women, Work, and Citizenship in the Pakistan Diaspora*. Durham, NC: Duke University Press.

An, Su-gil. 1995 [1959–67]. *Pukkando*. Seoul: Donga Publisher.

Anagnost, Ann. 2004. "The Corporeal Politics of Quality *(Suzhi)*." *Public Culture* 16, no. 2: 189–208.

Anderson, Benedict. 1992. *Imagined Communities: Reflections on the Origin and Spread of Nationalism*. London: Verso.

Andersson, Ruben. 2014. *Illegality, Inc.: Clandestine Migration and the Business of Bordering Europe*. Oakland: University of California Press.

Anzaldúa, Gloria. 1987. *Borderlands/La Frontera: The New Mestiza*. San Francisco: Spinsters/Aunt Lute.

Appadurai, Arjun. 1986. "Introduction: Commodities and the Politics of

Value." In *The Social Life of Things: Commodities in Cultural Perspective*, edited by Arjun Appadurai, 3–63. Cambridge: Cambridge University Press.

—— 1996. *Modernity at Large: Cultural Dimensions of Global- ization*. Minneapolis: University of Minnesota Press.

Arendt, Hannah. 1972. *Crises of the Republic: Lying in Politics; Civil Disobedience; On Violence; Th ughts on Politics and Revolution*. New York: Harcourt Brace

Athukorala, Prema-Chandra, and Chris Manning. 1999. *Structural Change and International Migration in East Asia: Adjusting to Labour Scarcity*. Oxford: Oxford University Press.

Axel, Brian. 2004. "The Context of Diaspora." *Cultural Anthropology* 19, no. 1: 26–60.

Baldassar, Loretta, and Laura Merla. 2013. "Locating Transnational Care Circulation in Migration and Family Studies." In *Transnational Families, Migration, and the Circulation of Care: Understanding Mobility and Absence in Family Life*, edited by Loretta Baldassar and Laura Merla, 25–58. London: Routledge.

Baoliang, Chen. 1998. "To Be Defined *Liumang*." In *Streetlife China*, edited by Michael Dutton, 63–65. Cambridge: Cambridge University Press.

Barry, Andrew, Thomas Osborne, and Nicholas Rose. 1996. "Introduction." In *Foucault and Political Reason: Liberalism, Neo-liberalism, and Ra- tionalities of Government*, edited by Andrew Barry, Thomas Osborne, and Niklas Rose, 1–17. Chicago: University of Chicago Press.

Barth, Fredrick. 1969. *Ethnic Groups and Boundaries: The Social Organization of Culture Difference*. Long Grove, IL: Waveland Press.

Basch, Linda, Nina Glick Schiller, and Cristina Szanton Blanc. 1993. *Nations Unbound: Transnational Projects, Postcolonial Predicaments, and Deterritorialized Nation States*. London: Routledge.

Berlant, Lauren. 2011. *Cruel Optimism*. Durham, NC: Duke University Press.

Bhabha, Homi. 1994. *The Location of Culture*. London: Routledge.

Binkley, Sam. 2009. "The Work of Neoliberal Governmentality: Temporal- ity and Ethical Substance in the Tale of Two Dads." *Foucault Studies* 6: 60–78.

Bloch, Ernest. 1995 [1959]. *The Principle of Hope*, vol. I. Translated by Neville Plaice, Stephen Plaice, and Paul Knight. Cambridge, MA: mit Press.

Boris, Eileen, and Rachel Prennas. 2010. *Intimate Labors: Culture, Technologies, and the Politics of Care*. Stanford, CA: Stanford University Press.

Bourdieu, Pierre. 1990. *The Logic of Practice*. Stanford, CA: Stanford University Press.

—— 2000. *The Weight of the World: Social Suffering in Con- temporary Society*. Stanford, CA: Stanford University Press.

Brennan, Denise. 2004. *What's Love Got to Do with It: Transnational Desires and Sex Tourism in the Dominican Republic*. Durham, NC: Duke University

Press.

——— 2014. *Life Interrupted: Trafficking into Forced Labor in the United States*. Durham, NC: Duke University Press.

Brown, Wendy. 2015. *Undoing the Demos: Neoliberalism's Stealth Revolution*. New York: Zone Books.

Brubaker, Rogers. 2004. *Ethnicity without Groups*. Cambridge, MA: Har- vard University Press.

Butler, Judith. 1990. *Gender Trouble: Feminism and the Subversion of Iden- tity*. New York: Routledge.

——— 1993. *Bodies that Matter: On the Discursive Limits of "Sex."* New York: Routledge.

——— 1997. *The Psychic Life of Power: Theories in Subjection*. Stan- ford, CA: Stanford University Press.

——— 2010. *Frames of War: When Is Life Grievable?* London: Verso. Cabot, Heath. 2014. *On the Doorstep of Europe: Asylum and Citizenship in Greece*. Philadelphia: University of Pennsylvania Press.

Çağlar, Ayşe, and Nina Glick Schiller. 2011. "Introduction: Migrants and Cities." In *Locating Migration: Rescaling Cities and Migrants*, edited by Nina Glick Schiller and Ayşe Çağlar, 1–19. Ithaca, NY: Cornell University Press.

Carsten, Janet. 2004. *After Kinship*. Cambridge: Cambridge University Press.

——— ed. 2000. *Cultures of Relatedness: New Approaches to the Study of Kinship*. Cambridge: Cambridge University Press.

Castree, Noel. 2009. "The Spatio-Temporality of Capitalism." *Time and Society* 18, no. 1: 26–61.

Cattelino, Jessica. 2008. *High Stakes: Florida Seminole Gaming and Sover- eignty*. Durham, NC: Duke University Press.

Chari, Shard, and Katherine Verdery. 2009. "Thinking between the Posts: Postcolonialism, Postsocialism, and Ethnography after the Cold War." *Comparative Studies in Society and History* 51, no. 1: 6–34.

Cheng, Sealing. 2013. *On the Move for Love: Migrant Entertainers and the U.S. Military in South Korea*. Philadelphia: University of Pennsylvania Press.

Cho, Donghoon. 2010. "Analysis of Wage Differentials between Domes- tic and Foreign Workers in Korea." *Journal of Labor Policy* 10, no. 3: 65–86.

Cho, Munyoung. 2009. "Forced Flexibility: A Migrant Woman's Struggle for Settlement." *China Journal* 61: 51–76.

Ch'oe, Kuk-ch'ŏl. 1999. *Kando chŏnsŏl* [Legend of Kando]. Mudanjiang, China: Hŭngnyonggang Chosŏn Minjok Ch'ulp'ansa.

——— 2017. *Kwangbok ŭi huyedŭl* [Descendants of the liberation]. Yanji, China: Yŏnbyŏn Inmin Ch'ulp'ansa.

Choi, Hongil. 1994. *Nunmul chŏjŭn Tuman'gang* [Tearing Tumen River]. Beijing: Minjok Ch'ulp'ansa.

Chow, Rey. 2002. *The Protestant Ethnic and the Spirit of Capitalism*. New York:

Columbia University Press.

Chu, Julie. 2010. *Cosmologies of Credit: Transnational Mobility and the Poli- tics of Destination in China*. Durham, NC: Duke University Press.

Chua, Joselyin. 2011. "Making Time for Children: Self-Temporalization and the Cultivation of Anti-Suicidal Subjects in South India." *Cultural Anthropology* 26, no. 1: 112–37.

Clifford, James. 1994. "Diasporas." *Cultural Anthropology* 9, no. 3: 302–38.

—— 1997. *Routes: Travel and Translation in the Late Twentieth Century*. Cambridge, MA: Harvard University Press.

Collier, Stephen. 2011. *Post-Soviet Social: Neoliberalism, Social Modernity, Biopolitics*. Princeton, NJ: Princeton University Press.

Comaroff, John, and Jean Comaroff. 1996. *Ethnography and the Historical Imagination*. Boulder, CO: Westview Press.

—— and Jean Comaroff. 2009. *Ethnicity, Inc.* Chicago: Univer- sity of Chicago Press.

Constable, Nicole. 2003. *Romance on a Global Stage: Pen Pals, Virtual Ethnography, and "Mail Order Marriages."* Berkeley: University of California Press.

—— 2005. *Cross-Border Marriages: Gender and Mobility in Transnational Asia*. Philadelphia: University of Pennsylvania Press.

—— 2007. *Maid to Order in Hong Kong: Stories of Migrant Workers*. Ithaca, NY: Cornell University Press.

—— 2009. "The Commodification of Intimacy: Marriage, Sex, and Reproductive Labor." *Annual Review of Anthropology* 38: 49–64.

—— 2014. *Born out of Place: Migrant Mothers and the Politics of International Labor*. Berkeley: University of California Press.

Coutin, Susan B. 2007. *Nation of Emigrants: Shifting Boundaries of Citizen- ship in El Salvador and the United States*. Ithaca, NY: Cornell University Press

—— 2016. *Exiled Home: Salvadoran Transnational Youth in the Aftermath of Violence*. Durham, NC: Duke University Press.

Crapanzano, Vincent. 1986. *Waiting: The Whites of South Africa*. New York: Random House.

CTKCH (Committee of Traces of Korean Chinese History / Chungguk Chosŏn Minjok Palchach'wi" Ch'ongsŏ P'yŏnjip Wiwŏnhoe). 1991. *Chosŏnjok baljachwi ch'ongsŏ* [The traces of Korean Chinese]. Beijing: Ethnicity.

—— 1996. *Kaech'ŏk* [Dawn]. Beijing: Minjok Ch'ulp'ansa.

Cumings, Bruce. 2010. *The Korean War: A History*. New York: Modern Library.

Dautcher, Jay. 2009. *Down a Narrow Road: Identity and Masculinity in a Uyghur Community in Xinjiang, China*. Cambridge, MA: Harvard University Asia Center.

Dean, Mitchelle. 1999. *Governmentality: Power and Rule in Modern Society*. London: Sage Publications.

De Genova, Nicholas. 2010. "Introduction." In *Deportation Regime: Sovereignty, Space and Freedom of Movement,* edited by Nicholas De Genova, 1–29. Durham, NC: Duke University Press.

—— 2013. "Spectacles of Migrant 'Illegality': The Scene of Exclusion, the Obscene of Inclusion." *Ethnic and Racial Studies* 36, no. 7: 1–19.

De Haas, Hein. 2007. "Remittances, Migration and Social Development: A Conceptual Review of the Literature." Social Policy and Development Program Paper No. 34. United Nations Research Institute for Social Development. https://www.files.ethz.ch/isn/102848/34.pdf.

DeHart, Monica. 2010. *Ethnic Entrepreneurs: Identity and Development Politics in Latin America.* Stanford, CA: Stanford University Press.

De León, Jason. 2015. T*he Land of Open Graves: Living and Dying on the Migrant Trail.* Berkeley: University of California Press.

Deleuze, Gilles. 1988. *Spinoza: Practical Philosophy.* San Francisco: City Lights.

Derrida, Jacques. 1992. *Given Time: I, Counterfeit Money.* Chicago: Univer- sity of Chicago Press.

Dilts, Andrew. 2011. "From 'Entrepreneur of the Self ' to 'Care of the Self ': Neo-Liberal Governmentality and Foucault's Ethics." *Foucault Studies* 12: 130–46.

Dirlik, Arif. 2000. "Reversals, Ironies, Hegemonies: Notes on the Contemporary Historiography of Modern China." In *History after the Three Worlds: Post-Eurocentric Historiographies,* edited by Arif Dirlik, Vinay Bahl, and Peter Gran, 125–156. Lanham, MD: Rowman and Littlefield.

Donnan, Hastings, and Thomas M. Wilson, eds. 1999. *Borders: Frontiers of Identity, Nation, and State.* Oxford: Berg.

Dunn, Elizabeth. 2004. *Privatizing Poland: Baby Food, Big Business, and the Remaking of Labor.* Ithaca, NY: Cornell University Press.

Durkheim, Émile. 1965. *The Elementary Forms of the Religious Life.* New York: Free Press.

Dutton, Michael, ed. 1998. *Streetlife in China.* Cambridge: Cambridge University Press.

Dzenovska, Dace. 2018. *School of Europeanness: Tolerance and Other Lessons in Political Liberalism in Latvia.* Ithaca, NY: Cornell University Press.

—— 2020. "Emptiness: Capitalism without People in the Latvian Countryside." *American Ethnologist* 47, no. 1: 19–26.

Edensor, Tim. 2012. "Introduction: Thinking about Rhythm and Space." In *Geographies of Rhythm: Nature, Places, Mobilities, and Bodies,* edited by Tim Edensor, 1–20. Andover, UK: Ashgate.

Ehrenreich, Barbara, and Arlie Russell Hochschild, eds. 2004. *Global Woman: Nannies, Maids, and Sex Workers in the New Economy.* New York: Henry Holt.

Eng, David L., and Shinhee Han. 2002. "A Dialogue on Racial Melancholia." In *Loss: The Politics of Mourning,* edited by David L. Eng and David Kazanjian, 343–71. Berkeley: University of California Press.

Escobar, Arturo. 1995. *Encountering Development: The Making and Unmak- ing of the Third World.* Princeton, NJ: Princeton University Press.

Evans Prichard, E. E. 1969. *The Nuer: A Description of the Modes of Liveli- hood and Political Institutions of a Nilotic People.* Oxford: Oxford University Press.

Faier, Lieba. 2007. "Filipina Migrants in Rural Japan and Their Professions of Love." *American Ethnologist* 34, no. 1: 148–62.

—— 2009. *Intimate Encounters: Filipina Women and the Remaking of Rural Japan.* Berkeley: University of California Press.

Faist, Thomas. 2010. "Transnationalization and Development: Toward an Alternative Agenda." In *Migration, Development, and Transnationaliza- tion: A Critical Stance,* edited by Nina Glick Shiller and Thomas Faist, 63–99. New York: Berghahn Books.

Fassin, Didier. 2011. *Humanitarian Reason: A Moral History of the Present.* Berkeley: University of California Press.

Felski, Rita. 2000. *Doing Time: Feminist Theory and Postmodern Culture.* New York: nyu Press.

Ferguson, James. 1990. *Th Anti-Politics Machine: "Development," Depoliti- cization, and Bureaucratic Power in Lesotho.* Cambridge: Cambridge University Press.

—— 1999. *Expectations of Modernity: Myths and Meanings of Urban Life on the Zambian Copperbelt.* Berkeley: University of Califor- nia Press.

Fitzgerald, David. 2009. *A Nation of Emigrants: How Mexico Manages Its Migration.* Berkeley: University of California Press.

Foucault, Michel. 1991. "Governmentality." In *The Foucault Effect: Studies in Governmentality,* edited by Graham Burchell, Colin Gordon, and Peter Miller, 87–104. Chicago: University of Chicago Press.

—— 1993. "About the Beginning of the Hermeneutics of the Self." *Political Theory* 21, no. 2: 198–227.

—— 1995 [1975]. *Discipline and Punish: The Birth of the Prison.* New York: Vintage.

—— 2007. *Security, Territory, Population.* Basingstoke, UK: Palgrave Macmillan.

—— 2008. *The Birth of Biopolitics: Lectures at the Collège de France, 1978–1979.* New York: Picador.

Franklin, Sarah. 2002. "Biologization Revisited: Kinship Theory in the Context of New Biologies." In *Relative Values: Reconfiguring Kinship Studies,* edited by Sarah Franklin and Susan McKinnon, 302–325. Durham, NC: Duke University Press.

Freeman, Caren. 2005. "Marrying Up and Marrying Down: The Paradoxes of Marital Mobility for Chosunjok Brides in South Korea." In *Cross- Border*

Marriages: Gender and Mobility in Transnational Asia, edited by Nicole Constable, 80–100. Philadelphia: University of Pennsylvania Press.

—— 2011. *Making and Faking Kinships: Marriage and Labor Mi- gration between China and South Korea.* Ithaca, NY: Cornell University Press.

Friedman, Sara. 2006. *Intimate Politics: Marriage, the Market, and State Power in Southeastern China.* Cambridge, MA: Harvard University Press.

Fromm, Erich. 2006 [1956]. *Th Art of Loving.* New York: Harper Perennial.

Gasparini, Giovanni. 1995. "On Waiting." *Time and Society* 4, no. 1: 29–45.

Gilroy, Paul. 1991. "'It Ain't Where You're From, It's Where You're At . . . : The Dialectics of Diasporic Identification." *Third Text* 13: 3–16.

—— 1993. *The Black Atlantic: Modernity and Double Consciousness.* Cambridge, MA: Harvard University Press.

Greenhalgh, Susan, and Edwin A. Winckler. 2005. *Governing China's Population: From Leninist to Neoliberal Biopolitics.* Stanford, CA: Stanford University Press.

Gregory, Christopher. 1982. *Gifts and Commodities.* London: Academic Press.

Gu, Edward. 2002. "The State Socialist Welfare System and the Political Economy of Public Housing Reform in Urban China." *Review of Re- search Policy* 19, no. 2: 179–211.

Gupta, Akhil, and James Ferguson, eds. 1997. *Culture, Power, Place: Explorations in Critical Anthropology.* Durham, NC: Duke University Press.

Hage, Ghassan. 2009. "Waiting Out the Crisis: On Stuckness and Governmentality." In *Waiting*, edited by Ghassan Hage, 97–106. Melbourne: University of Melbourne Press.

Hall, Stuart. 1996. "Cultural Identity and Diaspora." In *Contemporary Postcolonial Theory: A Reader,* edited by Padmini Mongia, 110–121. London: Edward Arnold.

Han, Clara. 2012. *Life in Debt: Times of Care and Violence in Neoliberal Chile.* Berkeley: University of California Press.

Han, Geon-Soo. 2003. "Making 'the Other': Korean Society and the Representation of Immigrant Workers." *Comparative Cultural Studies* 9, no. 2: 157–93.

Han, Hongkoo. 2013. "Colonial Origins of Juche: The Minsaengdan Incident of the 1930s and the Birth of the North Korea-China Relationship." In *Origins of North Korea's Juche: Colonialism, War, and Development,* edited by Jae-Jung Suh, 33–62. Lanham, MD: Lexington Books.

Han, Ju Hui Judy. 2013. "Beyond Safe Haven." *Critical Asian Studies* 45, no. 4: 533–60.

Hann, Chris, Caroline Humphrey, and Katherine Verdery. 2002. "Introduction: Postsocialism as a Topic of Anthropology." In *Postsocialism: Ideals, Ideologies and Practices in Eurasia,* edited by Chris Hann, 1–28. London: Routledge.

Hannerz, Ulf. 1997. "Borders." *International Social Science Journal* 154: 537–548.

Hardt, Michael, and Antonio Negri. 2000. Empire. Cambridge, MA: Har- vard University Press.

Harms, Erik. 2013. "Eviction Time in the New Saigon: Temporalities of Displacement in the Rubble of Development." *Cultural Anthropology* 28, no. 2: 344–68.

Harrel, Stevan. 1995. *Cultural Encounters on China's Ethnic Frontiers*. Se- attle: University of Washington Press.

Harvey, David. 1989. *The Condition of Postmodernity: An Inquiry into the Origin of Cultural Change*. Oxford: Blackwell.

—— 1999. *The Limit of Capital*. London: Verso.

—— 2005. *A Brief History of Neoliberalism*. Oxford: Oxford University Press.

Hochschild, Arlie Russel. 2004. "Love and Gold." In *Global Woman: Nan- nies, Maids, and Sex Workers in the New Economy*, edited by Barbara Ehrenreich and Arlie Russell Hochschild, 15–30. New York: Henry Holt.

Hoffman, Lisa. 2010. *Patriotic Professionalism in Urban China: Fostering Talent*. Philadelphia: Temple University Press.

Holmes, Seth M. 2013. *Fresh Fruit, Broken Bodies: Migrant Farmworkers in the United States*. Berkeley: University of California Press.

Hong, Jongwook. 2020. "Who were made as spies?: Koreans in Japan" [Nugureul gancheobeuro mandeureonna· Jaeilhanin]. In *Kanch'ŏp Sidae: Han'guk Hyŏndaesa Wa Chojak Kanch'ŏp*, edited by Chŏng-in Kim and Pyŏng-ju Hwang, 229–62. Seoul: Ch'aek Kwa Hamkke.

Huang, Yu Fu. 2009. *We Are 100% Korean Chinese*. Jilin, China: Overseas Korean Forum.

Hung, Eva. P. W., and Stephen W. K. Chiu. 2003. "The Lost Generation: Life Course Dynamics and *Xiagang* in China." *Modern China* 29, no. 2: 204–36.

Hyun, Ryongsoon, Jungmoon Lee, and Ryongguo Huh. 1982. *Chosŏnjok paengnyŏn sahwa* [One hundred years of Korean-Chinese history]. Yanji, China: Yonby-ŏn Inmin Ch'ulp'ansa.

Jeffrey, Craig. 2010. "Timepass: Youth, Class, and Time among Unem- ployed Young Men in India." *American Ethnologist* 37, no. 3: 465–81.

Jonas, Andrew. 1994. "The Scale Politics of Spatiality." *Environment and Planning D: Society and Space* 12: 257–64.

Jones, Kate. 1998. "Scale as Epistemology." *Political Geography* 17: 25–8.

JPA (Jilin Political Association, Historical Archive Committee/Jilin Sheng zheng xie, Wen shi zi liao wei yuan hui). 1995. *Killim Chosŏnjok* [Jilin Korean Chinese]. Yanbian, China: Yŏnbyŏn Inmin Ch'ulp'ansa; Yŏnbyŏn Sinhwa Sŏjŏm parhaeng.

Jung, Jin-Heon. 2015. *Migration and Religion in East Asia: North Korean Mi- grants' Evangelical Encounters*. Basingstoke, UK: Palgrave Macmillan.

Jung, Minwoo. 2017. "Precarious Seoul: Urban Inequality and Belonging of Young Adults in South Korea." *Positions* 25, no. 4: 745–67.

Kawashima, Ken. 2009. *The Proletarian Gamble: Korean Workers in Inter- war Japan*. Durham, NC: Duke University Press.

Kim, Chulsu, Ryungbum Kang, and Chulhwan Kim. 1998. *Chungguk Chosŏnjok Yŏksa Sansik* [Common sense of Korean Chinese history]. Yanji, China: Yŏnbyŏn Inmin Ch'ulp'ansa.

Kim, Eleana. 2010. *Adopted Territory: Transnational Korean Adoptees and the Politics of Belonging*. Durham, NC: Duke University Press.

Kim, Hyun Mee. 2008. "The Korean Chinese Migration Experience in England: The Case of Residents in Korea Town." *Korean Anthropology* 41, no. 2: 39–77.

Kim, Jaeeun. 2009. "The Making and Unmaking of a 'Transborder Nation': South Korea During and After the Cold War." *Theory and Society* 38, no. 2: 133–64.

—— 2016. *Contested Embrace: Transborder Membership Politics in Twentieth-Century Korea*. Stanford, CA; Stanford University Press.

Kim, Jaesok. 2013. *Chinese Labor in a Korean Factory: Class, Ethnicity, and Productivity on the Shop Floor in Globalizing China*. Stanford, CA: Stanford University Press.

Kim, Samuel. 2000. *Korea's Globalization*. Cambridge: Cambridge Univer- sity Press.

Kipnis, Andrew. 2006. "*Suzhi*: A Key Word Approach." *China Quarterly*, no. 186: 295–313.

—— 2007. "Neoliberalism Reified: *Suzhi* Discourse and Tropes of Neoliberalism in the People's Republic of China." *Journal of the Royal Anthropological Institute* 13, no. 2: 383–400.

Kissinger, Henry. 2011. *On China*. New York: Penguin Press.

Kwon, Heonik. 2008. *Ghosts of War in Vietnam*. Cambridge: Cambridge University Press.

—— 2010. *The Other Cold War*. New York: Columbia University Press.

Kwon, June Hee. 2015. "The Work of Waiting: Love and Money in Korean Chinese Transnational Migration." *Cultural Anthropology* 30, no. 3: 477–500.

—— 2019a. "Forbidden Homeland: Divided Belonging on the China-Korea Border." *Critique of Anthropology* 39, no. 1: 74–94

—— 2019b. "Rhythms of 'Free' Movement: Migrants' Bodies and Time under South Korean Visa Regimes." *Journal of Ethnic and Migration Studies* 45, no. 15: 2953–70.

Laclau, Ernesto, and Chantal Mouffe. 1985. *Hegemony and Socialist Strategy: Toward a Radical Democratic Politics*. London: Verso.

Lazzarato, Maurizio. 1996. "Immaterial Labor." In *Radical Thought In Italy:*

A Potential Politics, edited by Paolo Virno and Michael Hardt, 133–150. Minneapolis: University of Minnesota Press.

Lee, Ching-Kwan. 2007. *Against the Law: Labor Protests in China's Rustbelt and Sunbelt.* Berkeley: University of California Press.

Lee, Hae-Eung. 2005. "The Transformation of Subjectivity of Korean Chinese Married Women through the Migration Experience." MA thesis, Ewha Women's University, Seoul.

Lee, Helene K. 2018. Between Foreign and Family: *Return Migration and Identity Construction among Korean Americans and Korean Chinese.* New Brunswick, NJ: Rutgers University Press.

Lee, Jin Young. 2002. "Chosunineso Chosunjokero: Yanbianjiyeok jan- gakgwa Jeonchesong byunhwa (1945–1949)" [From Korean ethnic to Korean Chinese: The occupation of Yanbian and identity shift (1945–1949)]. *Chinese Studies* 95: 90–116.

Lee, Jinyoung, Lee Hyekyung, and Hyunmee Kim. 2008. *The Effect of Satisfaction of the Visit and Employment System.* Seoul: Korean Immigration Service.

Lee, Joo Young. 2004. "Domestic Work Experience of Female Korean Chinese Working in Korea." MA thesis, Yonsei University, Seoul.

Lee, Min Joo. 2008. "The Commercial Activity and Identity Formation of Korean Chinese." MA thesis, Yonsei University, Seoul.

Lefebvre, Henri. 2004. *Rhythmanalysis: Space, Time, and Everyday Life.* New York: Continuum.

Lemke, Thomas. 2002. "Foucault, Governmentality, and Critique." *Rethinking Marxism* 14, no. 3: 49–64.

Levin, Caroline. 2015. *Forms: Whole, Rhythm, Hierarch, Network.* Princeton, NJ: Princeton University Press.

Levitt, Peggy. 2001. *The Transnational Villagers.* Berkeley: University of California Press.

Levitt, Peggy, and Deepak Lamba-Nieves. 2011. "Social Remittances Revisited." *Journal of Ethnic and Migration Studies* 37, no. 1: 1–22.

Lim, Gesoon. 2005. *Uriegedagaon Chosunjokeun nuguinga* [Who are the Korean Chinese Coming to Us]. Seoul: Hyunamsa.

Lim, Sung Sook. 2004. "The Process of Formation of Korean Chinese Ethnic Identity." MA thesis, Hanyang University, Seoul.

Lim, Yun-Chin, and Suk-Man Hwang. 2002. "The Political Economy of South Korean Structural Adjustment: Reality and Façade." *African and Asian Studies* 1, no. 2: 87–112.

Litzinger, Ralph. 1998. "Memory Work: Reconstituting the Ethnic in Post-Mao China." *Cultural Anthropology* 13, no. 2: 224–55.

——— 2000. *Other Chinas: The Yao and the Politics of National Belonging.* Durham, NC: Duke University Press.

Liu, Xin. 2002. *The Otherness of Self: A Genealogy of the Self in Contemporary China*. Ann Arbor: University of Michigan Press.

Lopez, Sarah Lynn. 2015. *The Remittance Landscape: Spaces of Migration in Rural Mexico and Urban USA*. Chicago: University of Chicago Press.

Lucht, Hans. 2011. *Darkness before Daybreak: African Migrants Living on the Margin in Southern Italy Today*. Berkeley: University of California Press.

Mackenzie, Peter. 2002. "Strangers in the City: The *Hukou* and Urban Citizenship in China." *Journal of International Affairs* 56, no. 1: 305–19.

Mahoney, Josef Gregory. 2014. "Interpreting the Chinese Dream: An Exercise of Political Hermeneutics." *Journal of Chinese Political Science* 19, no. 1: 15–34.

Mains, Daniel. 2007. "Neoliberal Times: Progress, Boredom, and Shame among Young Men in Urban Ethiopia." *American Ethnologist* 34, no. 4: 659–73.

Malinowski, Bronislaw. 2002 [1922]. *Argonauts of the Western Pacific: An Account of Native Enterprise and Adventure in the Archipelagoes of Melanesian New Guinea*. London: Routledge.

Mandel, Ruth, and Caroline Humphrey. 2002. "The Market in Everyday Life: Ethnographies of Postsocialism." In *Markets and Moralities: Ethnographies of Postsocialism*, edited by Ruth Mandel and Caroline Humphrey, 1–16. Oxford: Berg.

Marx, Karl. 1988. *The Economic and Philosophic Manuscripts of 1844*. Amherst, NY: Prometheus Books.

—— 1992 [1867]. *Capital, Volume* 1. London: Penguin Books.

Masquelier, Adeline, and Deborah Durham. 2023. "Introduction: Minding the Gap in the Meantime." In *In the Meantime: Toward an Anthropol-ogy of the Possible*, edited by Adeline Masquelier and Deborah Durham, 1–25. New York: Berghahn Books.

Massey, Doreen. 1993. "Power-Geometry and a Progressive Sense of Place." In *Mapping the Futures: Local Cultures, Global Change*, edited by Jon Bird, Barry Curtis, Tim Putnam, George Robertson, and Lisa Tickner, 60–70. New York: Routledge.

Massey, Douglass, and Emilio Parrado. 1998. "International Migration and Business Formation in Mexico." *Social Science Quarterly* 1, no. 79: 1–34.

Mathews, Gordon. 2011. *Ghetto at the Center of the World: Chungking Mansions, Hong Kong*. Chicago: University of Chicago Press.

Mauss, Marcel. 2000 [1925]. *The Gift: The Form and Reason of Exchange in Archaic Societies*. Translated by W. D. Halls. New York: Norton.

Mezzadra, Sandro, and Brett Neilson. 2013. *Border as Method, or, the Multiplication of Labor*. Durham, NC: Duke University Press.

McKinnon, Susan. 2002. "The Economies of Kinship and the Paternity of Culture: Origin Stories in Kinship Theory." In *Relative Values: Reconfig-*

uring Kinship Studies, edited by Sarah Franklin and Susan McKinnon, 277–301. Durham, NC: Duke University Press.

Meisner, Maurice J. 1999. *Mao's China and After: A History of the People's Republic.* 3rd ed. New York: Free Press.

Miller, Daniel. 2002. "Alienable Gifts and Inalienable Commodities." In T*he Empire of Things: Regimes of Value and Material Culture,* edited by Fred R. Myers, 91–115. Santa Fe, NM: School of American Research Press.

Miller, Peter, and Nicholas Rose. 1990. "Governing Economic Life." *Economy and Society* 19, no. 1: 1–31.

Mineggal, Monica. 2009. "The Time Is Right: *Waiting,* Reciprocity, and Sociality." In Waiting, edited by Ghassan Hage, 89–92. Melbourne: Melbourne University Publishing.

Moon, Katharine. 2000. "Strangers in the Midst: Foreign Workers and Korean Nationalism." In *Korea's Globalization,* edited by Samuel S. Kim, 147–69. Cambridge: Cambridge University Press.

Morris-Suzuki, Tessa. 2007. *Exodus to North Korea: Shadows from Japan's Cold War.* Lanham, MD: Rowman and Littlefield.

Mueggler, Erik. 2001. *The Age of Wild Ghosts: Memory, Violence, and Place in Southwest China.* Berkeley: University of California Press.

Mullaney, Thomas. 2011. *Coming to Terms with the Nation: Ethnic Classification in Modern China.* Berkeley: University of California Press.

Munn, Nancy. 1992. "The Cultural Anthropology of Time: A Critical Essay." *Annual Review of Anthropology* 21: 93–123.

Navaro-Yashin, Yael. 2012. *The Make-Believe Space: Affective Geography in a Postwar Polity.* Durham, NC: Duke University Press.

Ngai, Pun. 2005. *Made in China: Women Factory Workers in a Global Workplace.* Durham, NC: Duke University Press.

Noh, Gowoon. 2001. "Between Expectation and Reality: The Life and Adaptation Strategies of Korean Chinese." MA thesis, Seoul National University.

Noh, Gowoon. 2011. "Life on the Border: Korean Chinese Negotiating National Belonging in Transnational Space." PhD diss., University of California, Davis.

Oi, Jean. 1991. *State and Peasant in Contemporary China.* Berkeley: Univer- sity of California Press.

OKF (Overseas Koreans Foundation). 2016. *Report on the Korean Chinese Living in South Korea.* Seoul: Overseas Koreans Foundation.

O'Neill, Bruce. 2014. "Cast Aside: Boredom, Downward Mobility, and Homelessness in Post-Communist Bucharest." *Cultural Anthropology* 29, no. 1: 8–31.

Ong, Aihwa. 1999. *Flexible Citizenship: The Cultural Logics of Transnational- ity.* Durham, NC: Duke University Press.

—— 2006. *Neoliberalism as Exception: Mutations in Citizenship and Sovereignty.* Durham, NC: Duke University Press.

—— and Donald Nonini, eds. 1996. *Ungrounded Empires: The Cultural Politics of Chinese Modern Transnationalism.* New York: Routledge.

Papastergiadis, Nikos. 2000. T*he Turbulence of Migration: Globalization, Deterritorialization, and Hybridity.* Cambridge: Polity.

Park, Alyssa M. 2019. *Sovereignty Experiments: Korean Migrants and the Building of Borders in Northeast Asia, 1860–1945.* Ithaca, NY: Cornell University Press.

Park, Gwang Sung. 2006. "The Movement of Korean Chinese Labor and Social Change in the Age of Globalization." PhD diss., Seoul National University.

Park, Hyun Gwi. 2018.*The Displacement of Borders among Russian Koreans in Northeast Asia.* Amsterdam: Amsterdam University Press.

Park, Hyun Ok. 2005. *Two Dreams in One Bed: Empire, Social Life, and the Origins of the North Korean Revolution in Manchuria.* Durham, NC: Duke University Press.

—— 2015. *The Capitalist Unconscious: From Korean Unifica- tion to Transnational Korea.* New York: Columbia University Press.

Park, Jung-Sun, and Paul Chang. 2005. "Contention in the Construction of a Global Korean Community: The Case of the Overseas Korean Act." *Journal of Korean Studies* 10, no. 1: 1–27.

Park, Woo. 2020. *Chaoxianzu Entrepreneurs in Korea: Searching for Citizen- ship in the Ethnic Homeland.* Abingdon, UK: Routledge.

Parrenas, Rachel Salaza. 2001. *Servants of Globalization: Migration and Domestic Work.* Stanford, CA: Stanford University Press.

Parrenas, Rachel Salaza. 2004. "The Care Crisis in the Philippines: Children and Transnational Families in the New Global Economy." In *Global Woman: Nannies, Maids, and Sex Workers in the New Economy,* edited by Barbara Ehrenreich and Arlie Russell Hochschild, 39–54. New York: Henry Holt.

Peters, Michael A. 2017. "The Chinese Dream: Xi Jinping Thought on Socialism with Chinese Characteristics for a New Era." *Educational Philosophy and Theory* 49, no. 14: 1299–1304.

Piore, Michel. 1979. *Birds of Passage: Migrant Labor and Industrial Societies.* Cambridge: Cambridge University Press.

Richard, Analiese, and Daromir Rudnyckyj. 2009. "Economies of Affect." *Journal of the Royal Anthropological Institute* 15, no. 1: 57–77.

Rivkin-Fish, Michele. 2009. "Tracing the Landscape of the Past in Class Subjectivity: Practices of Memory and Distinction in Marketizing Russia." *American Ethnologist* 36, no. 1: 79–95.

Rodriguez, Robyn Magalit. 2010. *Migrants for Export: How the Philippine State Brokers Labor to the World.* Minneapolis: University of Min- nesota Press.

Rofel, Lisa. 2007. *Desiring China: Experiments in Neoliberalism, Sexuality, and Public Culture.* Durham, NC: Duke University Press.

—— 2016. "Temporal-Spatial Migration: Workers in Transnational Supply-Chain Factories." In *Ghost Protocol: Development and Displace- ment in Global China,* edited by Carlos Rojas and Ralph Litzinger, 167–190. Durham, NC: Duke University Press.

Rojas, Carlos. 2016. "Specters of Marx, Shades of Mao, and the Ghosts of Global Capital." In *Ghost Protocol: Development and Displacement in Global China,* edited by Carlos Rojas and Ralph Litzinger, 1–12. Dur- ham, NC: Duke University Press.

Rose, Nicholas. 1996. "Governing 'Advanced' Liberal Democracies." In *Foucault and Political Reason: Liberalism, Neo-Liberalism, and Ratio- nalities of Government,* edited by Andrew Barry, Thomas Osborne, and Nicholas Rose, 37–64. Chicago: University of Chicago Press.

Rundell, John. 2009. "Temporal Horizons of Modernity and Modalities of Waiting." In *Waiting,* edited by Ghassan Hage, 42–53. Melbourne: Melbourne University Publishing.

Ryang, Sonia. 1997. *North Koreans in Japan: Language, Ideology, and Iden- tity.* Boulder, CO: Westview Press.

Safran, William. 1991. "Diasporas in Modern Societies: Myths of Homeland and Return." *Diaspora* 1, no. 1: 83–99.

Sahlins, Marshall. 2012. *What Kinship Is—And Is Not.* Chicago: University of Chicago Press.

Salazar, Noel, and Alan Smart. 2011. "Introduction: Anthropological Takes on Im/Mobility." *Identities* 18, no. 6: i–ix.

Salter, Mark B. 2006. "The Global Visa Regime and the Political Technolo- gies of the International Self: Borders, Bodies, Biopolitics." *Alterna- tives: Global, Local, Political* 31, no. 2: 167–89.

—— 2012. "Theory of the /: The Suture and Critical Border Stud- ies." *Geopolitics* 17, no. 4: 734–55.

Sassen, Saskia. 2000. "Countergeographies of Globalization: The Feminiza- tion of Survival." *Journal of International Affairs* 53, no. 2: 503–24.

—— 2004. "Global Cities and Survival Circuits." In *Global Woman: Nannies, Maids, and Sex Workers in the New Economy,* edited by Barbara Ehrenreich and Arlie Russell Hochschild, 254–74. New York: Henry Holt.

Schein, Louisa. 2000. *The Minority Rules: The Miao and the Feminine in China's Cultural Politics.* Durham, NC: Duke University Press.

Schiller, Nina Glick, and Thomas Faist. 2010. "Introduction: Migration, Development, and Social Transformation." In *Migration, Development, and Transnationalization: A Critical Stance,* edited by Nina Glick Shiller and Thomas Faist, 1–21. New York: Berghahn Books.

Schmid, Andre. 1997. "Rediscovering Manchuria: Sin Ch'aeho and the Politics of Territorial History in Korea." *Journal of Asian Studies* 56, no. 1: 26–46.

Schneider, David. 1980. *American Kinship: A Cultural Account*, 2nd ed. Chicago: University of Chicago Press.

Seo, Dong-Jin. 2009. *Chayu ŭi ŭiji chagi kyebal ŭi ŭiji: sinjayujuŭi Hanguk sahoe esŏ chagi kyebal hanŭn chuch'e ŭi t'ansaeng* [The will to freedom, the will to self-improvement: The birth of the self-improving subject in neolibreal Korean society]. Paju, South Korea: Tolbegae.

Seol, Dong-Hoon. 2002. "Korean Chinese Working in Korea: Are They Overseas Koreans or Foreigners?" *Trend and Perspective* 52: 200–223.

Seol, Dong-Hoon, and John Skrentny. 2009. "Ethnic Return Migration and Hierarchical Nationhood: Korean Chinese Foreign Workers in South Korea." *Ethnicities* 9, no. 2: 147–74.

Shin, Gi-wook. 2006. *Ethnic Nationalism in Korea: Genealogy, Politics, and Legacy*. Stanford, CA: Stanford University Press.

Simmel, George. 2004 [1907]. *The Philosophy of Money*. 3rd ed. Translated by Tom Bottomore and David Frisby. London: Routledge.

Smith, Anthony. 1986. *The Ethnic Origins of Nations*. Oxford: Blackwell.

Smith, Neil. 1984. *Uneven Development: Nature, Capital, and the Production of Space*. Oxford: Blackwell.

—— 2003. "Remaking Scale: Competition and Cooperation in Pre- National and Post-National Europe." In *State/Space: A Reader,* edited by Neil Brenner, Bob Jessop, Martin Jones, and Gordon Macleod, 227–38. Chichester, UK: Wiley.

Solingr, Dorothy. 1999. *Contesting Citizenship in Urban China: Peasant Migrants, the State, and the Logic of the Market*. Berkeley: University of California Press.

Sollors, Werner. 1995. "Ethnicity." In *Critical Terms for Literary Study,* edited by Frank Lentricchia and Thomas McLaughlin, 288–305. Chicago: University of Chicago Press.

Song, Du-Yul. 2017. *Pul T'anŭn Ŏrŭm: Kyŏnggyein Song Tu-Yul Ŭi Chajŏnjŏk Esei* [Burning ice: Man on the border, autobiography of Song Tu-Yul]. Seoul: Humanit'asu.

Song, Jesook. 2009. *South Koreans in the Debt Crisis: The Creation of a Neoliberal Welfare Society*. Durham, NC: Duke University Press.

Song, Nianshen. 2017. "The Journey towards 'No Man's Land': Interpreting the China-Korea Borderland within Imperial and Colonial Contexts." *Journal of Asian Studies* 76, no. 4: 1035–58.

—— 2018. *Making Borders in Modern East Asia: The Tumen River Demarcation, 1881–1919*. Cambridge: Cambridge University Press.

Spinoza, Benedict de. 1994 [1677]. *Ethics*, translated by Edwin Curley. London: Penguin.

Squire, Vicki. 2010. "The Contested Politics of Mobility: Politicizing Mobility,

Mobilizing Politics." In *The Contested Politics of Mobility: Borderzones and Irregularity*, 1–25. New York: Routledge.

Standing, Guy. 2011. *The Precariat: The New Dangerous Class*. London: Bloomsbury Academic.

Stiglitz, Joseph E. 2003. *Globalization and Its Discontents*. New York: Norton.

Sukhwa, 2006. Yŏnbyŏn [Yanbian]. Yanbian, China: Yanbian People's Publishing.

Sun, Chunri. 2008. "The Problems of Koreans in Manchuria before and aft r the Liberation Period." *Journal of Manchurian Studies* 8, no. 8: 181–97.

Thompson, E. P. 1967. "Time, Work-Discipline and Industrial Capitalism." *Past and Present* 38, no. 1: 56–97.

Ticktin, Maria. 2011. *Casualities of Care: Immigration and the Politics of Humanitarianism in France*. Berkeley: University of California Press.

Tsuda, Takeyuki. 2003. *Strangers in the Ethnic Homeland: Japanese Brazil- ian Migration in Transnational Perspective*. New York: Columbia University Press.

Tyner, James A. 2009. *The Philippines: Mobilities, Identities, Globalization*. London: Routledge.

UNDP (United Nations Development Programme). 2007. *Human Development Report 2007: Human Development and Climate Change*. United Nations Development Programme. https://hdr.undp.org/content /human-development-report-20078.

Verdery, Katherine. 1996. *What Was Socialism, and What Comes Next?* Princeton, NJ: Princeton University Press.

Walder, Andrew. 1986. *Communist Neo-Traditionalism: Work and Authority in Chinese Industry*. Berkeley: University of California Press.

Wallerstein, Immanuel. 1991. "The Construction of Peoplehood." In *Race, Nation, Class*, edited by Immanuel Wallerstein and Étienne Balibar, 71–85. New York: Verso.

Wang, Hui. 2006. *China's New Order: Society, Politics, and Economy in Transition*. Cambridge, MA: Harvard University Press.

Wang, Zheng. 2014. "The Chinese Dream: Concept and Context." *Journal of Chinese Political Science* 19, no. 1: 1–13.

Weber, Max. 1997. "What Is an Ethnic Group?" In *The Ethnicity Reader: Nationalism, Multiculturalism, and Migration*, edited by Montserrat Guibernau and John Rex, 15–26. Cambridge, UK: Polity.

Weeks, Kathi. 1998. *Constituting Feminist Subjects*. Ithaca, NY: Cornell University Press.

—— 2011. *The Problem with Work: Feminism, Marxism, Antiwork Politics, and Postwork Imaginaries*. Durham, NC: Duke University Press.

Weiner, Annette. 1992. *Inalienable Possessions: The Paradox of Keeping- While- Giving*. Berkeley: University of California Press.

Weston, Kath. 1997. *Families We Choose: Lesbians, Gays, Kinship.* New York: Columbia University Press.

Whitfield, Stephen. 1991. *The Culture of the Cold War.* Baltimore: Johns Hopkins University Press.

Williams, Raymond. 1977. *Marxism and Literature.* Oxford: Oxford University Press.

Wise, Raúl Delgado, and Humberto Márquez Covarrubias. 2010. "Understanding the Relationship between Migration and Development: Toward a New Theoretical Approach." In *Migration, Development, and Transnationalization: A Critical Stance*, edited by Nina Glick Shiller and Thomas Faist, 142–75. Oxford: Berghahn Books.

Xiang, Biao. 2005. *Transcending Boundaries: Zhejiangcun: The Story of a Migrant Village in Beijing.* Leiden: Brill.

—— 2013. "Multi-Scalar Ethnography: An Approach for Critical Engagement with Migration and Social Change." *Ethnography* 14, no. 3: 282–99.

—— 2016. "'You've Got to Rely On Yourself . . . and the State!': A Structural Chasm in the Chinese Political Moral Order." In *Ghost Protocol: Development and Displacement in Global China*, edited by Carlos Rojas and Ralph Litzinger, 131–49. Durham, NC: Duke University Press.

Xikui, Gong. 1998. "Household Registration and the Caste-Like Quality of Peasant Life." In *Streetlife China*, edited by Michael Dutton, 81–85. Cambridge: Cambridge University Press.

Xu, Lianshun. 1996. *Paramkkot* [The windflower]. Seoul: Pŏmusa.

Yamamura, Chigusa. 2020. *Marriage and Marriageability: The Practices of Matchmaking between Men from Japan and Women from Northeast China.* Ithaca, NY: Cornell University Press

Yan, Hairong. 2003. "Neoliberal Governmentality and Neohumanism: Organizing Suzhi/Value Flow through Labor Recruitment Networks." *Cultural Anthropology* 18, no. 4: 493–523.

—— 2008. *New Masters, New Servants: Migration, Development, and Women Workers in China.* Durham, NC: Duke University Press.

Yan, Yunxiang. 1996. *The Flow of Gifts: Reciprocity and Social Networks in a Chinese Village.* Stanford, CA: Stanford University Press.

Yang, Mayfair Mei-hui. 1994. *Gifts, Favors, and Banquets: The Art of Social Relationships in China.* Ithaca, NY: Cornell University Press.

Ye, Tong-gŭn. 2011. *Chosŏnjok 3-Sedŭl Ŭi Sŏul Iyagi* [Stories of the third generation of Korean Chinese]. Seoul: Paeksan Sŏdang.

Yoon, Keun-Cha. 2016. *Chainich'i Ŭi Chŏngsinsa: Nam-puk-il Segae Ŭi Kukka Sai Esŏ* [The thought history of Koreans in Japan: Between the three countries South Korea, North Korea, and Japan]. Seoul: Han'gyŏre Ch'ulp'an.

Yoon, Yongdo. 2013. "Korean Chinese and Korean Russians' Transnational

Return/Migration and the State Regulation of Post-Nation." In *Kwihwan hokeun Sunhwan* [Return or circulation], edited by Shin Hyun-joon, 76–148. Seoul: Greenbi.

You, Haili. 1994. "Defining Rhythm: Aspects of an Anthropology of Rhythm." *Culture, Medicine, and Psychiatry* 18, no. 3: 361–84.

Zavella, Patricia. 2011. *I'm Neither Here nor There: Mexicans' Quotidian Struggles with Migration and Poverty.* Durham, NC: Duke University Press.

Zhang, Li. 2001. *Strangers in the City: Reconfiguration of Space, Power, and Social Networks within China's Floating Population.* Stanford, CA: Stanford University Press.

—— 2010. *In Search of Paradise: Middle-Class Living in a Chinese Metropolis.* Ithaca, NY: Cornell University Press.

찾아보기

ㄱ

가스파리니, 조반니Gasparini, Giovanni 177, 301n14

간도협약 65

결혼
  위장 결혼 38, 170, 300n8
  조선족 여성과 한국 남성 간의 결혼 95
  거래로 이루어진 결혼 167

경제
  중국과 북한의 경제 격차 91-92
  글로벌 경제 강국으로 부상하는 중국 53, 59, 233-234, 246
  중국의 사유화 추세와 경제 267-268
  한국바람에 따른 경제 발전 86, 129
  송금 의존형 경제 48, 221
  한국의 경제 발전과 송금액 99
  한국의 이주노동과 정치경제 21-22
  초국적 이주와 연변 경제 218
  연변의 사회 안정과 경제적 풍요 229-230

공산당
  중국공산당 66-67, 72, 246, 268, 288n15, 292n13
  조선공산당 292n14
  일본공산당 42, 288n15

공산주의 혁명
  중국의 공산주의 혁명 265
  중국 공산주의 혁명에 관여한 김일성 43, 292n14

국경 넘기border crossing
  국경 넘기를 토대로 재정의한 조선족의 민족성 74
  북한 주민에 대한 박해와 국경 넘기 61
  청나라 시대 경작을 위해 감행했던 두만강 넘기 64
  연변의 국경 넘기 역사 64-69

국경 통제border control
  중국 측 국경 통제의 군사화 경향 61
  두만강을 따라 실시하는 국경 통제 78-79
  국경 통제에 대해 연변 사람들이 느끼는 불안감 61

국제통화기금IMF 101

근대성
  자본주의의 맥락에서 본 근대성 254
  근대성의 조건인 이동성 127, 157-158

글로벌 금융 위기(2008) 188, 238, 260, 308n8

기다림
  감정 노동으로서 기다림 161, 182
  기다림의 조건 161-163
  기다림이 요하는 인내에 관한 가스파리니의 견해 177, 301n14
  기다림에 따르는 사회적 연결 기회에 관한 제프리의 견해 177
  조선족의 직업 윤리와 기다림 216-218
  사랑을 위한 기다림 167-172
  돈 관리와 기다림 161, 172-173, 179-181
  코리안 드림의 일부로서 기다림 161
  송금액과 기다림 156-157, 172-176
  사회 집단과 기다림 156
  사회적 질병의 원인으로서 기다림 156
  초국적 시간성과 기다림 49-50
  또한 '보토리' 항목 참조

김재은 287n14, 292n11

꿈
  꿈들 사이의 흐름 270-274
  다양해진 꿈들 274-277
  꿈의 진화 267-270
  또한 '코리안 드림', '차이나 드림' 항목 참조

ㄴ

나바로-야신, 야엘Navaro-Yashin, Yael 60

냉전
  한국의 국가보안법과 냉전 43
  조선족과 냉전의 연관성 102-103
  냉전 시기 탄압당한 조선족의 민족성 47
  냉전의 본질 85-86

노동/노동력
  감정 노동 161, 182, 299n1
  몸과 노동 강도 143-144, 147
  서비스 산업에서 조선족이 담당하는 노동 48, 91, 100, 140-141
  노동에 관한 마르크스의 견해 146, 306n20

값싼 노동력의 원천인 이주노동자 260
한국의 노동력 부족 99-100
연변의 노동력 부족 212-218
노동시장
  노동시장 관련 선택지에 관한 피츠제럴드의 견해 214, 305n19
  한국의 조선족 노동시장 52, 100, 119-120, 295n14

ㄷ

다양화된 이동성
  민족성에 따른 다양화된 이동성 193-194, 223-224
  다양화된 이동성이라는 맥락에서 본 민족적 고정관념 192-193
  한국바람이라는 맥락에서 본 다양화된 이동성 190
  초국적 이주라는 맥락에서 본 다양화된 이동성 190, 222-223
  이주의 격동성과 다양화된 이동성 222-223
단위单位(단웨이) 37, 246, 299n2
  중국의 사유화 추세와 단웨이 173, 297n9
데리다, 자크Derrida, Jacques 301n15
돈
  비상금 214
  돈이 가진 잠재력에 관한 마르크스의 견해 301n12
  돈과 관련된 부부 갈등 165
  돈에 따라 재형성된 관계 및 주체성 176
  리듬 1에서 나타나는 불안성 소비 129-134, 298n12
  돈에 관한 짐멜의 견해 301n12
  초국적 이주가 만들어낸 돈에 대한 열망 159, 175-176
  돈에 대한 기다림과 그 관리 160, 172-174
  또한 '한국 돈', '송금액' 항목 참조
두만강
  두만강이 불러일으키는 감정 60-62
  두만강을 따라 실시하는 국경 통제 78-79
  중국과 북한의 자연적 경계인 두만강 58
  청나라 시대 두만강 건너기 64

ㄹ

로페즈, 사라 린Lopez, Sarah Lynn 301n13, 304n6
르페브르, 앙리Lefebvre, Henri 124

리듬rhythms
  지정 서비스 및 육체노동 부문 118, 123, 139, 293n3, 296n1
  리듬을 따르는 여성 노동자 124
  H-2 비자가 리듬에 미치는 영향 123
  리듬에 관한 르페브르의 견해 124
  리듬에 따른 이주 흐름과 사회적 소속감 124
  리듬 1 125-134, 298n12
  리듬 2 148-152
  리듬 3 134-148, 304n7

ㅁ

마르크스, 칼Marx, Karl
  몸에 관한 마르크스의 견해 146
  집에 관한 마르스크의 견해 133
  노동에 관한 마르크스의 견해 148, 306n20
  돈이 가진 잠재력에 관한 마르크스의 견해 301n12
만주 286n3
  1945년 일본의 만주 철수 67
  만주로의 이주 24, 102
먼, 낸시Munn, Nancy 297n4
모스, 마르셀Mauss, Marcel 301n15
몸
  늙어가는 몸 51, 125
  망가지는 몸 146-147, 153
  민족화한 몸 22, 47, 266
  여성 노동자의 고된 노동과 몸 144-148, 153
  공장의 생산 효율성 제고를 위한 몸의 개별화 233
  노동 강도와 몸 143-144, 146
  몸의 활동에 관한 먼의 견해 297n4
  소질과 몸 197, 233-234
문화대혁명
  자본주의와 문화대혁명 293n22
  문화대혁명 시기 중국과 북한의 적대 관계 33, 288n17
  문화대혁명 시기 조선족에 대한 숙청과 박해 68-69
  연변의 도시화와 문화대혁명 28
물질주의
  강박적인 물질주의 태도 21
  물질주의로 오염된 조선족 이주자들 26
민족 이야기
  사과배론과 민족 담화 70
  민며느리론과 민족 담화 70
  100퍼센트 조선족이라는 정체성에 대한

민족 담화 70
민족성
  민족성의 정의 71
  민족 교육과 민족성 83, 292n17
  배제라는 형식으로 나타나는 민족성 71
  민족화 과정에 따른 불균등 72
  이동하는 민족으로서 조선족 50-51, 59, 193
  조선족의 민족성으로서 초국적 국경 넘기 73
  민족성에 대해 다룬 재외동포법 98-104, 294n8
  민족성에 담긴 자기 정체성과 타자성 71
  민족성이라는 맥락에서 본 고정관념 293n19
  접합 이론과 민족성 47
  가치 생산과 문화자본의 장으로서 민족성 290n27
민족적 타자
  중국공산당의 공인 72-73
  조선족의 인식 76

ㅂ

바람
  바람에 담긴 흐름이라는 개념 27
  이주와 바람 26-27
바바, 호미 Bhabha, Homi 192, 290n28
박, 알리사 Park, Alyssa 288n14
박우 Park, Woo 309n7
박현옥 Park, Hyun Ok 24, 44, 293n22
발전
  경제 발전 면에서 조선족이 이룬 전환 271
  송금과 발전의 관계 187-188, 223-224, 303n1
  2008~2016년 사이 연변의 변화 225-226
버더리, 캐서린 Verdery, Katherine 293n21, 296n3
버틀러, 주디스 Butler, Judith 290n29, 291n5
벌란트, 로렌 Berlant, Lauren 299n17
보토리(기다리는 상대) 156, 173
북한
  중국과 북한의 경제 격차 93
  조선족과 북한 주민의 혼인 관계 272
  한국전쟁 이후 어려워진 입북 61, 288n17
  북한 쪽 친족 관계를 최소화하는 조선족 93, 97, 288n17
  조선족에 대한 북한의 정치적 영향력 61
블로흐, 에른스트 Bloch, Ernst 302n19
비자(한국)
  가족 초청 비자 확대 95-97
  조선족에 의한 비자 위조 41
  전문직 및 사업 분야 종사자를 위한 F-4 비자 117
  조선족의 친척방문비자 39, 93
  신자유주의와 비자 118-119
  체류 기간을 초과한 비자 40, 91, 102
  비자를 통한 조선족 규제 50, 89, 91, 267
  또한 '재외동포 방문취업비자(H-2)' 항목 참조

ㅅ

사랑
  사랑 없는 거래로 이루어진 결혼 168
  사랑이라는 맥락에서 본 도덕적·성적 불안 167, 300n8
  사랑에 대한 약속의 증표인 송금액 177-181
  사랑에 대한 기다림 167-172
사면
  미등록 체류자에 대한 한국의 사면 정책 110, 148
  사면에 따른 미등록 체류자의 신분 변경 90, 126, 299n4
  일종의 사면 제도인 H-2 비자 117-119
  2005년 「재외동포법」 개정에 따른 사면 50, 107, 158, 163
  사면 이후 부지런함이 덜한 조선족에 대한 인식 137
사업가/사장 老板(라오반) 307n6
  중국의 라오반 장려 233
  포스트 한국바람과 라오반 되기 231-236, 239-244, 249-254
  자기 개선과 라오반 234
  소질과 라오반 234, 243-244
  라오반에 관한 박우의 견해 309n7
  연변의 라오반 199-206, 231-234
사유화
  중국의 사유화 추세 21, 31, 44-46
  작업 단위인 단위와 사유화 173, 297n9
  경제적 사유화 267-269
  공장 폐쇄와 사유화 추세 207-212
사회주의
  자본주의와 사회주의 27, 86, 87, 263
  조선족과 사회주의의 관련성 92
  한국바람과 연변의 사회주의 84-86
  포스트 냉전 시기 한국과 사회주의 23,

85-86
새로운 세대 275-277
서동진Seo, Dong-Jin 307n5
서비스 노동
    서비스 노동에 종사하는 여성 노동자 147-148
    지정 서비스 업종을 위한 H-2 비자 117-118, 123, 141, 293n3, 296n1
    서비스 노동에 종사하는 한족 80-81, 218
    한족이 제공하는 안마 서비스 219-222
    조선족이 제공하는 저렴한 서비스 노동 47-48, 91, 95, 139-140
소비
    소비 장소인 연변 251-252
    조선족의 소비 138-139
    한국 돈으로 인한 소비 증가 211-212
    연변의 과소비 현상 126, 133-134, 187, 190, 221
    연길의 소비 문화 187, 191
소수민족 변경지역
    연변이라는 민족적 변경지역 59, 85-88
    민족적 변경지역의 국경 넘기 역사 64-69
    민족적 변경지역에 관한 서술 74-79
    민족적 감정과 민족적 변경지역 79-84
    민족적 변경지역이라는 지정학적 공간 61-63
    한족과 민족적 변경지역 59-60
    민족적 변경지역에 관한 민족 담화의 부상 70-74
    민족적 변경지역에서 사회주의와 한국바람의 교차점 84-86
소질
    소질에 관한 아나그노스트의 견해 304n11
    몸과 소질 197, 232-233
    사업가와 소질 233, 243-244
    소질에 관한 킵니스의 견해 307n4
송금 의존형 경제
    송금 의존형 경제에서 나타나는 한족과 조선족의 상호 의존성 48
    한국바람에 따른 송금 의존형 경제 221
송금액
    발전과 송금액의 관계 187-188, 223-224, 303n1
    송금액을 통제하는 여성 노동자 173-176
    송금액에 영향을 미친 2008년 금융 위기 188, 221
    축적되지 않는 송금액 260
    송금액에 관한 로페즈의 견해 301n13, 304n6
    사랑의 증거인 송금액 177-179
    사회적 송금액 303n1
    한국의 경제 발전과 송금액 99-100
    송금액이 가진 변혁적 힘 172-176, 266-267
    초국적 이주 자본인 송금액 305n1
    연길로 유입되는 송금액 191-192
    또한 '한국 돈' 항목 참조
쉴러, 니나 글릭Schiller, Nina Glick 304n8
스미스, 닐Smith, Neil 195
스케일scales
    스케일의 고정성과 유동성 195
    스케일 표지로서 호주제 196-197
    국내 이주와 스케일 196
    스케일에 관한 스미스의 정의 195-196
스케일 점핑jumping scale
    농민 사업가 사례 199-206
    해고당한 공장 노동자 207-211
시간
    자유 시간에 관한 아도르노의 견해 298n11
    시간을 다루는 인류학 296n3
    시간화에 관한 먼의 견해 297n4
    한국과 시간의 강도 129
    초국적 시간 46-47
    시간의 교유회에 관한 비더리의 견해 296n3
    노동 시간 141-144
    유연한 연변의 일정 조율 128-129
시민권
    조선족의 중국 시민권 취득 59-60, 65-67, 110
    조선족의 한국 시민권 취득 278, 295n12
    재외동포에 대해 정의한 재외동포법 98-99
    항일 독립운동가 후손의 한국 시민권 취득 294n9
    가족 전체 이주를 통한 한국 시민권 취득 299n5
시장바람 29-32
신자유주의
    자본주의와 신자유주의 289n22, 299n17
    신자유주의에 관한 서동진의 견해 307n5
    F-4 및 H-2 비자와 신자유주의 118-119
    신자유주의에 관한 킵니스의 견해 289n22
    한국적 맥락에서 본 신자유주의 43-44, 101, 266-267

ㅇ
아감벤, 조르조Agamben, Giorgio 295n11
아나그노스트, 앤Anagnost, Ann 304n11
아담, 바버라Adam, Barbara 302n17
아렌트, 한나Arendt, Hannah 300n9
알튀세르, 루이Althusser, Louis 295n14
언어
  이주라는 맥락에서 본 언어적 경계 204, 248-249
  연변에서 쓰는 언어 75-77, 293n20
여성 노동자
  여성 노동자의 신체 시계와 고된 노동 144-148, 153-154
  여성 노동자의 일당 298n15
  여성 노동자가 추방당한 경험 110-116
  H-2 비자의 리듬을 따르는 여성 노동자 123-125
  여성 노동자에 의한 송금액 통제 173-176
연길
  연변의 수도 연길 187
  연길의 소비와 급속한 도시화 187-188
  연길 시내 중심가 189
  소수민족 집거지로서 연길 190-194, 303n3, 304n8
  조선족의 정체성과 연길 303n3
  연길에서 성행하는 쾌락 중심 소비 산업 191
  연길로 유입되는 송금액 191-192
  연길서시장 31, 35, 286n7
연변
  연변의 이중 언어 표지판 76-77
  연변의 국경 통제에서 느껴지는 불안 61
  연변의 국경 넘기 역사 64-69
  국경이라는 연변의 입지 설명 78-79
  변경지역으로서 연변 59
  연변을 둘러싼 중국과 한국의 분쟁 65
  연변 관내 도시 및 소도시 74-75
  문화대혁명과 연변의 도시화 28
  2008~2016년 사이 연변의 발전에 생긴 변화 225-227
  연변의 경제적 풍요와 사회적 안정 228-229
  연변의 농민 사업가 199-206
  연변의 사업가 정신 230-231
  연변의 민족 중심 조직 75-76
  민족적 안락함과 연변 81-84
  연변에서 한족과 조선족 사이의 민족적 긴장 81-84, 206
  연변에서 따궁으로 일하는 한족 219-223
  연변에 정착한 한족 46, 48, 126
  연변에서 보이는 과소비 129-134, 187, 191, 211, 221
  연변의 스케일 점핑 195-199
  2006~2007년 조선족의 연변 귀환 125-126
  연변의 한국바람과 사회주의 84-86
  일하려는 사람이 부족한 연변 212-218
  연변에서 해고당한 공장 노동자 207-211
  연변의 언어 74-75, 293n20
  시장경제로 인한 연변의 혼란 28-29
  연변으로 돌아오라는 새로운 사회적 명령 23
  연변의 인구와 민족적 다양성 74-75
  연변에서 유행하는 한국식 인테리어 131
  연변에서의 시간 관리 128-129
  차이나 드림으로 전환하는 국면에 들어선 연변 224
연변대학교 78
연변작가협회 270
옹, 아이화Ong, Aihwa 256
윅스, 케이시Weeks, Kathi 308n10
육체노동자打工(따궁)
  따궁이 아닌 라오반 되기 231-234
  H-2 비자와 따궁 118, 123, 139, 293n3, 296n1
  따궁으로 일하는 한족 219-223
  한국에서 따궁으로 일하는 조선족 231-232
이동성
  근대성의 조건인 이동성 127, 157-158
  경제력의 상징인 이동성 268-269
  이동성에 내재한 이동 불가능성 157-158
  조선족의 비이동성 256
  한국바람과 다차원적 이동성 155
  또한 '다양화된 이동성' 항목 참조
이주
  이주로 인해 경험한 비참함과 불안함 289n24
  국내 이주 191, 193, 196-197, 205
  친족 관련 이주 93-98, 299n5
  조선족이 택하는 불법 이주 시장 89-90, 98-100
  조선족이 이주를 택하는 이유 84-86
  이주라는 맥락에서 본 언어적 경계 204, 247-248
  만주를 향한 이주 24, 102
  북한바람과 이주 33-35
  인구 규제와 이주 295n13
  소련바람과 이주 36-39, 287n9
  이주를 가져온 바람들 28
  또한 '초국적 이주' 항목 참조

이주, 경계, 꿈

이주노동자
  값싼 노동력의 원천인 이주노동자 260
  이주노동자에 대한 경멸 247-248, 258-259
  중국에서 장려되는 사업가 정신 229
  떠돌아다니는 이주노동자 28, 135, 196-197, 218, 229
  이주노동자들이 택하는 불법 입국 41, 89-90, 98-100
  이주노동자의 일자리 이동 143
  코리안 드림과 한국에서 일하는 이주노동자 50
  또한 '여성 노동자' 항목 참조
이주자
  도시에 거주하는 중국 농촌 출신 이주자 198
  일본, 러시아나 중국 내로 옮겨간 이주자 42, 288n16
  한국 내 조선족 이주자 집단 22, 40, 89-90, 100-102
일본
  항일 운동 42, 68, 89
  1945년 국권 회복 43, 65, 102, 292n12
  만주 철수 67
  주변화한 이주자들 41, 288n16

ㅈ

자본주의 90, 307n5
  세계적 자본주의에 생긴 변화 232-233
  문화대혁명과 자본주의 293n22
  자본주의를 통한 파괴 124, 297n4
  한국바람과 자본주의 26, 262-263
  근대성이라는 맥락에서 본 자본주의 254-255
  신자유주의적 자본주의 289n22, 299n17
  사회주의와 자본주의 27, 86, 87, 263
  악독한 자본주의 국가인 한국 25, 285n5
재외동포
  재외동포인 조선족 25-26, 294n8
  재외동포의 시민권에 관해 다룬 재외동포법 99-100, 294n9
재외동포 방문취업비자(H-2)
  지정 서비스 및 육체노동 부문을 위한 H-2 비자 118, 123, 139, 293n3, 296n1
  여성 노동자와 H-2 비자 124-125
  일종의 사면 제도인 H-2 비자 117-119
  조선족에 대한 H-2 비자 발급 건수 295n12
  H-2 비자 추첨 296n1
  H-2 비자라는 맥락에서 본 1-3-2 리듬 127, 262
  사면 이후 H-2 비자 90, 117-119
  H-2 비자 발급 요건 117, 123
재외동포법(1999)
  재외동포법에 반대하는 조선족의 논거 102
  재외동포법 아래에서 동포로 인정받지 못한 조선족 101-104
  재외동포법에서 배제된 고려인과 재일조선인 103
  재외동포법에 대한 NGO와 교회의 반대 102
  재외동포의 시민권 98-101, 294n9
  재외동포법의 위헌성 112-113
재외동포법(2005 개정)
  개정 재외동포법에 따른 사면 50, 107, 158, 163
  개정 재외동포법에 관한 한국의 입장 108-110
정민우 Jung, Minwoo 289n23
정서/감정
  정서에 관한 나바로-야신의 견해 60
  두만강이 불러일으키는 정서 60-62
  기다림과 정서 161, 182
제임슨, 프레드릭 Jameson, Fredric 304n5
제프리, 크레이그 Jeffrey, Craig 177
젠더
  소련바람에 따른 분업과 젠더 37-38
  젠더 정체성 290n29
  또한 '여성 노동자' 항목 참조
조선인이라는 표현 291n3, 292n11
조선족
  조선족의 풍요 164-165, 216-217,
  1958년 조선족의 중국 시민권 취득 59, 66-67
  중국 내 조선족 인구 24
  1949년 조선족의 중국공산당 지지 65-66
  중국 내 소수민족인 조선족 59, 65-66, 72, 288n4
  냉전 시기 중국의 조선족 탄압 47
  조선족의 소비 문화 138-139
  조선족의 모순된 표현 87
  문화대혁명 시기 조선족에 대한 숙청과 박해 68-69
  한국에서 따궁으로 일하는 조선족 231-232
  조선족의 민족적 고정관념 189
  한족과 조선족 사이의 구별 59, 66, 80-81, 219-223
  한족과 조선족 사이의 긴장 80-82, 204-

206
한족과 조선족 사이의 상호 의존성 189-190, 266
조선족 관련 불법 이주 시장 41, 89-90, 98-100
영화 〈청년경찰〉에 대한 소송 제기 300n6
한국 남성과 조선족 여성 간의 결혼 95, 168
유동적 민족인 조선족 50-51, 59, 193
조선족의 비이동성 256
북한 주민이 조선족과 맺는 혼인 관계 272-273
재외동포로서 조선족 25, 294n8
민족적 타자로 인식되는 조선족 73
서비스 산업에서 조선족이 담당하는 값싼 노동 47, 91, 100, 140, 141
조선족이 사회 질서를 어지럽힌다는 인식 298n14
조선족과 사회주의의 연관성 92
남북한 정치 상황이 조선족에 미치는 영향 61
한국 내 조선족 관련 노동시장 50, 100, 118-119, 295n14
한국 내 조선족 이주자 집단 22, 39-40, 91, 100-101
한국과 조선족의 재연결 46-47
조선족에 대한 한국의 비자 규제 50, 89, 95-96, 267
조선족은 과소비를 한다는 민족적 고정관념 192-193, 213-214
한국에서 통번역사로 일하는 조선족 287n11
초국적 국경 넘기를 하는 조선족의 민족성 74
초국적 민족 노동자 계급인 조선족 22-23, 118-119
의주로교회의 미등록 조선족 104-105
연길시와 조선족의 정체성 303n3
중국
일대일로—帶—路 구상 269
중국 측 국경 통제의 군사화 경향 61
중국의 경제 개혁 28, 72, 231
중국의 민족 집단들 72
글로벌 경제 강국으로 부상하는 중국 53, 59, 232-233, 245-246
중국적 맥락에서 본 자기 통치 232-233
중국의 미래에 대한 한족의 자신감 224
중국의 호구제 196-197, 304n12
조선족의 중국 시민권 58-59, 67-68
중국에 대한 조선족의 정치적 연계 74
중국 내 조선족 인구 24
북한과 중국의 경제 격차 93
중국의 당-국가-시장 복합체 232-234
휴식·소비·재충전 장소인 중국 251
1992년 한중 수교 25, 39
짐멜, 게오르그Simmel, George 301n12

ㅊ

차알라르, 아이셰Çağlar, Ayşe 304n8
차이나 드림
중국공산당과 차이나 드림 268
코로나19 사태가 차이나 드림에 미친 영향 308n2
차이나 드림의 등장 223
〈중국정치과학저널〉의 차이나 드림 관련 특별호 268
차이나 드림과 경합하는 코리안 드림 20, 23, 129, 231, 262-267
포스트 한국바람 속 차이나 드림 23, 262, 267-269
차이나 드림의 부상 265
초국적 시간성
여성 노동자의 초국적 시간성 146-148
코리안 드림에 담긴 초국적 시간성 52-53
소속감과 초국적 시간성 50
기다림과 초국적 시간성 51
초국적 이주
초국적 이주라는 맥락에서 본 다양화된 이동성 190, 221-223
초국적 이주에 따른 좌절감 260
한족에게는 어려운 초국적 이주 194
한족과 조선족의 국내 이주와 초국적 이주 190, 193
친족 관계 위조와 초국적 이주 158
초국적 이주 관련 지도 25
초국적 이주가 만들어낸 돈에 대한 열망 158, 175-176
자원을 형성하는 자본인 초국적 이주 관련 송금액 303n1
초국적 이주 관련 사회 문제 158
초우, 레이Chow, Rey 304n5
추, 줄리Chu, Julie 256, 304n9
추방
한국의 이주자 추방 91, 106, 116, 130, 158
신분을 감추려는 시도와 추방 111-112
여성 노동자가 경험한 추방 113-116
추방 위험으로 인한 긴장과 신경과민 111-112
추방 위험에 처한 미등록 이주자 108-109
츠다, 다케유키Tsuda, Takeyuki 297n5
친족 관계 294n5

친족 관계에 결부된 화폐 93-98
조선족 여성과 한국 남성의 결혼으로 형성된 친족 관계 95-96
북한 쪽 친족 관계 최소화 93, 97, 288n17
서류상 친족 98, 294n4
한국 쪽 친족 관계 91
한국의 친척방문비자 40, 89-94
한국바람에 따른 친족 상봉 프로그램 39-40, 91, 293n2
친족 관계를 위조 및 형성하는 초국적 이주 158

ㅋ

코로나19 사태 298n15, 308n2
코리안 드림
　코리안 드림 이후의 삶 265-277
　코리안 드림과 경합하는 차이나 드림 20, 23, 129, 231, 262-267
　글로벌 경제 강국으로 부상하는 중국과 코리안 드림 53
　코리안 드림에 대한 비판과 멸시 246
　쇠퇴하는 코리안 드림 152-153
　조국인 한국을 향한 이주노동 엑소더스와 코리안 드림 20-21
　연변으로 돌아오라는 새로운 명령 23
　포스트 한국바람 234-239
　코리안 드림에 대한 조선족 이주자들의 재평가 225-226, 228-229
　코리안 드림의 부상 41-45
　돈 버는 장소인 한국 50
　코리안 드림이라는 맥락에서 본 초국적 시간성 50-51
　미등록 이주자 신분과 코리안 드림 157
　희미해져가는 코리안 드림 222-223
　돈 쓰는 장소인 연변 24
코마로프, 장Comaroff, Jean 119
코마로프, 존Comaroff, John 119
콘스터블, 니콜Constable, Nicole 300n8
콜리어, 스티븐Collier, Stephen 289n26
킵니스, 앤드류Kipnis, Andrew 289n22, 307n4

ㅍ

포스트 한국바람
　차이나 드림과 포스트 한국바람 국면 245-249, 262-263, 267-270
　육체노동자보다 높게 평가받는 사업가 231-234
　사업가로 활동하는 조선족 249-255
　코리안 드림 이후 포스트 한국바람 국면 234-239
　귀환 이후 불이익에 직면한 이주자 257-262
　포스트 한국바람 국면에서 자랑스럽게 집에 머물기 255-257
　자리 잡은 사업가 239-245
피츠제럴드, 데이비드Fitzgerald, David 214, 305n19

ㅎ

하비, 데이비드Harvey, David 297n10, 303n4
한국
　냉전 시기 국가보안법 43
　1945년 국권 회복 43, 65, 292n11
　축적 장소인 한국 133-134
　한국의 반공주의 정권 43
　1992년 한중 수교 25, 39
　중국인의 한국 관광 250-251, 308n9
　1980~1990년대 한국의 민주화 운동 43
　위장 결혼과 한국 46, 91, 170
　한국으로의 밀입국 41, 61
　IMF 지시에 따른 구조조정 101
　한국의 산업 연수생 제도 100
　한국의 친족 관계 91
　조선족에 대한 친척방문비자 39-40, 93
　한국에서 따궁으로 일하는 조선족 231-232
　한국에서 재외동포 지위를 누리는 조선족 25, 294n8
　한국에 형성된 조선족 노동시장 50, 100, 118-119, 295n14
　한국의 조선족 이주자 집단 22, 40, 84-84
　조선족과 한국의 재연결 46, 288n21
　한국에서 조선족에 적용되는 비자 규정 50, 89, 96, 267
　코리안 드림과 한국에서의 초국적 이주노동 84
　노동력이 부족한 한국 100-101
　조선족 여성과 한국 남성 사이의 결혼 95-96, 167
　한국적 맥락에서 본 신자유주의 43-44, 101, 266-267
　한국의 재외동포법 개정 104-110
　노동, 스트레스, 피로가 가득한 장소인 한국 251
　조선족에 대한 한국의 영향력 61
　한국전쟁 이후 한국 재건 99
　한국의 구조조정 과정 44
　한국으로의 밀입국 164-165

한국 돈
  중국 화폐 환전과 한국 돈 49, 152, 188, 249, 303n2
  한국 돈으로 인한 연변 생활비 및 소비 증가 211
  민족적 고정관념과 한국 돈 192, 212-213
  한국 돈에 의존하는 조선족 192
  급속한 도시화와 한국 돈 48
  송금 의존형 경제와 한국 돈 48
  초국적 표상인 한국 돈 48
  격동적이고 불안정하게 흐르는 한국 돈 221-222
  연변 지역 경제와 한국 돈 192
한국바람
  자본주의와 한국바람 26, 262-263
  한국바람에 대한 비판 26
  한국바람이라는 맥락에서 본 경제 발전 86, 129
  한국바람이라는 맥락에서 본 경제 개혁과 개방 경제 86
  국외 이주와 한국바람 24-27
  한국바람이라는 맥락에서 본 민족 경관 및 송금 경관 194
  한국바람이 초래한 사회 변화와 한족 48
  한국바람에 대한 한족의 반응 190
  한족과 달리 국경을 넘나드는 초국적 민족인 조선족 74
  한국바람에 대한 조선족의 반응 190
  이제는 매력이 줄어든 한국바람 261
  한국바람이 초래한 다차원적 이동 155
  한국바람에 따른 송금 주도형 경제 221
  한국바람이라는 맥락에서 본 갑작스러운 풍요 20
  한국바람의 일부인 기다림 161
  한국바람에 의한 연변 재구성 190
  연변의 사회주의와 한국바람 84-85
  또한 '포스트 한국바람' 항목 참조
한국의 직업소개소 134-140, 304n7
한국전쟁 43, 66, 102, 288n17

한족
  중국의 미래에 대한 한족의 자신감 224
  한족과 조선족 사이의 민족적 긴장 81-83, 206
  한족과 조선족 사이의 민족적 구별 59, 66, 80-81, 219-223
  한족과 조선족 사이의 상호 의존성 188-190, 266
  한족의 안마 서비스 219-222
  러시아의 영토 잠식을 막기 위한 한족의 이동 64
  한족은 부지런하다는 인식 217-218
  한족의 서비스업 종사 80-81, 219-220
  소비 습관에 따른 민족적 고정관념 192-193
  소수민족에 대한 한족의 낙인찍기 72
  한족에게는 어려운 초국적 이주 194
  연변에서 따궁으로 일하는 한족 219-223
  연변 지역 내 한족 인구 증가 79-80, 219-220
  한족의 연변 정착 46, 48, 126

기타

〈모두 다 갔다〉(대중가요) 155
〈중국인배제법Chinese Exclusion Act〉(다큐멘터리) 294n4
〈푸른 강은 흘러라〉(영화) 164-166
《공화국의 위기Crises of the Republic》(아렌트) 300n9
《바람꽃》(허련순) 19, 89
《의미를 체현하는 육체Bodies That Matter》(버틀러) 290n29
《젠더 트러블Gender Trouble》(버틀러) 290n29
《주어진 시간Given Time》(데리다) 301n15
《포스트 소비에트 사회Post-Soviet Social》(콜리어) 289n26